超実践！ みやすのんきのサブスリー教室

驚異の「ケニア式」マラソン練習法

みやすのんき著

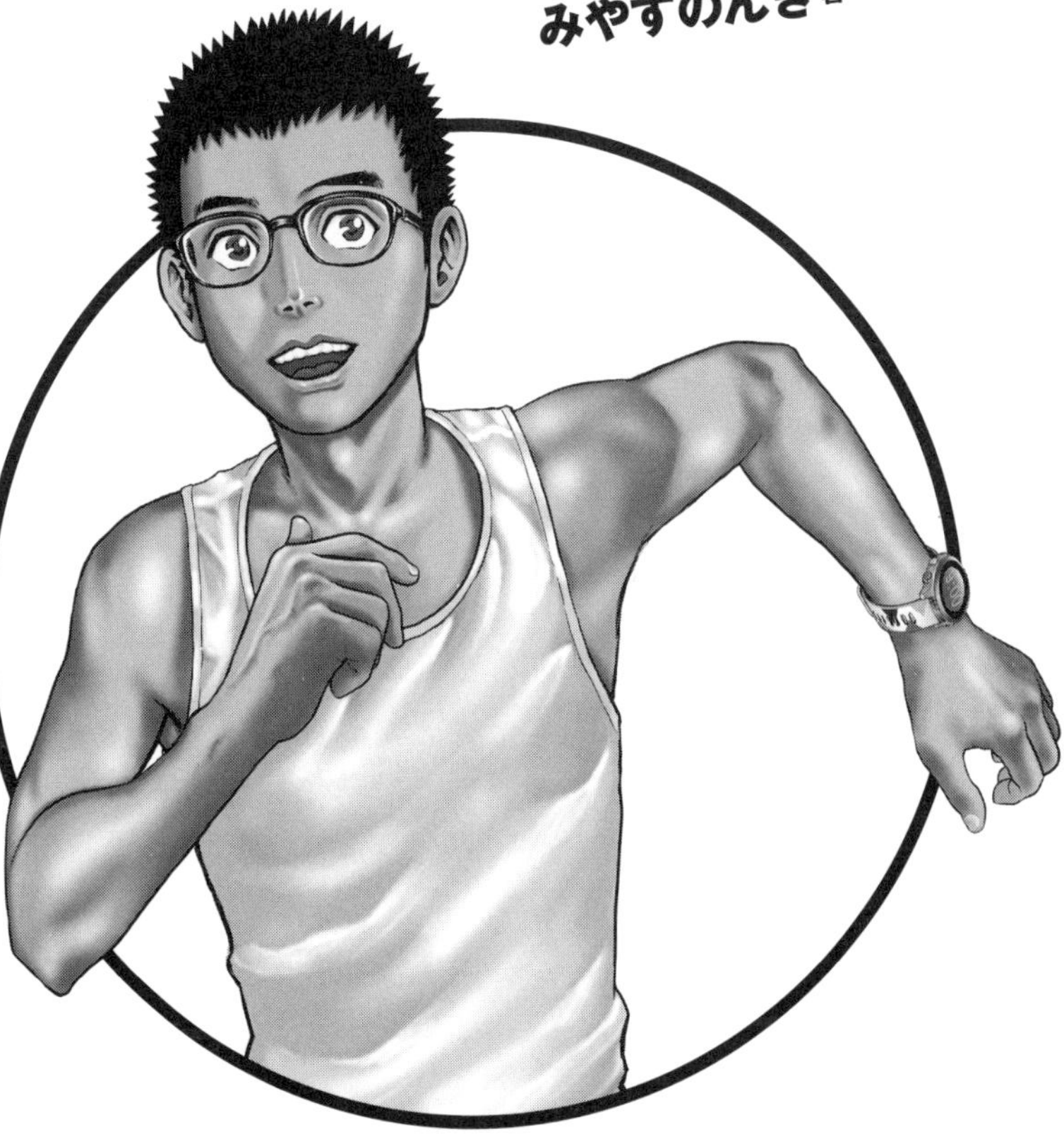

KANZEN

まえがき

『月刊ランナーズ』の大好評連載企画（2020年）を大幅に加筆、書籍化した『白熱！ みやすのんきのサブスリー教室 ランナー熱狂のマラソン実践トレーニング』（2022年）の刊行から約2年。本書はその続編であり、後編という位置付けになります。

前編はマラソントレーニングの骨幹はゆっくりジョグではなく、ある程度の速さで走る有酸素ジョグである事。月間走行距離を踏む重要性、「走行距離を増やす＝故障が増える」わけではなく日々の練習の悪習慣由来が多い事、ランニングフォームからの評価・改善ではランニングエコノミーの向上につながらない事、マラソンに重要な筋トレ、接地とピッチの関係などを多くの理論を裏付けにして解説しました。なかなか比類なき読み応えのあるマラソン実用書に仕上がったと自負しております。

後編である本書では**有酸素ジョグでマラソンを走る土台を作ったうえで、主にスピード練習の必要性を説き、世界の潮流でもあるケニア式マラソントレーニングを提案しています。レナト・カノーヴァコーチが主張する「大会前にはそのレースに即したスピードと距離で練習する」という特異性に焦点を当てて、従来の練習法との違いや優位性を示し、市民ランナーが即実行できる具体的数字にこだわった内容に落とし込みました。ケニア式トレーニングのマラソンシーズンの練習の大半は速く走らずレースペースのみです。驚く事にインターバルすらもほぼレースペース。その代わり本数を多くしてしっかり距離を踏むのです。**タイトルは「サブスリー教室」ですが、どのレベルのランナーにも参考になるはずです。

J.ダニエルズ　　A.リディアード　　R.カノーヴァ

本書はケニア式トレーニングに合わせて日本の季節性を織り込んだ年間スケジュールの組み立て方を紹介しています。正しいマラソントレーニングは正しい期分けの概念があってこそ成立するからです。年間を通して同じようなスピードと距離の練習をしていては、カラダや脳への刺激が弱まり、現状維持はできても走力アップは望めません。漸進性過負荷の原則からも外れてしまいます。**春夏は短い距離でスピードとスピード持久力を最大限に高めてから、マラソンシーズンの特異性トレーニングに突入します。特異性トレーニングはスピード持久力という土台を作ってこそ初めて生きるものなのです。**

本書は最新の科学的根拠に基づいて俯瞰した立場を貫き、思い込みや経験則を徹底排除して、読者が正しいランニングの知識を持った練習に導かれるようにしています。ゆえに今回も多くの論文、研究を引用しています。活用させていただいた先行研究に心より謝意を伝えます。特に世界のランニングコーチやランナーに大きく影響を与えたアーサー・リディアード、ジャック・ダニエルズ、レナト・カノーヴァ3氏の金言は折に触れて登場します。ここに深謝の意を表します。

2024年10月15日　　みやすのんき

目次

第3章 目標練習タイムを明確に示したVDOT指数だが平均統計マジックで特定の速度に囚われてはダメ

第8章

ケニア式OBLAインターバルにチャレンジする
カノーヴァ式でランニングエコノミーを伸ばせ

第9章

疲労耐性はマラソンで避けては通れない指標
熟練ランナーは皆スタミナ型に寄っていく

第10章

ロング走は90分走ってからが練習本番
マラソンにおけるランニングエコノミーの考え方

第11章 サブスリー実践スケジュールの組み立て方
単純に走り込んだ時間が長い人間が勝つ

第12章 日本の季節性を考慮した年間練習スケジュール
スピードとスタミナの両立でマラソンの目標に突き進む

第13章

レースは1週間前から始まっている
本命レースの1週間前の過ごし方

第14章

勝つために準備しようという意思が重要 本番レースの地図を完璧に描け

著者略歴

みやすのんき

Miyasu Nonki

1962年生まれ。東京都出身。マンガ家。

『やるっきゃ騎士』（集英社／月刊ジャンプ）にてデビュー。代表作に『冒険してもいい頃』（小学館／週刊ビックコミックスピリッツ)、『桃香クリニックへようこそ』『厄災仔寵』（ともに集英社／週刊ヤングジャンプ）など。

近年はランニング、ウォーキングなどスポーツの実用書を執筆。

『走れ！マンガ家ひぃこらサブスリー』『大転子ランニングで走れ！マンガ家 53歳でもサブスリー』『サブスリー漫画家 激走 山へ！』『アルティメット フォアフット走法』『マラソン腕振り革命』『ランナーが知っておくべき歩き方』（いずれも実業之日本社）。

趣味は街歩き、町中華、カレー、古地図、老朽建築、暗渠、土偶、古墳、廃線など。

フルマラソンの自己ベスト記録は2時間53分。

第1章

無計画というのは失敗のための計画でしかない

サブスリーという山の頂を目指せ

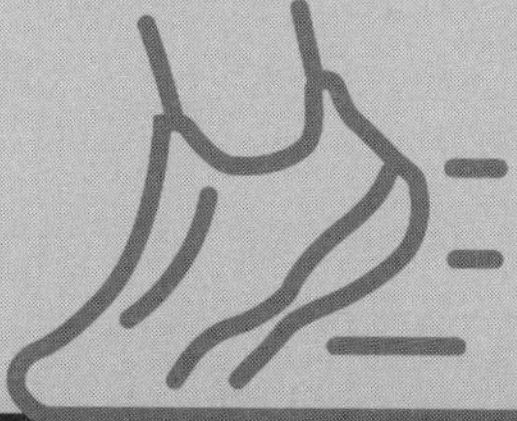

「リスクを取る勇気がなければ、
何も達成する事がない人生になる」

*“He who is no courageous enough to take risks
will accomplish nothing in life.”*

世界ヘビー級王座を3度奪取。人種差別と戦い、ベトナム戦争の徴兵拒否など
社会的にも注目を集めた米国の元プロボクサー
モハメド・アリの言葉

サブスリーは東大合格より難関？

サブスリーとは3時間以内でフルマラソン42.195kmを走り切る事を言います。多くの市民マラソンランナーにとっての目指すべき勲章であり憧れです。本書ではサブスリーを1～2年以内で達成する目標を掲げます。いつか達成できるかなぁ…ではダメ。そのくらい意識を高く持たないとサブスリーは達成できません。

ランニングが趣味になりマラソン大会に新規に参加する人、そして故障や加齢、もしくは仕事で忙しくなり大会参加をやめていく人、毎年マラソン競技人口は自然に増減しています。近年はコロナ禍により大会数が激減した事と、厚底カーボンシューズの普及で単

マラソンラップタイム表

1km	5km	10km	15km	20km	ハーフ	25km	30km	35km	40km	フル
4:00	20:00	40:00	1:00:00	1:20:00	1:24:23	1:40:00	2:00:00	2:20:00	2:40:00	2:48:46
4:05	20:25	40:50	1:01:15	1:21:40	1:26:08	1:42:05	2:02:30	2:22:55	2:43:20	2:52:17
4:10	20:50	41:40	1:02:30	1:23:20	1:27:54	1:44:10	2:05:00	2:25:50	2:46:40	2:55:48
4:15	21:15	42:30	1:03:45	1:25:00	1:29:39	1:46:15	2:07:30	2:28:45	2:50:00	2:59:19
4:20	21:40	43:20	1:05:00	1:26:40	1:31:25	1:49:20	2:10:00	2:31:40	2:53:20	3:02:50
4:25	22:05	44:10	1:06:15	1:28:20	1:33:10	1:51:25	2:12:30	2:34:35	2:56:40	3:06:21
4:30	22:30	45:00	1:07:30	1:30:00	1:34:56	1:52:30	2:15:00	2:37:30	3:00:00	3:09:52
4:35	22:55	45:50	1:08:45	1:31:40	1:36:41	1:54:35	2:17:30	2:40:25	3:03:20	3:13:23
4:40	23:20	46:40	1:10:00	1:33:20	1:38:27	1:56:40	2:20:00	2:43:20	3:06:40	3:16:54
4:45	23:45	47:30	1:11:15	1:35:00	1:40:12	1:58:45	2:22:30	2:46:15	3:10:00	3:20:25
4:50	24:10	48:20	1:12:30	1:36:40	1:41:57	2:00:50	2:25:00	2:49:10	3:13:20	3:23:55
4:55	24:35	49:10	1:13:45	1:38:20	1:43:43	2:02:55	2:27:30	2:52:05	3:16:40	3:27:27
5:00	25:00	50:00	1:15:00	1:40:00	1:45:29	2:05:00	2:30:00	2:55:00	3:20:00	3:30:58
5:10	25:50	51:10	1:17:30	1:43:20	1:49:00	2:09:10	2:35:00	3:00:50	3:26:40	3:38:00
5:20	26:40	53:20	1:20:00	1:46:40	1:52:31	2:13:20	2:40:00	3:06:40	3:33:20	3:45:02
5:30	27:30	55:00	1:22:30	1:50:00	1:56:02	2:17:30	2:45:00	3:12:30	3:40:00	3:52:04
5:40	28:20	56:40	1:25:00	1:53:20	1:59:33	2:21:40	2:50:00	3:18:20	3:46:40	3:59:06
5:50	29:10	58:20	1:27:30	1:56:40	2:03:04	2:25:50	2:55:00	3:24:10	3:53:20	4:06:08
6:00	30:00	1:00:00	1:30:00	2:00:00	2:06:35	2:30:00	3:00:00	3:30:00	4:00:00	4:13:10
6:10	30:50	1:01:40	1:32:30	2:03:20	2:10:06	2:34:10	3:05:00	3:35:50	4:06:40	4:20:12
6:20	31:40	1:03:20	1:35:00	2:06:40	2:13:37	2:38:20	3:10:00	3:41:40	4:13:20	4:27:14
6:30	32:30	1:05:00	1:37:30	2:10:00	2:17:08	2:42:30	3:15:00	3:47:30	4:20:00	4:34:16
6:40	33:20	1:06:40	1:40:00	2:13:20	2:20:39	2:46:40	3:20:00	3:53:20	4:26:40	4:41:18
6:50	34:10	1:08:20	1:42:30	2:16:40	2:24:09	2:50:50	3:25:00	3:59:10	4:33:20	4:48:10
7:00	35:00	1:10:00	1:45:00	2:20:00	2:27:41	2:55:00	3:30:00	4:05:00	4:40:00	4:55:22

マラソンランナーは切りのいい数字のゴールタイムを目指す事が多い。サブスリー＝3時間切り、サブフォー＝4時間切りなど。サブエガ＝2時間50分切りは日本独自の言い方(笑)

純比較しにくいのですが、サブスリーは統計上毎年3％前後になります。**100人中にたった3人。50代でサブスリーというと2％にその比率は下がります。そして60代となると0.2％。つまり1000人に2人ほどの狭き門になります。**これはあくまで競技人口の話で大会に参加していないジョグ愛好者も含めるともっと少ない数字になるでしょう。『月刊ランナーズ』が受験勉強でおなじみの偏差値化を試みたところ、**サブスリーは66・83となり東大の65を上回ったとか。**サブスリーを達成するにはそれなりの覚悟がいるのです。でも練習の継続を積み重ねていけばきっと神様は微笑んでくれることでしょう。

サブスリー達成を目指すというのを登山に例えてみると

登山で必要なのは「登山の知識と技術」×「体力」です。

知識と技術とは
・登山地図の読み方と使い方
・登山のルールや知識
・登山技術の熟練度（経験）

体力とは
・体力（筋力、スタミナ、体重、体調）

・性格（神経質、短気、無謀など）と判断能力

この2つの要素の掛け算が土台になります。しかし体力だけは自信があって、登山口を探さない、探す事すらしないというノープランな人は少なからずいます。あえて言いますが「**無計画とは失敗のための計画**」です。**ランナーにもよく似た人種がいます。計画性が全くなく行き当たりばったりな練習をしては故障を繰り返してばかりで、いつまでも成長しない人が大勢いるのです。**もちろん技術や知識がなくとも、それをモノともしない体力がある人は厳しい山にも一時は登れるでしょう。しかしそれを続けたその先に待ち受けるのは遭難事故です。

置き換えるならばサブスリーを目指すにあたってある程度、ランニング情報を集める事に近いものがあるでしょう。ランニングは子供の頃から慣れ親しんでいる人がほとんどだと思いますがマラソン完走、そしてサブスリーを目指すとなると知識がある程度必要です。成り行き任せで無計画なマラソン挑戦は遠回りします。

多くは友人から誘われてスタートするかもしれません。元々学生時代から陸上部に所属している場合もあるでしょう。テレビでマラソン中継を見て参加してみたいと思う事もあるでしょう。いきなり何もわからないまま大会に参加する人もいるかもしれませんが、指導書や雑誌を手に取ってみるなり、ユーチューブなど動画を見たり、マラソンに関して書かれた記事を読んで、色々な知識がこの時点で入ってきます。もちろんその時点でマラソンにはどんな練習をしたらいいか、どんなシューズを履くと走りやすいかというところもわかってくるでしょう。

おそらくサブスリーという言葉もそのへんで初めて耳にすると思います。トレーニング内容は人そ

れぞれだと思いながらも、やはり身近なラン友さんやトップ選手がどんな練習をしているのか気になりますよね。

様々なプロと称する専門家が自分の登山道に呼び込もうとしている

初心者は登る山の形すらわからない事がほとんどです。さすがに日本人は富士山の形はご存じと思いますが、でもみなさんはミシュランガイドでも取り上げられた高尾山の形をわかっていますか？高尾山は、登山者数が年間300万人を誇る世界一の山なので登山道がわんさかあって、何も考えないで登ると結構キツいし、登るはずが間違えて下山したり、グルグル回ったりして道迷いも割と多く起きる山なのです。その場合、多くの人は無計画に登り、自分が一体どのあたりにいるかもわからなくなりバテてしまいます。

まずはその山の登山地図を手に入れましょう。それによってどのルートがメジャーなのかわかります。気の利いた地図だと登りと下りの平均時間も書いてあります。これらはマラソンに例えると雑誌や実用書、ブログなどでマラソンの練習方法を知る作業です。

ランニング情報は探せば大量にあります。教えている人の色々な考え方、競技で活躍した監督、コーチ、元選手、ユーチューバー、シューズ屋さん、施術家、トレーナー、学者の先生、医師など多岐にわたる観点から練習方法が解説されています。しかし多くは我田引水な部分が入っています。つまりおびただしい登山道が「これが一番楽で効率的ですよ〜」とポジショントークを展開しており、それに誘導されているのです。

中にはもちろん正解もあります。よい情報もたくさんありますが間違ったものも散見されます。マラソンの登山地図は嘘を書かれたものもあるのです。ネット情報の中にはマラソンを走った事がない自称コーチが再生回数欲しさや小遣い稼ぎでせっせとアップしている場合もあるのです。

インターネットの恩恵によって様々な情報が溢れる時代になりましたが、バランスよく咀嚼して自分の力にできるかは別問題。熟練ランナーなら「あ、これは間違っているな」と気づく事ができますが、マラソン初心者は何が正しいのかもわかっていないわけですから、大量の情報を精査するというのは非常に大変な作業になります。

学ぶべきは熟練ランナーの失敗や挫折の中にある

初心者を導いてくれるよい方法として、山に初めて登る人は経験者に同行してもらうというのがあります。登山ガイドを雇うのもよいでしょう。登山ガイドからは行程から所要時間、絶景ポイントから危険箇所まで的確に教えてもらえます。地図を持たなくとも、そして地図とにらめっこをしなくともただ後ろを付いていけばいいのですからとても楽です。

マラソンも経験者に習う、またランニングコーチに指導を仰いでみると大きなメリットがあります。

練習方法を習ったり一緒に走ってペースを作ってくれたり楽ができます。でも弊害もあります。ランナーはとかく速いランナーを信望しがち。速いランナーの言う事は正しいと思ってしまいます。多くの人は世界で活躍した有名選手やその選手を指導した監督、コーチの言う事をすべて信じてしまいます。肩書きや権威にハマってしまうのです。重要なのはその権威ではなく発信する練習内容です。速いランナーが言葉を巧みに扱えるかは別問題。人に伝える感覚というのはそれぞれ違っています。そして受け手の理解度が追いつかない場合もあります。

そしてコーチの肩書きを持つ人のメニューが正しいのかと言うとそうではありません。いえ、正しいのです、そのコーチがトップアスリートだった時に自分自身に課したメニュー自体は。だからトップになり得たのですから。そのような人がコーチになると往々にして自分が強くなった全盛期のメニューを参考に練習を組み立てがちです。それを初級者にも「こういう練習内容が一番いいよ」と簡単に教えてしまいます。しかし初級者がそれをそのままやったとしても、続かないか故障してしまう事がほとんどなのです。**実は教訓は熟練ランナーがその域に達するまでの失敗や挫折の中にあるのです。A→B→C→Dと練習法を辿ったランナーと、最初からDがいいと教わってDしかやらなかったランナーでは体力も精神力も経験則も判断力も断然違うのです。**

「速い選手の練習＝市民ランナー全員に当てはまるよい練習」とは限らない

激しいメニューをやり遂げられる強靭な体力を持った人間のみが、大きな勝利を掴み取るようなトレーニングメニューは、オリンピックで入賞したり世界記録を狙うようなエリート向けであって、万人向けではありません。多くの市民ランナーは肉体的にも精神的にもボロボロになってしまいます。市民ランナーの幸せは足に痛みなくずっと長く走り続けられる事です。怪我をしない事が最重要。故障せず結果的にたくさん練習できたランナーが成長していくのです。市民ランナーで大切なのは微々たる前進でもいいから歩みを止めない事。オリンピックを目指す過程での限界ギリギリの過酷な練習と、日々の仕事の空き時間に練習するしかない市民ランナーと同じレベルで考えてはいけません。

速くなったのは「そのランナーがやった練習が正しいから」ではなく「やった練習がそのランナーに合っていたから」という事です。**「速い選手の練習＝市民ランナー全員に当てはまるよい練習」とは限らないのです。**

年齢、身長、体重、筋肉量、性別が違えばやるべきメニューも異なります。その人にとって最適な質と量の組み合わせがありスピード、有酸素能力から始まり、飽きっぽい、辛抱強いなど個々の性格、ものの考え方など様々な影響を受けます。

もちろん市民ランナーのレベルに合わせた指導内容を謳っているものもあります。しかしその多くは選手としての経験則というより、現役を退いた後にどこからか持ってきた情報を寄せ集めた指導内容の場合が多いのです。

プロフィールを権威や肩書きで埋め尽くしている人は要注意です。もちろん商材など有料コンテンツを買わなくてはサブスリーは達成できないわけでも、逆に買ったところでサブスリー達成が約束されるものでもありません。

登山も速く登れる人と遅い人がいるように、マラソンの練習でもスピード感覚が違うと伝え方が変わってきます。ランニングフォームについてこだわりを持って色々と説いているコーチは多いですが、その生徒さんの走りを眺めてみれば指導の質がわかります。

たいてい生徒さんのフォームはほとんど変わっていません。学生時代から陸上部でエリートとして歩んできた人からしてみれば、中高年から走り始めたおじさん、おばさんがどうやって走れば速くなるのかよくわからない事がほとんどです。子供の頃から速い人は何も考えずに理想の動きができていたゆえに、自分自身がなぜ速いか客観的に分析できておらず、基本の動きもわかっていないために応用が効かないのです。だからうまく生徒さんに速く走るコツを伝えることができていないのです。

そして自分が学生時代に陸上部で教わっていたドリルを、中高年ランナーにやらせます。ほんの30mほどなら修正されるかもしれません。しかしマラソンでそれを持続できてイキイキとした走りになりますか？ **もはやふくらはぎやアキレス腱が変性して、若い頃のような反発を得る事が難しい、中高年ランナーに同じドリルをやらせて何が変わるというのでしょう。**

ランニングコーチとは師弟ではなく対等な関係であれ

1つアドバイスするならば1人のコーチやランニングクラブ、熟練ランナーとべったりにならない事です。**「私はプロのコーチに習っているんだから、言う通りに走っていれば大丈夫」というのは人任せで何も考えていないのと同じです**。

なるべく複数のコーチや熟練ランナーから助言や指導を仰ぐ事です。それによって極端すぎる考え方や指導を遠ざける事ができるようになります。そして自分の考えや体力に一番見合った指導者を見つける事につながります。もちろんコーチ側としてはいい顔をしない場合もあるかもしれません。でも「バランスを取って平均的な指導を受けたい」という観点から説明すれば理解してもらえると思います。それでもブーブー言ってくるコーチならば、それは「人として心が狭い」と距離を置くという判断材料になるかもしれません。

なんとつい最近の2020年まで実業団間での移籍は事実上不可能でした。※「円満移籍者ではない者の登録申請は無期限で受理しない」との規定があったのです。まさに昭和的で不適切にも程があります。指導者が気に食わない選手は飼い殺しに陥る事もありました。日本の勤勉な国民性に基づいた無理なメニューや減量を強いるコーチもいました。閉鎖的な一対一の師弟関係が当然の世界だったのです。

※2019年に公正取引委員会から「前所属チームから円満移籍の了承を得なければ、移籍先のチームで無期限に選手登録できない、という規定が独占禁止法違反の可能性がある」と指摘を受け、その翌年2020年より改正

そんな実業団の制度も変わりました。今は師匠や弟子など上下関係なんかにこだわっている時代ではありません。市民ランナーはもっと自由に振る舞ってよいのです。お金を払っているのはこちらなのですから。

なんだかコーチを貶《おとし》めるような言い方になってしまいましたが、見方を変えると複数のコーチが伝える事は実は同じだったりするのです。ただアプローチの方法が違うだけです。まさに登山ルートが違うけど頂上は一緒という事です。その場合、あなたの理解度がその域まで到達していないので、違うように思えてしまう場合があります。だから「このコーチは正しい。あのコーチの指導法は間違っている」と簡単に決めつけるべきでもありません。そのやり方で速くなったランナーもきっといるはずです。狭い視野で物事を捉えてはいけません。

王道メニューは唯一だが個人の特性や環境で手を加える必要が大きい

この正しい登山道の選定とは練習のやり方をある程度決める事だと考えてみて下さい。サブスリー山に登るにも多くの練習の選択肢があります。スピードを重点的に狙う方法、5~10㎞のペース走などで構成するやり方、ロング走などでスタミナを中心にするやり方、筋トレや水泳、自転車などクロストレーニングを取り入れていく方法。一言でスピードトレーニングと言っても100m、200m、400m、1㎞、2㎞、3㎞、5㎞など多くのバリエーションがあります。それらの組み合わせでも無限に選択肢が広がるでしょう。しかしその組み合わせにはコツがあり、この順番でやらないと効果的ではないという不文律も存在します。

なぜこんなにマラソントレーニングにはたくさんのやり方があるのでしょうか？ これはマラソンは走る中でも特殊な競技だからです。いわゆるトラック競技の短距離走から中距離走は、レースより「短い」距離のトレーニングで速さを鍛え、レースより「長い」距離でスタミナを鍛えます。**しかしマラソンはレースより「短い」、合計にして10㎞程度の距離をレースペースよりかなり速いスピードで走る練習と、そしてレースより「短い」10㎞〜30㎞程度の距離をレースペースかレースペースより遅いスピードで走る練習を組み合わせるのが一般的です。つまり大会当日にしか答え合わせができない競技なのです。やはり42・195㎞という途方もない距離は人間の限界を超えたものと言わざるを得ません。**

登山地図もあくまで地図。紙に描かれたシンプルな情報でしかありません。実際に登り始めたら、岩だらけの急斜面だったり、大雨でぬかるんでいたり、雪が凍結してツルツルだったなど現地で初めてわかる情報はたくさんあります。一番肝に銘じなくてはいけないのは登山ガイドは案内はしてくれるけど、自分の足で登らなくてはいけないという事です。疲れたからといっておんぶしてくれるわけではないのです。マラソンだってそうです。**一流のコーチが前を走ってペースを作ってくれたとしても、結局ゴールするには自分自身の体力と強い意志がないと無理だという事です。**

そしてどんなに科学的に緻密に作り上げられた練習メニューでもそのランナーの走力、体力に合ったものでなくては意味がありません。本や雑誌などで提案されているメニューの第一の注意点は、誰のために作ったメニューなのかという事。「LSD※がいいらしい」「筋トレは大切でしょ」「トレラン

※ Long Slow Distanceの略。長い距離をゆっくり走る事。本書では7分〜10分/kmをイメージ

が効くよ」「ペース走が大切」「ウルトラマラソン※の練習するとフルマラソンにも相乗効果」「やっぱり体幹トレは必須」…。ちょこっと聞いたアドバイスを真に受けてはいけません。「誰々が言うから、理論的にそうだから」という情報はあちこちに転がっています。しかし一番大切なのはあなた自身に合うかどうかです。

「楽して効率的にサブスリー」という聞こえがいい罠にハマるべからず

「いややや、俺の知りたいのはサクッと最短距離でサブスリーを達成できる方法なんだよ。手短に教えてよ」とおっしゃる方が大多数かもしれません。確かに私生活にも仕事にも忙しい市民ランナーは効率化した時短練習を求めます。マラソン競技において「サブスリーは目標」なのでいかに楽に山頂に登りつめられるかが重要で、それには歩きやすく整備された登山道を選ぶかどうかが鍵となってきます。苦労すれば達成した時の感動は高まるかもしれませんが、多くの人にとって「俺はこんなにキツい道のりだったんだぜ」というのは自慢話にもなりません。かといって近道や効率を最初から追い求めるのは間違っているのです。

労力が少ない洗練されたスマートな練習、いわゆる「○○㎞しか走らないで楽してサブスリー」という練習は確かに存在します。でもそれは何度もサブスリーを達成している熟練ランナーが自分なりの効率を極めた練習のやり方を伝えているに過ぎません。しかもそれは重要な点が欠けているのです。

※一般的に50kmから100km、さらに100マイル以上の超長距離走。100kmは国際陸連が公認

地図上で最短距離の登山ルートは必ず登山道の傾斜がキツくなります。熟練者でも危険な厳しいルート設定になってしまうのです。効率を求めれば求めるほど、ボリュームはそぎ落とされて高い質を求めたものになります。ジョグを走る回数を減らしてポイント練習のみにしてしまうと結局、全力で集中した練習を短時間にこなさなくてはいけません。つまり大きな努力を求められます。そもそも経験の浅いランナーができるはずありません。確実に故障の頻度が高まります。ユーチューブで激しいポイント練習の動画が多く紹介されていますが、そんな練習ばかり見様見真似でやっては怪我を

してしまうのがオチです。

「○○㎞しか走らないで楽してサブスリー」には大きな落とし穴があるのです。極端な練習法になりがちなのです。効率を求めて日々怪我の不安との戦いになってはいけません。ランナーにとって足が痛いのを我慢して走るほど辛いものはありません。痛みを避けてランニングフォームも左右バランスが崩れがちになります。何かしら足に痛みがあると練習意欲は低下します。サブスリーがすぐ達成できるとされる聞こえがいい練習法には、そのような危険が待ちかまえているのです。ゆえに地図上では少しは距離は長く見えるかもしれないけれども、一番ゆるやかで楽な整備されたメジャーなルートを登るべきです。近道は最速でも効率的でもないのです。実は回り道が近道なのです。

「この練習をやったら速くなる」は「この一粒飲んだら健康になる」商法と同じ

皆さんはペース走やインターバルなど「これをやったらすごく調子がよくなった！」と思う練習があるはずです。ランニング雑誌にも「私はこのメニューで強くなった」というコーナーもあるくらいです。しかしどれか1つのメニューで強くなったと考えるのは短絡思考です。レースでよい走りができると「あの練習がよかった」「あの調整がよかった」「あの勝負飯がよかった（…？）」と理由を1点に求めがちです。

しかし、実際の成功には数多くの原因が複雑に絡み合っています。成功の理由を1つに求めると、それに縛られて自由度を失う危険性が出てきます。マラソンで大切なのは満遍なく継続かつ体系づけられた練習です。点ではなく線、そして日常生活も含めた面で考えるべきなのです。

色んな事を片っ端からチャレンジしても、無駄な時間を費やしてしまうだけかもしれません。「この練習の方が楽に速くなれる」と情報を仕入れて目移りしても、それは自分に合っていない迷い道かもしれません。「こっちの方が楽かな」と巻き道を使って別の登山道に移る事を繰り返しても、山の周りをグルグルし続けるだけで山頂への距離は縮まりません。効率性を狙っているのにかえって遠回りをしてしまっているのです。次々に湧いてくる美味しそうなマラソン練習法に踊らされない事です。劇的にいきなり速くしてくれる、かつ安全な練習メニューなど絶対にありません。

つまり指導書としてはあるまじき事を述べてしまいますが、万人に向けて「これが必ず1つだけ正しいのです」という練習方法はありません。誰もが基礎を押さえたうえで独自のプログラムを持つべきなのです。同じメニューでトレーニングをしても、それに対する刺激と成長や疲労回復度は各ランナーによって違うためです。人によって「400m×10本がベスト」という人もいれば「30kmのペース走のみでいい」という人もいるでしょう。

練習メニューは1人1人によって違う事がメニュー作りを複雑にしています。そして練習メニューを作りたいと思っても、「作り方がわからない」と言う人が多い事に気づきました。しかし誰にとっても必要な練習プログラムというのは今までのマラソンの歴史において培われ、すでに存在しています。原則を理解したうえで、あなただけのサブスリー山の登山地図を自由自在に描いてもらう。それが本書の趣旨なのです。

練習の距離、回数、休息時間にこだわってはいけない。あくまで目安

登山地図にはルートの標準コースタイムも書いてあります。しかしその時間通りに登る必要はありません。各々の体力や体調、荷物量に合わせて調整すべきです。つまり目安でしかありません。

本書では練習メニューを「距離、回数、セット数、休息時間」など具体的に書いています。しかしその通りにやる必要はありません。インターバルを7本と設定したが5本で終えた。レストは1分30秒設定だったがキツくて2分に延ばした。「ああ、予定通りにこなせなかった。情けないなぁ」と感じてしまうかもしれませんが、そんな事はありません。効果が大きく変わるわけではありません。

「大会に向けてこの鬼メニューをこなさないとダメ」と意気込んだブログや動画が散見されますが、自己満足に過ぎません。逆に7本の設定を8本できた。これもまた本番レースでの成功を約束したものではありません。それを確約できるコーチはどこにもいません。

一番犯してはならない間違いは、7本やろうとして6本目でふくらはぎに違和感が出たが、「あと1本だし！」と思って無理にやったら肉離れを起こしてしまったというケース。回数にこだわってしまったために怪我をしてしまったのです。くれぐれも数字に囚われてはいけません。高い質や量をこなす練習に巨大な練習効果があるのではありません。

故障すれば継続した練習が行えなくなります。「我を忘れて無我夢中で走った、気持ちよく走った

が怪我をした」では何もセルフマネジメントができていない事になります。

原則を知ればおのずとメニュー作りが容易になります。この本をシーズン途中で読み始める場合もあるでしょう。その場合でもしっかり練習を積めていればプログラムを途中から始める事は可能なのです。1人1人抱えている問題は違います。原則を元に、置かれた環境（練習できる曜日、降雪や凍結など地域の特性、天気、所属クラブの練習日など）を考慮して作り直してみてください。

練習の基本方針を決めたらコロコロと周りの情報に惑わされず、数ヵ月は決めた己を信じて継続する事が大切です。身体に取り込む栄養もそうですが、1回や2回のトレーニングで大きな効果が出るはずがありません。効果が出たらそれは劇薬です。少なくとも2～3ヵ月継続して効果を確かめるべきです。

「こんな練習に何の意味があるんだ?」という疑問は迷いを生み故障を誘う

実は多くの人の場合、マラソンの練習を始めても成長曲線にはなかなか乗れず、低迷の時期を過ごす事になります。多くの人は練習に正比例して成果も確実に上がっていくと思っています。でも実際は成果が出るまでには時間がかかります。しばらくは「努力しているのに成果につながらない」という状態が続く事になってしまうのです。この理想と現実のギャップに強いストレスを感じる人も多いでしょう。

しかしある時に指数関数的にブレイクスルーポイントを迎えるのです。ある時を境にして一気に練習成果が伸びていくようになるのです。

ただ問題は「いつブレイクスルーポイントを迎えるのかわからない」ということです。そのため、多くの人が成果を上げる前に自分には才能がないと思ってしまったり、「この練習は間違っているのかも」と思い始めて諦めてしまうのです。

方法に間違いがないのなら、途中で練習の継続をやめてはいけません。確実に力をつけて成長していくには迷いのない気持ちがとても大事になります。

もちろん人は完璧ではありません。方法を間違える事は誰でもあります。その場合、先輩ランナーや速いランナーに質問するのもよいでしょう。でも正しい答えかどうかはわかりません。彼らとあなたは身体も年齢も走力も違うのです。時には自分1人で考え抜く事も大事です。**失敗してもいいんです。そして失敗を重ねる事で迷いのない練習内容が少しずつ身についてきます。もし失敗を犯した事がないのなら、あなたは何も進歩していないのかもしれません。**

一方で人は一旦信じてしまった情報からなかなか抜け

成長の理想と現実

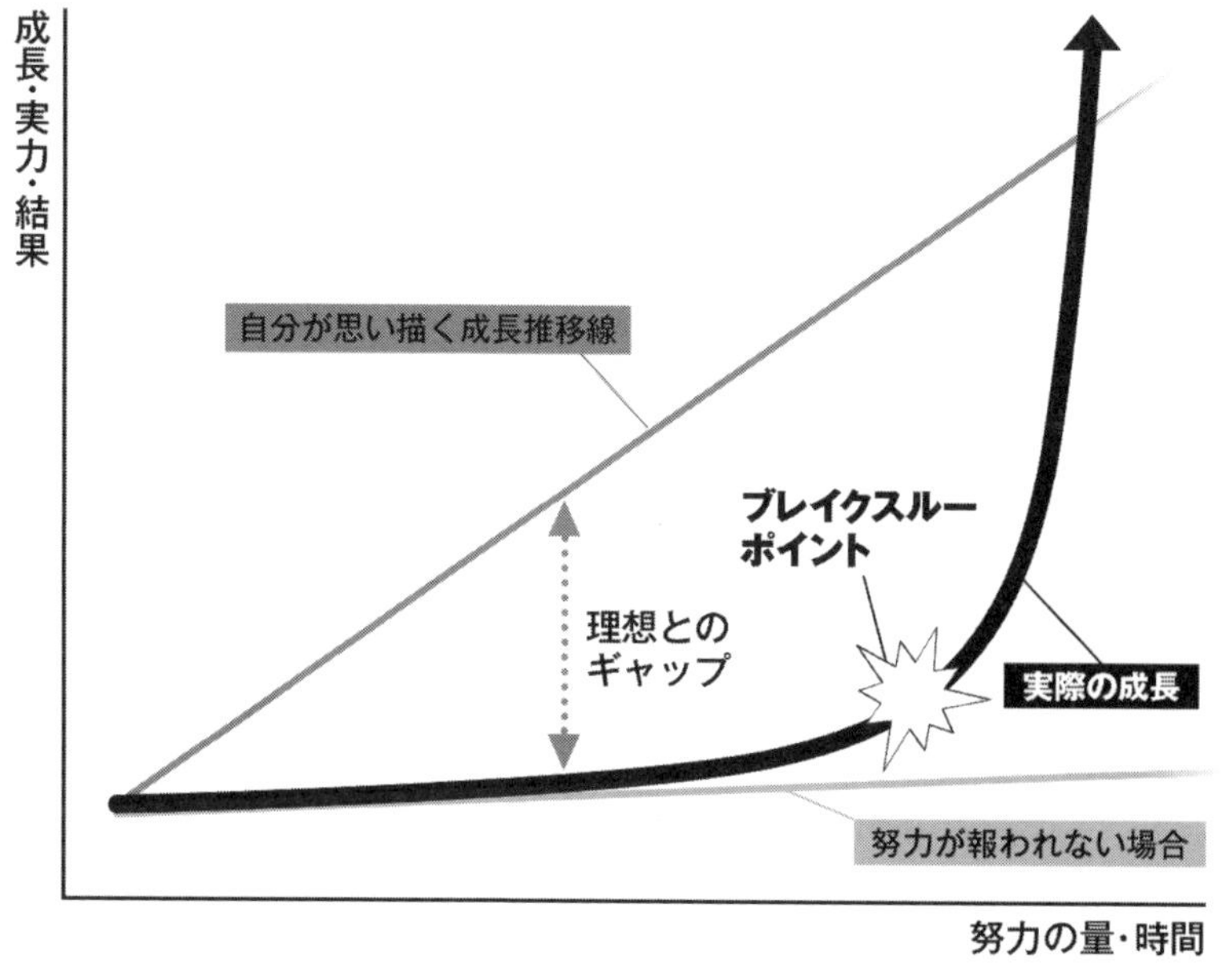

出せません。人間は本来その場の本能や感情に左右されてしまう生き物ですが、自分が選んだ選択肢は正しく合理的かつ普遍だと信じたいのです。ゆえにその練習法を正しいと発信する情報を集めがちです。

だからその練習法をやっている人ばかりX（旧Ｔｗｉｔｔｅｒ）でフォローして同じような投稿を見るにつれ「周りのみんながそう言っているんだから間違いない」とどんどん考えが偏っていきます。傍目から見ると偏狭なＳＮＳ世界の住民になってしまうのです。自分にとって最適な質と量の組み合わせを見つけ出せるのもセンス。また最適から外れたらすぐに気づけるのもセンスです。

サブスリーという山の頂で人生最高の気分を味わおう

本書はサブスリーをこれから目指そうとする皆さんに贈る、私からの登山地図です。なぜマラソンのサブスリーを登山に例えたか。高い山は例外なく麓、いわゆる山の裾野が広いです。大きな山塊なくしては山は高くそびえたつ事ができません。麓が細くては切り立った山頂は脆《もろ》くいつしか崩れてしまいます。マラソンは泥臭い練習の継続がそのまま反映される潔いスポーツですが、ごまかしや怠けがそのまま炙り出される競技でもあります。山と同じで大きな土台となり基礎となる入念なジョグなくして、サブスリーという高い頂に到達する事はできないと思うからです。

私は今までサブスリーを達成するまでの具体的練習メニューに関してはそこまで伝えてきませんで

した。「知りたかったのはそこなのに」というご意見も多数いただきました。でも限られた文面で「自営業なので時間に囚われず朝と夕方の2回走っている」とか「大会前に月400km走った」と書くと、「サラリーマンには難しい」と反論がきます。当然です。でも同じサラリーマンといっても皆、生活環境は違うわけですよね。仕事の内容でテレワーク中心の人もいれば通勤の人もいます。細かい部分は違っていて当然です。基本をしっかり押さえて自分なりにアレンジすればいいのです。

私は最初のフルマラソンで手痛い洗礼を受け7時間以上かかってしまい失格、次の第1回東京マラソンも気合いを入れて臨むもゴールまで6時間近くかかりマラソンを一切やめてしまうも、そこから色々な本や雑誌を読み込んで試行錯誤を繰り返しサブスリーを達成しました。本書では私がその経験を踏まえて皆さんにお薦めのメニューを提案します。一般的な指導者やコーチが作るメニューと同じ部分もありますし、私なりの工夫を入れた違う部分も相当あります。そのうえで自分なりの応用を加えたメニューを作り上げていきましょう。

第2章

サブスリー達成に欠かせない3つの指標とは

市民ランナーにおける実用性を考える

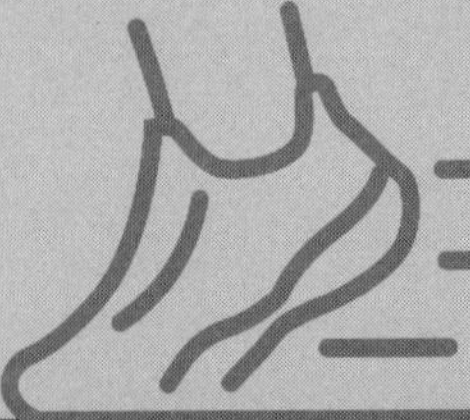

「知る事だけでは充分ではない、それを使わないといけない。
やる気だけでは充分ではない、実行しないといけない」

“Knowing is not enough; we must apply.
Willing is not enough; we must do.”

ドイツを代表する文豪であり、劇作家、自然科学者、政治家でもある
ゲーテの言葉

市民ランナーを悩ます3つのランニング指標とは？

本格的なマラソン練習に入っていく前に、まずは理論的なものに触れておきます。理論には興味がなく練習方法を早く知りたい方はこの章は飛ばしてもかまいません。でもなぜこのような練習をするのか理解度を深めるためにも一読はされる事をお薦めします。

ランニングのパフォーマンスを決定づける指標として、**最大酸素摂取量（VO2max）**、**乳酸性作業閾値（LT）**、**ランニングエコノミー（RE）**の3つがある事は、マラソン練習に取り組む皆さんなら聞いた事はあると思います。いずれも生まれつき決定された数値ではなく、上限はあれど練習によってある程度の改善が見込まれる指標です。これによって練習内容の狙いを明確にする事ができます。

一般的には**「VO2maxやLTなどの有酸素処理能力」×「RE＝走る効率性」**と定義します。

最大酸素摂取量（VO2max）は自動車でいうエンジンの排気量

長距離ランナーの能力を客観的に示す重要指標に**最大酸素摂取量（VO2max＝ブイオーツーマックス）**があります。自動車に例えるとエンジンの排気量です。空気を多く取り込みガソリンを多く一気に燃やせる排気量が増えると、自動車はパワーが出やすくなります。

VO2maxは、酸素摂取量の最大値を表す指標であり、心肺機能の最大限度を示すものです。VO2maxとは単位にするとmℓ/kg/minで、一般的に体重1kgあたり酸素を1分間でどれだけたくさん体内へ取り込めるかを示したものになります。VO2maxはランナーの最大換気量（呼吸数や1回換気量）、心機能（最高心拍数や最大1回拍出量）が主に関係します。

最大酸素摂取量は50%が遺伝によって決まりますが、数ヵ月の適切なトレーニングによって15～20%増加向上させる事が可能です。普段運動をしていなかった人で50%以上増加する例もありますが、すでに上限に達しているランナーだと5%も上がりません。

最大酸素摂取量とマラソンの記録には一定の相関関係があります。

「**マラソンの応用生理学**」※という研究です。下のグラフをご覧ください。

フルマラソンの記録を2時間30分以内、2時間30分～3時間00分、3時間以上に分けて最大酸素摂取量を計測したところ、下のグラフの通

VO2maxと長距離離走のパフォーマンス

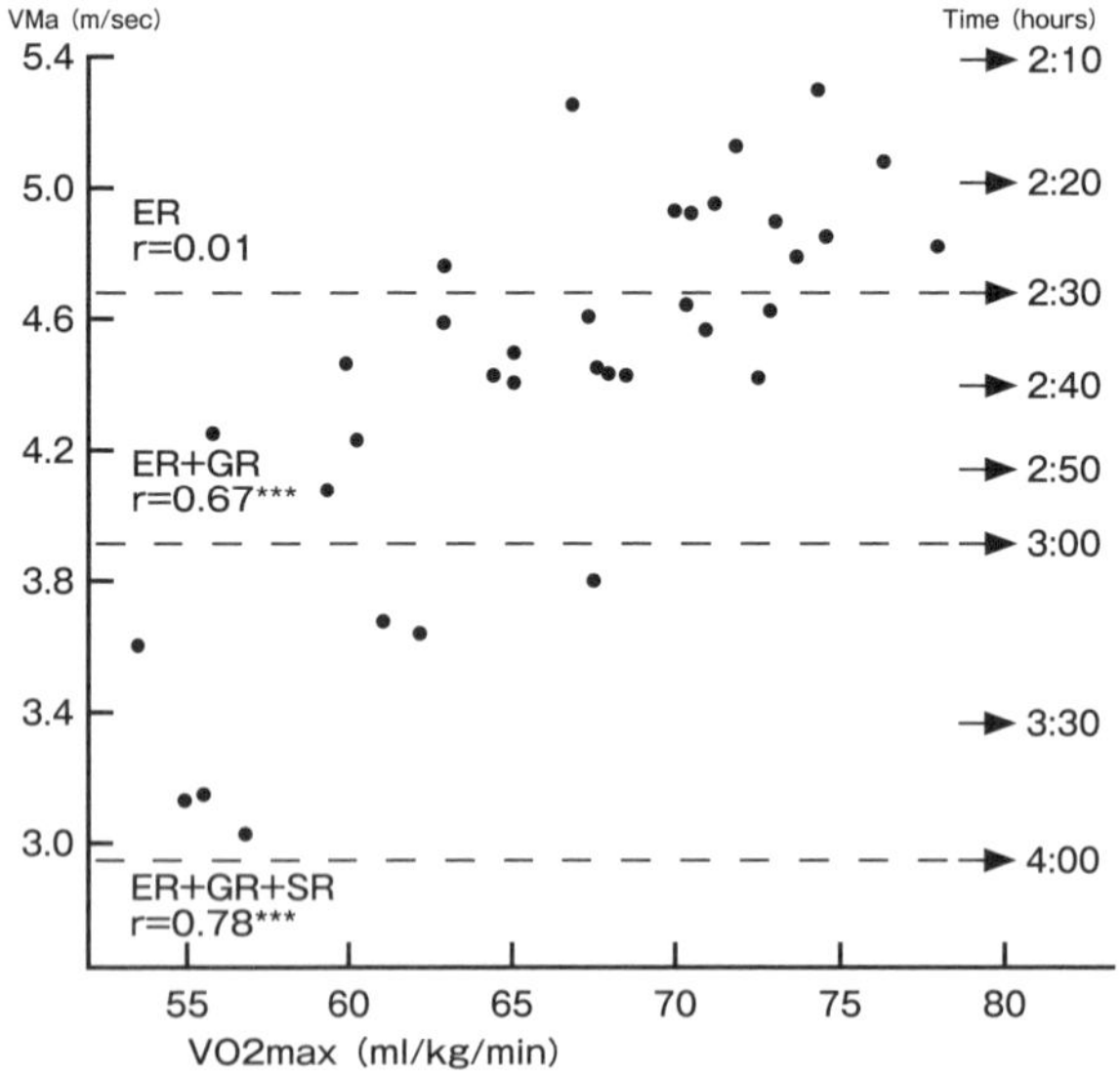

2時間30分以内：71.8±1.2 ml/kg/min（62.9-77.9 ml/kg/min）
2時間30分～3時間00分：63.7±2.0ml/kg/min（35-78ml/kg/min）
3時間以上：56±4.4ml/kg/min（36-66ml/kg/min）

※ https://www.researchgate.net/publication/19272008_Applied_Physiology_of_Marathon_Running

りになりました。１００％正の相関関係ではないですが、最大酸素摂取量が高いほどフルマラソンの記録がよい傾向である事を示しています。

パフォーマンスが高い選手ほどＶＯ２ｍａｘも高い事を報告した論文が多く存在する一方で、そのような関連性が見られないと報告した研究もあります。このグラフもかなりバラけています。個人差がとても大きい事を示しています。

特に**2時間30分以内に関しては相関関係が成り立っておらず、少なくとも2時間30分より速く走るランナーにとってＶＯ２ｍａｘ以外の要因が大きく加わってくると考えられます。ＶＯ２ｍａｘが長距離走のパフォーマンスを左右する有力な生理的指標であるという事は確かであるものの、ＶＯ２ｍａｘのみで説明するには限界があるようです。**

乳酸性作業閾値（ＬＴ）は自動車でいう冷却性能

次は**乳酸性作業閾値（ＬＴ＝ラクテート・スレッショルド）**です。自動車に例えるとエンジンがオーバーヒートを起こしやすいかどうかという事です。冷却水やエンジンオイルが劣化した自動車はアクセルを踏み込むと水温が急上昇し、ボンネットから煙が出てスピードを維持できなくなってしまいます。そのような自動車はアクセルが踏み込めないのでスピードが出せません。

ちなみにＶＴ（換気性作業閾値）という指標もありますが、ＡＴ（無酸素性作業閾値）に対して

ＬＴは乳酸からのアプローチ、ＶＴは呼気からのアプローチ、という事で主に測定方法の違いによるものです。

走速度を上げていくと糖が優先的に使われるようになります。これは解糖系とも呼ばれ酸素を使用しないシステムで、早くエネルギーを供給できますが乳酸という残りカスが出ます。乳酸が溜まると足は重たく鈍くなるので、以前は乳酸は疲労物質や老廃物と言われていましたが、現在は糖を分解する事でできる中間代謝産物でエネルギーに再利用される事がわかっています。

しかしある地点で乳酸を再処理する速度が追いつかなくなり、乳酸が血中に溜まっていきます。この乳酸が増加するポイントをＬＴと言います。ＬＴを高める事で、高強度の運動をより長く維持する事ができます。ＬＴには２つの爆上げポイントがあり、濃度が２mmol/ℓに達した点をＬＴ１といいます。乳酸の増加に除去が追いつく段階であり、主に有酸素運動の範囲です。ＬＴ１ペースの練習目的は走り続ける時間を伸ばす事になります。

さらに運動強度を上げると乳酸濃度は４mmol/ℓに達してから急激に増加します。この屈曲点をＬＴ２や

乳酸性作業閾値

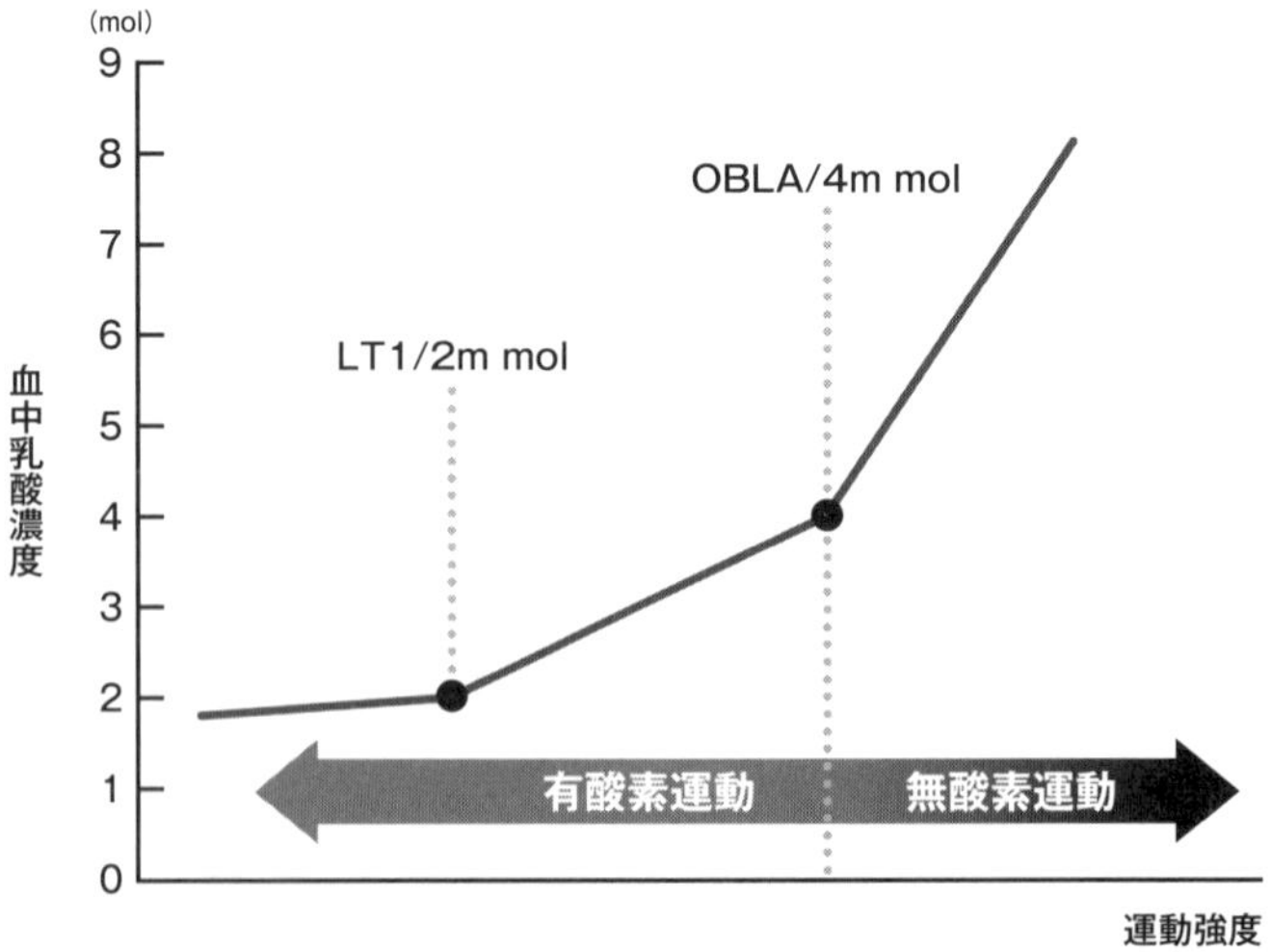

OBLA閾値から乳酸が急激に増加するのは体内のグリコーゲンが多く燃焼しているため。つまり解糖系（無酸素）運動に傾いている

OBLA（オブラ）と言ったりします。乳酸が持続的に蓄積し、有酸素運動と無酸素運動の境界線に相当します。OBLAペースでの練習目的は、速く走り続ける時間を伸ばすという事です。この2つの速度域は全く別物ではなく練習の距離と時間によって関連づけられます。※

LT1もOBLAも乳酸が上がり始める速度域のトレーニングを繰り返す事によって、閾値ポイントを高める事ができます。練習を重ねたマラソンランナーのレースペースはOBLAペースにかなり近いペースで走る事ができます。長距離走のパフォーマンスにVO2maxよりもLTが強く関わっている事を示した研究も多く、**特に中高年のランナーを対象とした研究では、VO2maxと関連しなかったマラソンのタイムをLTで説明できるとされた報告もあります。**

多数の文献において、長距離走のパフォーマンスに優れている選手ほどOBLAが高い事が報告されており、長距離走においてLT値をいかに上げるかも大変重要なテーマになります。

ランニングエコノミー（RE）は自動車でいう燃費

3つ目の指標は**走る経済性（RE=ランニングエコノミー）**です。ランニングにおけるエネルギーコストの効率を表した指標です。自動車の燃費と同じです。燃費が良いと言われる自動車は、燃費が悪いとされる自動車よりアクセルが踏み込めて長い距離を走る事ができます。

ランナーは呼吸によって取り込んだ酸素を使って、体内の糖質や脂肪を走るためのエネルギーへ変

※ LT2とOBLAは非常に近い概念だが完全に一致するわけではない。LT2は乳酸が急速に増加し始める閾値だが濃度は個人差がある。OBLAは具体的に「4mmol/ℓ」を指す

VO2maxは同じでもREは違う

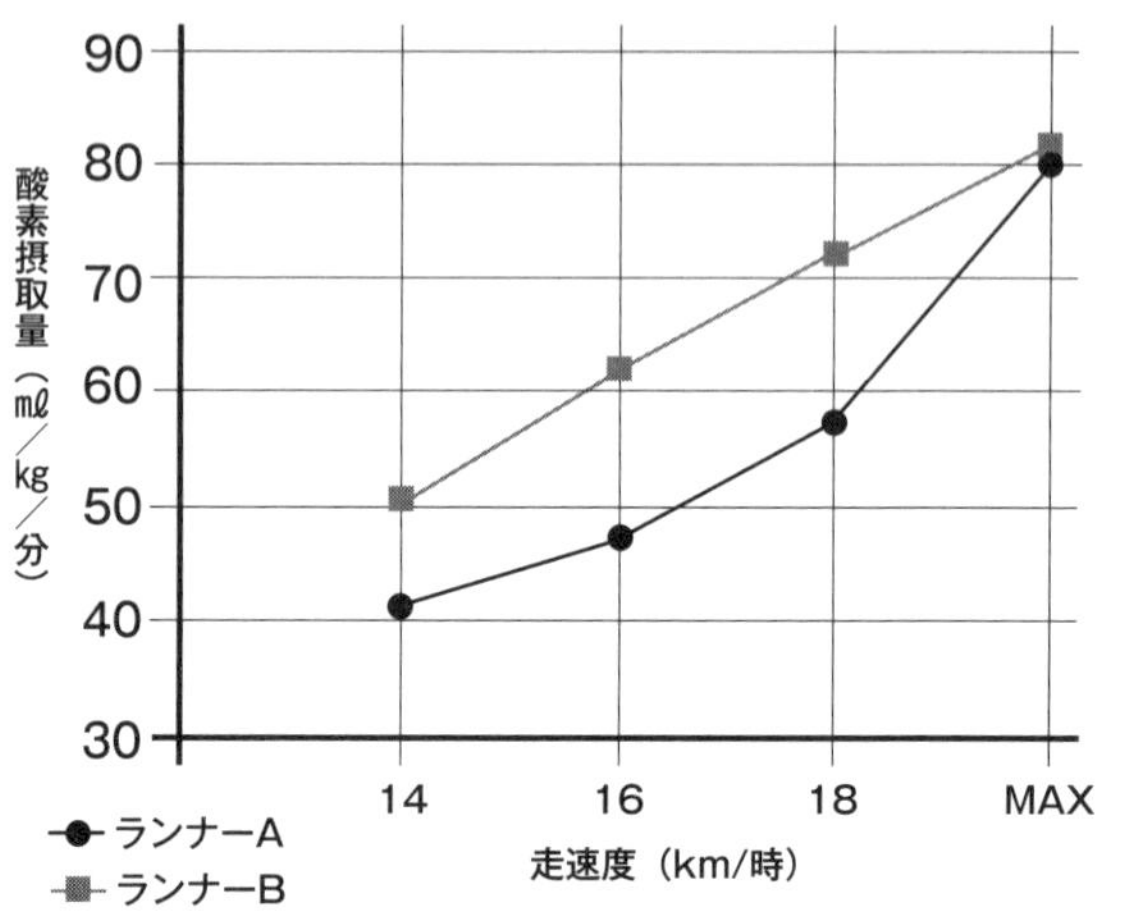

ランナーAとBのVO2maxは同じだが、最大下の速度ではAの酸素摂取量が低い。つまりAの方がREが優れている

換しています。[※1]同じ速度で走るにしても、より少ない酸素消費量で走れるランナーはより多くの酸素を必要とするランナーよりもREが優れている事になります。言い方を変えるとREに優れたランナーは、REの劣るランナーと同じ酸素消費量でも、より速いペースで走り続ける事ができます。**いかに無駄なエネルギーを使わず走れるかという意味でREは長距離走者のパフォーマンスと相関関係があります。**

ＶＯ２ｍａｘおよび、ＬＴが有酸素的なエネルギー出力を表す指標であるのに対して、ＲＥは出力されたエネルギーをいかに有効に推進力へ変換できるかの指標です。

[※2]**「短距離走者、中距離走者、長距離走者、４００m走者の有酸素性能力とランニングエコノミー」**という研究です。

ＲＥはレペテーション、坂道走などダイナミックに走る練習で改善されると言います。確かに短中距離走者の走りはストライドが大きく洗練されているように見えます。ＲＥ向上にはジャンプやスプリントなどの動きを取り入れて、高重量筋トレや爆発的な動きを含むプライオメトリクストレーニングをして、

※1 Factors affecting running economy in trained distance runners
https://pubmed.ncbi.nlm.nih.gov/15233599/

※2 https://www.researchgate.net/publication/305041326_Aerobic_Capacity_and_running_economy_in_sprinters_middle_distance_long_distance_and_400m_runners

筋腱スティフネスを高めるのが有効とも指導書によく書いてあります。しかしそれならば長距離走者よりも、それらのトレーニングをやり込んでいるスプリンターの方がREは良いはずです。しかし結果は逆で8、10、12㎞／hの異なるスピードでREを測定すると、いずれも長距離走者の方がランニングコストが低いという結果になりました。

ランニングフォームの改善が大きくREに影響があると思われていますが、それほどでもありません。フォームはREの重要な決定要因であると考え、REの個人差の54％はフォームの違いで説明できるとされる研究もあります。しかしそれらの論文を広くメタ解析すると一貫性はなく、フォームの改良によるREの向上は4〜12％に過ぎなかったのです。

ランニングコーチはREをフォームとごっちゃ混ぜに使いがちです。それは「ランニングフォームの分析・評価・改善＝ランニングエコノミー」にしてしまえば、自分のフィールドで教える事ができるからです。しかしコーチの思い描く一般的に美しいフォームが、そのランナーにとってREの向上につながるかはわかりません。頭が傾いていたり腕振りの左右差があっても、その人にとってはREが優れている場合もあるのです。

REもVO2maxやLTと同じくれっきとした有酸素性能力を示す指標であり、外見上のランニングフォームではわかりません。具体的には最大下の走速度（例えば時速15㎞）で一定時間（例えば5分）のトレッドミルテストを実施し酸素摂取量を測定する事によって確認できます。したがってビデオ撮

有酸素性能力とランニングエコノミー

	8km/h	10km/h	12km/h
短距離走者	217	215	211
400m 走者	212	210	208
中距離走者	208	203	198
長距離走者	195	191	188

※単位=ml/kg/km

REは短中距離走者より長距離走者の方が良かった

影等によってランニングフォームの分析・評価を行ってもREを測定する事はできません。

　REにとってランニングフォームは改善するべき1つの要素に過ぎません。REは様々な要因によって変化するのです。先天的なREは速筋線維と遅筋線維の割合（遅筋が多い方が有利）、バイオメカニクス的に優れた体形、つまり体重が軽く、頭が小さく、膝下が細く長いなどに左右されます。興味深いところでは長座体※前屈などカラダが硬い事、特に足首が硬いとREが良いのです。

　後天的なREは子供の時にどれだけスポーツをやったか、ランニングを始めてからの走歴も加味されます。それは速筋が有酸素運動を続ける事で、収縮速度が遅く長時間の運動に適したタイプⅡa型遅筋線維が筋肉に増えていくからです。着地する接地と離地の上手さも外せません。

　体重の管理、軽いシューズやウェアを着る、ペースメーカーの後ろを走る事、その日の精神状態でもREは向上します。これらの条件によってエネルギーの代謝能力に差が出ます。

　身も蓋もない言い方になりますが、REは有酸素ジョグをこなして月間走行距離を増やす事が大切です。たくさん走ればおのずと無駄は省かれ、走りは経済性を身につけていきますから。

ランニングエコノミーとカラダの硬さ

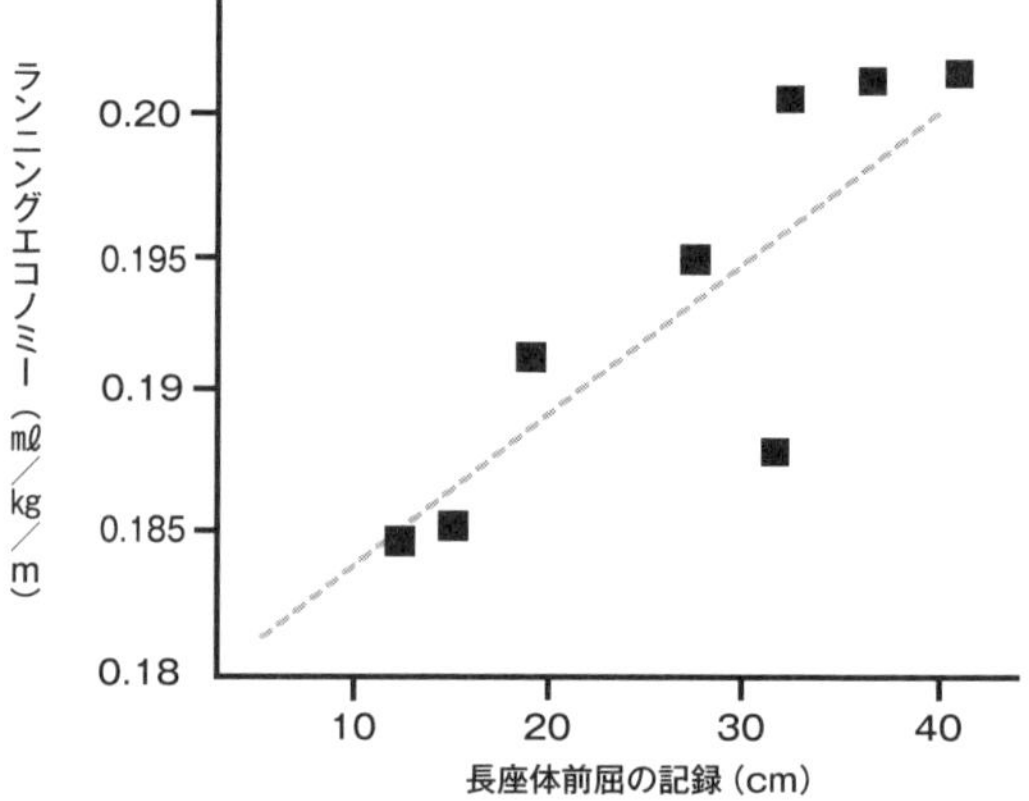

※ Sit-and-Reach Flexibility and Running Economy of Men and Women Collegiate Distance Runners
https://pubmed.ncbi.nlm.nih.gov/19050648/

VO2maxの70～85％は心臓の最大拍出量によって決定される

「健康な成人における持久力トレーニングに対する心血管適応の用量反応関係：どのくらいのトレーニングでどのような効果が得られるか？」[※1]という研究です。

被験者は座りがちな日常的に運動を行っていない11人です。12ヵ月間にわたって徐々に負荷（量×質）が大きくなるランニング練習を行いました。結果、平均3ヵ月間の適度な運動トレーニングにより、血圧、心拍数、総末梢抵抗が減少し、VO2maxに達した事がわかりました。

それからさらに9ヵ月、量や強度を高めた激しいトレーニングを行いましたが、VO2maxの上昇はありませんでした。逆に大幅な低下が生じた例も多くありました。心臓の右心室容量はトレーニングとともに増加しましたが、左心室容量は大きな変化が見られず、[※2]**VO2maxには生まれつきの上限があるという事はそれが原因と思われます。**

VO2maxは数ヵ月間でトレーニング効果が上限に達する事は知られており、非鍛錬者であっても3ヵ月間で上限に達したのは妥当と思われます。

次にVO2maxとLTの関係性について考えてみましょう。

VO2maxを計算式で表すと**「VO2max＝HRmax（最大心拍数）×1回の拍出量×動静脈酸素較差（総末梢抵抗）」**となります。拍出量とは心臓から送り出される血液量の事。これが多ければ多い

※1 https://pubmed.ncbi.nlm.nih.gov/12832429/

※2 競馬のデータだが、鼻孔サイズ、排泄量の多さ、速筋線維の割合などを調べた結果、競走馬の成功要因に一番相関があったのは血統という曖昧なものではなく、心臓の大きさ、特に左心室だった　セス・スティーブンス・ダビットウィッツ著『誰もが嘘をついている』

ほど全身に酸素をたくさん供給できるという事です。動静脈酸素較差とは末端の血管効率です。毛細血管から筋肉に取り込まれる酸素量を表します。ＶＯ２ｍａｘ向上トレーニングを行うと心臓拍出量も動静脈酸素較差もいずれも向上しますが、持久力が低い人はまず末端の毛細血管の発達反応が高くなる事がわかっています。だからＬＳＤで毛細血管を発達させようと言われるのです。しかしトレーニングによって持久力が最大限に高められたエリートランナーはＬＳＤの効果は限定的です。なぜなら**ＶＯ２ｍａｘの70〜85％は心臓の最大拍出量によって決定される**からです。

　加齢により心臓は筋細胞の減少や線維化が生じ、心臓の収縮力が低下します。「最大拍出量＝２２０－年齢」の計算式に示すように、最高心拍数や最大１回拍出量は加齢によって低下しますので、**ＶＯ２ｍａｘも年齢を重ねると自然に減衰します。残念ながら心臓の拍出能力ひとつで加齢によるパフォーマンスの低下の多くを説明できてしまいます。**

**　つまりＶＯ２ｍａｘを上げるべくインターバルを頑張っても、走力が上がれば上がるほど伸び率は低くなり、特に中高年ランナーはどんなに激しい練習をしてもいずれ頭打ちになり下落に転じるという事です。**

**　一方でＬＴもＶＯ２ｍａｘと同じく加齢によって低下しますが、その低下率は小さいです。よって高齢になればなるほど、ＬＴがマラソンのタイム維持と向上の鍵となっていきます。**

LT閾値走によって毛細管の密度が高まるだけでなく毛細管の位置が最適化される

「パフォーマンスに対する末梢の制限：筋肉の毛細管現象」[※]という研究です。

酸素の十分な伝搬と老廃物の除去は、筋肉のパフォーマンスの重要な要素です。筋肉の毛細血管化の程度は通過時間、毛細血管表面積、拡散距離に影響を与えます。長年のトレーニングにより毛細管の密度が高まるだけでなく、毛細管の位置が最適化されます。

VO2maxの向上は主に心臓自体の拍出量増加によってもたらされますが、持続可能な運動強度である閾値（LT2／OBLA）の向上は動静脈酸素較差、つまり毛細血管密度／ミトコンドリア／酸化系酵素の能力向上によりもたらされます。

研究によると非鍛錬者は数週間で「筋線維の毛細血管の数」が10〜20%増加していきます。そしてよく訓練されたアスリートでは「毛細血管の位置」が最適化されています。動静脈酸素較差を高めるためには毛細血管密度だけでなく血管位置も重要であり、それは数年単位でより最適化されていくという事です。

つまりVO2maxは心臓という1個の臓器のターゲットなので数ヵ月の継続したトレーニングで簡単に向上しますが、心臓から出た血液が全身を巡る事が必要なLTは数年単位でトレーニングしてようやく向上していきます。ニュージーランド出身の陸上競技コーチで、世界中のトップレベルのラ

※ https://onlinelibrary.wiley.com/doi/10.1111/sms.14442

ンナー、コーチほとんどすべてのトレーニングの基礎となっている「有酸素ランニング」の構築を重視するトレーニングメソッドを提唱し、20世紀の最も影響力のあるコーチの1人とされるアーサー・リディアード先生が、**「マラソンの素質は数年経たないとわからないものだ」**と言うのもそのためです。その場合、LSDは毛細管の密度を高めますが、毛細管の位置を最適化するのはOBLA走です。熟練ランナーはだらだらとLSDをやるべきではなく、スピードを高めたLT閾値走をやるべきと示唆しています。

全身の筋肉には各々の最大酸素摂取量が存在した！

世界陸上マラソン入賞歴のある女子選手と大学の長距離女子選手を比較すると、LT速度はほぼ同一でしたが、OBLA速度は入賞歴者の方がかなり速かったという研究※があります。

OBLAはVO2maxと比例し、その値はおおよそ90～92％VO2maxとされています。OBLAの定義は「レースモードで1時間くらいギリギリ維持できるスピード」とされ、サブスリーペースだと3分55秒～4分5秒／kmです。市民ランナーには1時間走るのはかなりキツい速度域です。閾値走は乳酸の利用能力を高めるトレーニングと理解している人が多いと思いますが、マラソンは乳酸をそれほど溜めながら走る競技ではないので、乳酸処理能力がマラソンのパフォーマンスに直結しているようには思えません。

※ https://sports-performance.jp/paper/1324/1324.pdf
入賞歴者はハムストリングス厚と背筋は優れていたが、垂直跳びやリバウンドジャンプは大学選手に比べ劣っていた。またREに差はなかった

LT1は、福岡大学スポーツ科学部の故田中宏暁教授が提唱された「ニコニコペース」という表現からも、会話を楽しみながら走れるといったペースであり、トレーニング強度としては低く、有酸素ジョグの少し速い程度の速度で、サブスリーレベルだと4分40秒〜4分50秒／kmです。**LT1、OBLAという異なるLTペースは距離と時間のアプローチによりいずれも走るべきです。**

というのもVO2maxは全身の酸素摂取量の上限ですが、すべての筋肉が同時に酸素摂取量の上限に達するわけではないのです。例えばランニングに最も活躍する筋肉の1つ、大腿部の外側広筋はVO2maxより強度の低いOBLAの強度でVO2maxに達します。つまり外側広筋にとってはインターバルよりOBLA走の方がVO2maxを刺激する効果が高いのです。

このように全身の筋肉には各々のVO2maxが存在します。マラソンはOBLAより低い強度で長く走るので、足の筋肉の様々なVO2maxを高める事が必要で、そして中でも最も活躍する大きいお尻と太腿の筋肉のVO2maxの領域を高める事がパフォーマンスに直結するのです。どこか1つの速度域のみが重要ではなく、すべての速度域を満遍なく走って鍛える事が大切なのです。

最大酸素摂取量が上限に達するとランニングエコノミーの優劣がパフォーマンスの決定要素になる

次にVO2maxとREの関係性について考えてみましょう。VO2maxは身体が酸素をどれだけ効率的に利用できるかを示す指標です。REは同じペースで走る際に消費する酸素量を少なくする能力を指します。

ケニア人選手と日本人選手を比較すると、VO2maxは日本人の方が高いか同等の数値を示すのですが、REはケニア人の方が優れている傾向にあります。そのため、**現在はVO2maxよりもREの方が長距離ランナーのパフォーマンスとの相関性は高いと言われています。**ケニア、エチオピアなど世界で活躍するランナー、そして日本の駅伝やマラソンに出場する実業団ランナーは、長年にわたる練習によってVO2maxがほとんど上限に達しているからです。

一般的にはVO2maxが高い人は酸素の取り込みや血液中運搬がより効率的であり、REも高い傾向があるとされています。ならば「とりあえずゼェゼェハァハァする激しい練習を一生懸命すればREも上がるんでしょ?」という話になりそうですが、そう簡単にもいかないのです。これらの概念は独立しており、VO2maxが高い場合でもREが低い場合があります。

最大酸素摂取量とランニングエコノミーは逆相関の関係にある

興味深い事にVO2maxとLTは相関性があるものの、REの数値は反比例するという研究報告が多数あるのです。**未経験者、市民ランナー、エリートランナーのいずれもVO2maxとREの間には逆相関の関係が認められると報告されています。つまりどのレベルのランナーにおいてもVO2maxを上げようとトレーニングすると、REは低下傾向を示してしまうのです。**

理由としてはまず生まれつきの遺伝的要素としてVO2maxが高い選手は速筋線維（タイプⅡ繊維）の割合が多い傾向があります。速筋線維は高強度の活動に適していますが、エネルギー効率が低くより多くの酸素を消費します。一方でREが良い選手は遅筋線維（タイプI線維）の割合が高くエネルギー効率が良い事が多いのです。この線維は少ない酸素で長時間動くのに適しています。

そしてVO2maxが高い選手は全身の酸素利用能力が高いですが、これが必ずしもRE（すなわち低酸素消費での効率的なエネルギー利用）に直結するわけではありません。そしてVO2maxを向上させる高強度インターバルトレーニングは、エネルギー効率よりも最大酸素摂取能力を高める事に注力します。一方でREを改善する長距離走や低強度の持久力走は、酸素消費を抑えつつ一定の速度を維持する能力を向上させる事に焦点を当てます。

またREの良い選手は効率的なランニングフォームで走り、筋肉の無駄な動きを最小限に抑えています。これにより酸素消費が少なくエネルギーを効率的に使える事ができるから長距離を走る事ができます。一方でVO2maxが高い選手はエネルギー消費を無視して最大パフォーマンスを発揮する走りに向いています。このように両者を高いレベルで同時に発達させる事は難しいのです。

例えるなら排気量が大きい自動車の方が馬力が高い傾向にありますが、そのぶんガソリンを消費するので低燃費な傾向にあります。その場合、短い距離なら何とかなりますが、ロングドライブとなるとアクセルが踏み込めなくなります。結果スピードを出せなくなってしまうのです。

「**持久力走のエネルギー学**[※]」という研究です。

36人の長距離ランナー（マラソン・ハーフマラソン）を対象としてVO2max、LT、REを測定し

※ https://pubmed.ncbi.nlm.nih.gov/3732253/

ましたが、長距離走のタイムとVO2maxは52％の相関があるのに対して、REのみでは13％しか説明がつきませんでした。同じVO2maxのランナーではREの優位性がパフォーマンスの優劣につながりますが、逆に表現すると両者にVO2maxの差があるとREの重要性は低いという事になります。しかしVO2maxとREの2つを組み合わせる事によってパフォーマンスの60・5％を説明できたとされる研究もあり、決してREを軽んじる事はできないと思われます。

REはジョグを長く走る事で経済性が身につきますが、それだけではダメ。スピード練習をやってVO2maxを鍛えないとマラソンのように速く長く走る事には適応できないという事を示しています。

3つの指標を継続的に測定できる市民ランナーというのはほぼいない

こんな気難しい3つの指標ですが、厳密に計測しようと思うと、VO2maxもLTもREも非常に大変です。VO2maxは運動中の呼気を採取しなければなりません。つまり、掃除機のホースみたいな呼気測定装置を鼻と口に取り付けて行う専門のトレッドミルの設備や室内環境が必要です。LTの測定には数分間ずつペースを上げつつ各ペースで走った後に血液を採取する必要があります。エリートランナーの場合は専門施設で特別に測定する事ができますが、一般市民ランナーの場合は気軽に測定できるところはありません。基本的には研究機関での計測となるため、市民ランナーが計測できる機会は限られハードルが高いです。

REを測定する方法も呼気測定装置を装着したまま、一定速度で3～15分走り続け酸素摂取量（VO2）を計測し、REを評価します。つまり3つの指標の正確な実数を知るのはかなりハードルが高いのです。

そもそもVO2max、LT、およびREは、環境要因によっても影響を受けます。例えば、高温多湿の環境下では、これらの指標は低下する傾向があります。また疲労やストレスの影響を受けやすいです。また各施設の計測器材の精度によってもバラつきが出る事があります。これらの指標はあくまで計測時点の体調や室内環境によるものであり、個人の運動能力の全体像を捉えるわけではないのです。

五輪レベルのエリートランナーならともかく、これらの指標を継続的、かつ正確に測定できる市民ランナーというのはほぼいないでしょう。ほとんどのランナーが走行時の心拍数や体感的なキツさから推測するしかありません。手軽な方法としては直近のレース結果から予測する事です。しかしあくまで当日の天気と体調での過去数値です。そしてレース結果からちゃんと指標を導き出せるのは、きちんと練習をやり込んでいるランナーのみです。

また**これらの指標は個人差が大きく、同じレベルの運動能力を持つ人が同じトレーニングプログラムをやっても、それぞれの結果が大きく異なる場合があります。例えばVO2maxで走れる最大時間は6分から12分、平均すると約10分と言われています。VO2maxは全力を出し尽くして走って測定するものなので、この6～12分という2倍のバラつきも出し切れるレベルの個人差が大きいゆえだと思われます。これは、運動能力以外の要因（体重、年齢、性別、性格、経験など）が結果に影響を与えるためです。**

ＧＰＳウォッチのゴール予測タイムは目安にはなるが正直微妙

ガーミン社からリリースされたＧＰＳウォッチが心拍数や加速度計を元にして、ＶＯ２ｍａｘやＬＴを簡易的に予測してくれるようになったのは多くのランナーも承知だと思います。ガーミンをはじめとして多くのランニングウォッチのＶＯ２ｍａｘ推定機能は、フィンランドにあるファーストビート社から提供されています。ＶＯ２ｍａｘをどのように計算しているかのアルゴリズムは公開されていませんが、今まで蓄積した膨大なランナーの統計データと各個人の実際のランニング時のペースや心拍の変動などをモニタリングして算出しています。予測されたＬＴペースに関してはＬＴ１よりＬＴ２／ＯＢＬＡに近いものです。

確かに予測してくれる事はありがたい事です。しかしＧＰＳウォッチで予測数値として算出されるＶＯ２ｍａｘの数値は、平均的な数式に頼っているのでかなり高く出る傾向があります。そしてスロージョグにＧＰＳウォッチは厳しく、日々のアップやダウンのスロージョグを記録するとＶＯ２ｍａｘは下降の一途を辿ります。一方でインターバルなどの高負荷のスピード練習は大好物でＶＯ２ｍａｘは高評価をもらえます。

ＧＰＳウォッチはＶＯ２ｍａｘの予測もそうですが、マラソンのゴール予測タイムも甘々の値が出がちなのは、ランナーなら誰でも感じていると思います。ＧＰＳウォッチのゴール予測タイムはなぜ非現実的なのでしょうか。私の経験的に言えばまだまだ予測の範囲を越えておらず、果たしてVO2maxも本当に向上したかどうかも曖昧であると感じます。GPSウォッチが評価するVO2maxの指数を上げる結果に熱中し過ぎると、いつの間にかREがガタ落ちになっているのかもしれません。

つまりこれらの指標をまとめると「身体に多くの酸素を取り込む事ができて、乳酸が溜まる限界ギリギリで走り続け、エネルギーコストを抑えて効率良く走る事ができれば、おのずとマラソンのパフォーマンスは向上しますよ」という事です。当然の話です。3つの有酸素指標は「心肺を鍛えなさいよ」とごく当たり前の事を示しているに過ぎません。つまり学校のテストで先生が「勉強をちゃんとやってテストで100点を取れば成績表はよくなりますよ」と、誰でもわかる事を言っているようなものなのです。

第3章

目標練習タイムを明確に示したVDOT指数だが平均統計マジックで特定の速度に囚われてはダメ

「才能は練習しなければ無いのと一緒さ」

“talent without working hard is nothing.”

サッカー関係者からしばしば世界最高のサッカー選手と評され、
サッカー史上最多得点記録保持者、史上初となるワールドカップ5大会連続ゴール、
欧州3大リーグで優勝、そのすべてで最優秀選手と得点王を獲得した
クリスティアーノ・ロナウドの言葉

VDOTはパフォーマンスに基づいたVO2maxを元に算出されている

長距離走に重要な3つの有酸素指標を正しく計測する時点で市民ランナーにはハードルが高い事は前章で理解できたかと思います。研究機関で調べたところでそれはその時点での数値。継続的に調べなくてはランナーとしての走力向上もわかりにくく、ランニングウォッチなどの機器やアプリも本来のVO2maxの数値とは大きくズレて高い値が出がちです。

そんな指標に変わる別の手段はないものか。そこで登場するのが米国のランニングコーチであり運動生理学者である**ジャック・ダニエルズ博士のランニング・フォーミュラ（VDOT指標）**です。自身、五輪の近代五種で2度メダルを取り、世界選手権では優勝を果たし、引退後はトラック種目・クロスカントリーの指導者として米国強豪大学を歴任。VDOT指標はダニエルズ博士が運動生理学者として、そして指導者として積み重ねてきた実験と実践の結晶であり、トレーニングの指針および予測を明確に数字で示したものです。

マラソンペース（分／km）＝

1km酸素摂取量mℓ／kg／km÷最大酸素摂取量mℓ／kg／min÷嫌気性閾値％÷疲労耐性％

VDOT指標は、ランニングのパフォーマンスを算出するためにこのような複雑な計算式を使用しています。最初の3つの変数は研究機関のトレッドミル上で漸増負荷試験を行い測定しなくてはなりません。結局は正確なVO2max値が必要となるため、専門的なテストや計測が必要なのです。つまり市民ランナーには実際のVDOTを調べるのはハードルが高く、そして最後の疲労耐性は実際に走ってみないとわからない代物です。

VDOTはランニングのトレーニング効果やパフォーマンスの向上を確認するために有用な指標ですが、実際の数値を調べるのは困難です。ただVDOT自体の数字が重要なのではありません。実はVDOTはダニエルズ博士の考え出したオリジナルの数値というより、過去のエリートランナーの出したレースタイム群を計算式に当てはめて導き出した数字に過ぎません。

VDOTは単純なVO2max測定ではなく、実際にどれくらいの距離をどれくらいの時間で走ることができるか（レースやタイムトライアル）というパフォーマンスデータを元に計算されます。そのためVDOTは「**パフォーマンスに基づいたVO2max**」という形で、ラボで測定した単純なVO2maxよりも実用的とされます。

つまり**VDOTはVO2max、LT、REの3指数単独より、さらにパフォーマンスと相関関係があるとされるvVO2max（velocity at VO2max＝最大酸素摂取量に達するスピード）を元に計算されています。最高有酸素的ランニング速度とも言われるvVO2maxがランナーのパフォーマンスと高い相関関係になる理由は、vVO2maxがVO2maxに加え、REもその中に含んでいるからです。**

VDOTを計算するには、5㎞や10㎞などある一定距離のレースやタイムトライアルの記録が必要です。これが基本データとなりダニエルズＶＤＯＴ表を参照して自分のＶＤＯＴを推定します。この表はオンラインで公開されているアプリでも利用可能です。練習ペースからレースタイム予測、逆に目標レースタイムから練習ペースを設定して、パフォーマンスを向上させるための指標として活用されます。

ＶＤＯＴによると４００ｍを走れば自分のマラソンタイムがわかる？

ＶＤＯＴ指標がランナーにこうも受け入れられたのは**距離に対して×2.2倍のルール**※が存在する事をダニエルズ博士は発見したからです。つまり、４００ｍの記録に2.2を掛けると８００ｍの記録が予測されます。８００ｍの記録に2.2を掛けると１６００ｍの記録が予測されます。その流れでハーフの2.2を掛けるとフルマラソンのタイムが予測できます。つまりフルマラソンを走らなくても４００ｍほど走ればフルマラソンの記録が予測できるという簡易測定が謳われたので

代表的なレース種目のVDOT 書籍版『ランニング・フォーミュラ』より

最大酸素摂取量	800m	1500m	3000m	5km	10km	ハーフマラソン	フルマラソン
44	2:46	6:03	12:55	22' 15"	46' 09"	1° 42' 17"	3° 32' 23"
45	2:44	5:56	12:40	21' 50"	45' 16"	1° 40' 20"	3° 28' 26"
46	2:42	5:49	12:26	21' 25"	44' 25"	1° 38' 27"	3° 24' 39"
47	2:40	5:42	12:12	21' 02"	43' 36"	1° 36' 38"	3° 21' 00"
48	2:38	5:36	11:58	20' 39"	42' 50"	1° 34' 53"	3° 17' 29"
49	2:36	5:30	11:45	20' 18"	42' 04"	1° 33' 12"	3° 14' 06"
50	2:34	5:24	11:33	19' 57"	41' 21"	1° 31' 35"	3° 10' 49"
51	2:32	5:18	11:21	19' 36"	40' 39"	1° 30' 02"	3° 07' 39"
52	2:30	5:13	11:09	19' 17"	39' 59"	1° 28' 31"	3° 04' 36"
53	2:28	5:07	10:58	18' 58"	39' 20"	1° 27' 04"	3° 01' 39"
54	2:26	5:02	10:47	18' 40"	38' 42"	1° 25' 40"	2° 58' 47"
55	2:24	4:57	10:37	18' 22"	38' 06"	1° 24' 18"	2° 56' 01"
56	2:22	4:53	10:27	18' 05"	37' 31"	1° 23' 00"	2° 53' 20"
57	2:20	4:48	10:17	17' 49"	36' 57"	1° 21' 43"	2° 50' 45"
58	2:18	4:44	10:08	17' 33"	36' 24"	1° 20' 30"	2° 48' 14"

サブスリー近辺のVDOT54を中心にサブエガからサブ3.5までの800mからフルマラソンのVDOTを示す

※ダニエルズ博士は同じ理論的背景を元にして提案しているが、2.2倍のルールは簡易的な方法であり、VDOTはより精密で科学的な予測ツールという違いがある

す。**ＶＤＯＴは練習をよく積んだエリートランナーほどその数値の一致を見るようになります**。それはＶＤＯＴが、世界記録保持者やオリンピックレベル、国のチャンピオンクラスなど極限まで鍛え上げられたランナーを対象に、ゴールタイムなどデータを蓄積して算出した指標だからです。

ダニエルズ式設定タイムをすべてクリアするのはなかなか厳しい

書籍版『ダニエルズのランニング・フォーミュラ』のＶＤＯＴ指標によると、フルマラソンの完走タイム2時間58分47秒（おおよそのサブスリー）達成予測はＶＤＯＴ54になります。その場合レースペースは4分14秒となりＶＤＯＴ指標54のランナーの８００ｍは2分26秒、１５００ｍは4分59秒、３０００ｍは10分47秒、５０００ｍは18分40秒、10㎞は38分42秒、15㎞は59分30秒、ハーフマラソンだと1時間25分40秒の予測となっています。

しかし厳密にギリギリのサブスリー2時間59分59秒は書籍版には掲載されていません。現在ＶＤＯＴはオンラインで公開されているツールやトレーニングアプリでも見る事が可能です。※ **ＶＤＯＴランニングカリキュレーターによるとマラソンペースは4分16秒となり正確なＶＤＯＴは53・5となります。その場合、１５００ｍは5分2秒、３０００ｍは10分53秒、５０００ｍは18分48秒、10㎞は38分59秒、15㎞は59分56秒、ハーフマラソンが1時間26分18秒となります。**

どちらにせよ目標タイムはいずれもかなり厳しめと感じた人も多いのではないでしょうか、特に中

※ https://vdoto2.com/calculator/
VDOTカリキュレーターと書籍版VDOTは細部の数字に違いがみられる。書籍版は統計的なVDOTテーブルが使われているが、カリキュレーターは個別のタイム入力や調整可能な変数に基づいて計算を行うため。またカリキュレーターは最新の統計モデルを利用するため、アルゴリズムが微調整され定期的に更新されている。上記のVDOT数値はいずれもカリキュレーターより算出されたもの

高年は。エリートランナーを元にした数値ですから当たり前ですよね。どちらかというとジャック・ダニエルズの『ランニング・フォーミュラ』は若い中距離の学生エリート選手に向けて書かれた内容と思われます。それが証拠に1998年に出された初版の多くはトラック競技である800m～3000mの中距離走についての記述に割かれています。マラソンに対しての記述は総288ページのボリュームで巻末に16ページのみ。サブスリーという言葉も概念も説明されていません。

サブスリーを出せても1500mを5分2秒で走れない人もいるでしょう。1500mを余裕で5分を切れる走力がありながら、フルマラソンを走り切るスタミナがなく、サブスリーができない中距離ランナーもいるでしょう。10kmもハーフマラソンも達成目標数値はなかなか厳しめです。実際、私が初めてサブスリーを出せた2015年板橋シティマラソンの時にハーフはおろか、1500m、5000m、10000mもこの目標タイムを切れた事は1回もありませんでした。それでもサブスリーは出せたのです。私がもしダニエルズ理論に則って1500mの記録を元にフルマラソンの目標タイムを設定していたら、サブスリーなんて早々に諦めていた事でしょう。

これは1500mを5分02秒で走る練習をする事によってサブスリーが出せます、という話ではなく、「マラソンをサブスリーで走れる選手は1500mを5分2秒で走り切れる可能性が高いかも」という確認作業でしかないと思います。1500mの基本練習メニューは（600m＋500m＋400m）×2セット（休憩12分）などです。これのみをやり続けたとしてもフルマラソン後半を走り切れる疲労耐性がつくとは到底思えません。大事なのは実際にフルマラソンの走力を身につける練習とは何なのかです。

いずれにせよ、かなり練習をやり込んだランナーにこそＶＤＯＴ指標の数値は生きてくるものだと思います。これらすべてをクリアできるオールラウンダーはひと握り。日本の田中希実選手、オランダの女子長距離選手シファン・ハッサンのように１５００ｍ、５０００ｍ、１００００ｍ、ハーフマラソン、マラソンと股にかけて活躍できる選手はそういません。

筋肉組成が遅筋優位で持久力が高く長距離走に向いた人間もいれば、全くそうでない速筋優位の短距離走型の人間、あるいはその中間の人間それぞれいます。１５００ｍとフルマラソンは相関関係にあると思いますが、確定的には断じない方がいいと思います。実際これらの指標はあくまで軽い努力目標とイメージしておいた方が精神的にも楽だと思います。

あまりに平均値に囚われるのはダニエルズ理論の呪縛にかかっている

ダニエルズ博士は「レースパフォーマンスが等しい選手は、他の距離でも皆同じ値になる」と言っていますが、どうでしょうか？ つまりマラソンで同じタイムでゴールしたランナーは、１５００ｍや５０００ｍのレースでも同じタイムでゴールするのでしょうか？ 私にはそう思えません。要するにそのランナー自身でも理想の目標数値とは違ったものになるであろうに、他の選手も同じ数値になるとは到底思えないのです。とすると結局それらは絵に描いた餅ではないでしょうか。

ＶＤＯＴ指標は個人の過去レースのタイムに基づいて計算されていますが、同じＶＤＯＴスコアを持つ2人のランナーがいつも同じゴールタイムで完走するわけではありません。当たり前の話です。過去はあくまで過去。VDOTの同じ2人のランナーのゴールタイムが、毎レース一緒なんてあり得ません。また逆にゴールタイムが同じ2人が同じVDOTスコアとも限りません。その時々のコンディションの仕上がりや疲労、また基礎代謝量や筋肉組成や遺伝子的素質など多くの別要因が入り込むためです。

またシューズのチョイス、路面のコンディション、疲労状態や気象条件、コースの傾斜などによってもタイムが大きく変わります。それら個人差を考慮した調整要因が多く、正確な評価がしにくいといった問題があります。

例えるならば日本人男性の平均身長は約170cmですが、160cmや180cmの身長が間違っているわけではありません。平均とはそういうマジックを生んでしまいます。

ゆえにトレーニングをやり込んでいない、またレース経験の少ない市民ランナー、特に初中級者はまだパフォーマンスが定まっておらず、VDOT指標が参考にならない場合があります。フルマラソンの場合、ペースでいうと5分/km、ゴールタイムだとサブ3.5より遅いとその傾向が表れます。

トレーニングに向けてダニエルズ博士が掲げる5つの強度設定

フルマラソンの走力を身につける練習についても、ダニエルズ博士は統計データを用いて答えを用意しています。VDOT指標から単なるゴールタイム予測だけではなく、目標としたゴールタイムに向けてのトレーニングのペースについても言及しています。

ダニエルズ博士はランニングの練習について5つの異なるペースを定義しています。Eペースは日々のジョグの速度域、Mペースは実際のマラソンの速度域、Tペースは閾値を目指した速度域、Iペースはインターバルに使うVO2maxの速度域、Rペースはレペテーションの速度域。目的別に走力の向上を図るペースです。これらも初中級者、タイムでいうとサブ3.5より遅いとペース設定が厳しくなる印象です。

ダニエルズ博士は言います。「**最大のトレーニング効果は、最大のトレーニング刺激ではなく、最小のトレーニング刺激から引き出す。これが私の流儀だ**」と。この5つの速度域を効果的に組み合わせていく事で最小の努力で最大の成果を実現していく。それがダニエルズ式トレーニングです。

これもVDOT自体は計測が難しいので、市民ラン

VDOTトレーニングの目的、効果、持続時間

ペース	ペースの目安／目標心拍数	主な効果	週間走行距離の比率
Eペース Easy ペース	ラクに走れるペース ・59～74% VO2max ・最大心拍数の65～78%	・怪我の予防 ・心筋の強化、毛細血管発達 ・血液の酸素運搬能力の改善 ・筋線維の強化	週間走行距離の60～70%
Mペース Marathon ペース	フルマラソンでの レースペース ・75～84% VO2max ・最大心拍数の80～89%	・レースペースへの慣れ、自信 ・技術的な練習（給水など） ・生理学的な効果はEペース同様	週間走行距離の20%か30kmのどちらか少ない方 （上限は週間走行距離の30%）
Tペース Threshold ペース	20～30分維持できるペース ・85～88% VO2max ・最大心拍数の88～92%	・乳酸除去能力（持久力）の向上 ・乳酸性作業閾値向上 ・スピード持久力の向上	週間走行距離の10%か24kmのどちらか少ない方
Iペース Interval ペース	3～5分維持できるペース ・最大心拍数の97～100%	・有酸素性能力（VO2max）の向上 ・有酸素運動の効率アップ ・最大酸素摂取量向上	週間走行距離の8%か10kmのどちらか少ない方
Rペース Repetition ペース	最大2分維持できるペース ・最大心拍数の100%	・無酸素性作業能力向上 ・ランニングエコノミーの向上	週間走行距離の5%か8kmのどちらか少ない方

VDOTは異なる5つの速度域を重点的に取り上げて、最小のトレーニング刺激から最大の効果を上げることを標榜している

ナーは過去のレース結果から評価をするか、最大心拍数の何%かを計算で予測するしかなく、少なくともある程度練習を積んで、自身のパフォーマンスがわかっている熟練ランナーである事が求められます。ちなみに心拍数設定ですが『ランニング・フォーミュラ』第一版が一番厳しく、版を重ねるごとに市民ランナー向けに優しい設定になっていきます。

ダニエルズ博士はペース走はTペースでやる事を主張している

ギリギリのサブスリーのMペースが4分15秒とすると、**VDOT指標53・5が導き出すTペースは1km4分2秒、Iペースが20秒上がって1km3分42秒、Rペースはさらに15秒上がって1km3分27秒となります。Eペースは4分38秒から5分14秒の36秒間と幅があります。**ちなみにLSDや疲労回復ジョグというペースはジャック・ダニエルズ式練習法に設定がありません。

その中でもTペースは、ダニエルズ式で一番重要とされるペース指標で、乳酸性作業閾値（OBLA＝LT2）ペースの略称です。**ダニエルズ式では、ペース走をTペースで行う事によって、レースに必要な持久力とスピードを同時に高める事ができ最も効果的であると考えています。**Tペースは一般的には10kmからハーフマラソンのペースに近いペースを目安としています。サブスリーを目指す場合、マラソンペースの約15秒／kmから20秒／km速い程度のペースがTペースとして適切とされています。

具体的にはサブスリーを目指す場合、Mペースが4分15秒／kmだとすると、Tペースは約3分55秒／

㎞から4分2秒／㎞程度になります。一方で、ダニエルズ博士はMペースで走る事はEペースで走るのと効果がほとんど変わらないと言っています。いわく「Mランニングの主な効果は、メンタル的なもの、つまり設定したペースで走る自信を高めるものと言ってもいい。生理学的な効果はEランニングと全く変わらない」と。

ダニエルズ博士は実際のレース速度である「Mペースでのペース走は心肺機能の向上や脂肪燃焼を促進するために役立つが、走力の向上にはあまり効果がない」と考えているようです。ゆえにペース走はTペースでやる事を主張しているのです。しかし**私はあくまで重要なのは自身のレース速度であるMペースだと考えています。**

VDOT指数のEペースは リラックスして走る事が前提

市民マラソンランナー中心にVDOTが爆発的に広まった事もあり、ダニエルズ博士の『ランニング・フォーミュラ』は改訂版を出すたびにマラソンの記述が増えていきました。結果としてVDOT

サブスリー近辺のVDOTの具体的なトレーニング速度

最大酸素摂取量	Eペース 1㎞	Mペース 1㎞	Tペース 1㎞	インターバルのペース1㎞	レペテーション 1500m相当のペース400m
44	5:29～6:10	5' 04"	4' 43"	4:21	98
45	5:23～6:03	4' 58"	4' 38"	4:16	96
46	5:17～5:57	4' 53"	4' 33"	4:12	94
47	5:12～5:51	4' 47"	4' 29"	4:07	92
48	5:07～5:45	4' 43"	4' 24"	4:03	90
49	5:01～5:40	4' 38"	4' 20"	3:59	89
50	4:56～5:34	4' 33"	4' 15"	3:55	87
51	4:52～5:29	4' 28"	4' 11"	3:51	86
52	4:47～5:24	4' 23"	4' 07"	3:48	85
53	4:43～5:19	4' 20"	4' 04"	3:44	84
54	4:38～5:14	4' 16"	4' 00"	3:41	82
55	4:34～5:10	4' 12"	3' 56"	3:37	81
56	4:30～5:05	4' 08"	3' 53"	3:34	80
57	4:26～5:01	4' 04"	3' 50"	3:31	79
58	4:22～4:57	4' 01"	3' 45"	3:28	77

指標は厳密なものではなくなり800mからウルトラマラソンに対応するために各ペースの設定がゆるいものとなっています。

特にEペースは遅いだけにレベルの違う多くのランナーがチャレンジしやすいのです。サブスリーのEペース設定は4分50秒~5分20秒／kmだからずいぶんと幅があります。例えば5分／kmで有酸素ジョグを行うとします。実にVDOT50（3時間10分49秒）~VDOT57（2時間50分45秒）までの記録のランナーはすべて5分／kmのEペースが当てはまる事になります。当然、頑張ってゼェゼェハァハァ走っているランナーと余裕で走っているランナーに分かれます。当然前者はサブスリーで走る事が難しいです。もちろん5分／kmという数字にこだわって走ったとしてもサブスリーを約束されるものではありません。背伸びした練習になりがちという事です。

Eペースはリラックスして走る事が大切で、ポイント練習のリカバリーの目的もあります。無理して速く走ると、フォームが乱れがちになり、カラダが十分に回復できず疲労が蓄積する可能性もあります。

VDOTを元にしたトレーニングは、下のレベルのランナーでも無理をして何とかこなす事ができます。Tペース、Eペース、Iペース共に幅広く設定されているので「このペースで走ればサブスリーのトレーニングをしてるのだ」と自己満足に陥ってしまう可能性があります。**市民ランナーのブログを読むと、「リディアードやダニエルズに乗っ取った練習法をやっています」と言いつつも、自分なりに解釈してしまった練習に変換している事がよく見られます。スピード練習ばかり多くなったり、それも速すぎたり距離も短すぎたり。主観強度という名の下にペースがどんどん変わる場合もあります。単な**

る自己満足の練習になっていないか再確認が必要です。

ダニエルズ博士のポイント練習メニューはメモ必須でかなりキツい

ダニエルズ博士の設定した練習をよく見ると結構キツいメニューが並んでいます。例えばマラソントレーニングはQ1、Q2（Q＝Quality 質の高いトレーニング）を1週間に2回組み込むように指示しています。ポイント練習と同義語だと思いますが、その一例を示すと

Q1＝Eペース9.6km→Mペース12km→Tペース1.6km→Mペース9.6km→Tペース1.6km→Eペース1.6km

Q2＝Eペース9.6km→Tペース6.4km→Eペース4分→Tペース4.8km→Eペース3分→Tペース3.2km→Eペース2分→Tペース1.6km→Eペース3.2km

これを1日でこなすのって結構気合いを入れて臨まないと大変ですよね……。平日行うには時間的にもメンタル的にもかなり困難なメニューが組み合わせてあります。そして頭で暗記するのは難しいです。メモ必須です。専属コーチがメモして横からサポートしてくれないと覚えられなさそう。…そ

う、ダニエルズ博士は大学のコーチですからね、学生を部活で指導する現場ではあり得るでしょう。彼もその感覚で作ったメニューかもしれません。平日は単独練習も多い市民ランナーにそれを課すのは厳しいかと思います。もっと単純化してもいいのではないでしょうか。

さらに気になったのは複雑なメニュー構成のエビデンスが示されていない事。思いつきで作ったメニューと思えませんが、コーチはメニュー作りが大好きですからね。これらを黙々とこなすのはかなりキツいでしょう。確かに日頃からこれくらいキツい練習をすればサブスリーは簡単に思えます。

今の世界のトレンドはLTペースを幅広く速度と距離で変化させる事

以上のように特定のペースに固執してしまうトレーニングが最適とは限らないのではないでしょうか。例えば**TペースとMペース、そしてEペースから外れた速度は何も効果をなさないペースなのでしょうか?**

VDOT指標は平均統計で5つの特定ペースを割り出しているために平均から外れた速度域をフォローし切れていないのだと思います。私はIペースやTペースの速度域で走る事も必要ですが最小限で済ませ、多くはEペースでいいし、Eペースも3つに分割して、Mペースより少し下のスピード、つまりEペースの下限よりさらに低い速度からMペースちょい上のあらゆる速度域であらゆる距離を踏む練習が重要と考えています。

ダニエルズ式で一番重要とされるTペースはTペースOBLA閾値ギリギリで走る必要があり、サブスリーでは4分／kmあたりとされています。しかしこれは市民ランナーには高強度すぎて5～10kmという短い距離しか走れません。まさに走り終えるのが待ち遠しいペースで、**ダニエルズ博士は特に20分という単位を推奨しています。**

つまり**ダニエルズ博士は最小限のトレーニングという効率性にこだわるあまり、「速いTペースならばたった20分で済む」という考えに至ったのではないでしょうか。しかしTペースに囚われた練習は短い距離しか踏めず、私が思うにスタミナのないマラソン選手になる可能性が高いと思っています。**

もっと遅い速度でも長時間走れば疲労が増大して、OBLA閾値と近いレベルで心肺や筋肉に刺激が入ります。つまり距離が一定でLT1とLT2の練習の速度域に変化させるのではなく、距離を変えれば速度が一定でもLT1からLT2の領域までグラデー

Tゾーンの距離による変化概念図

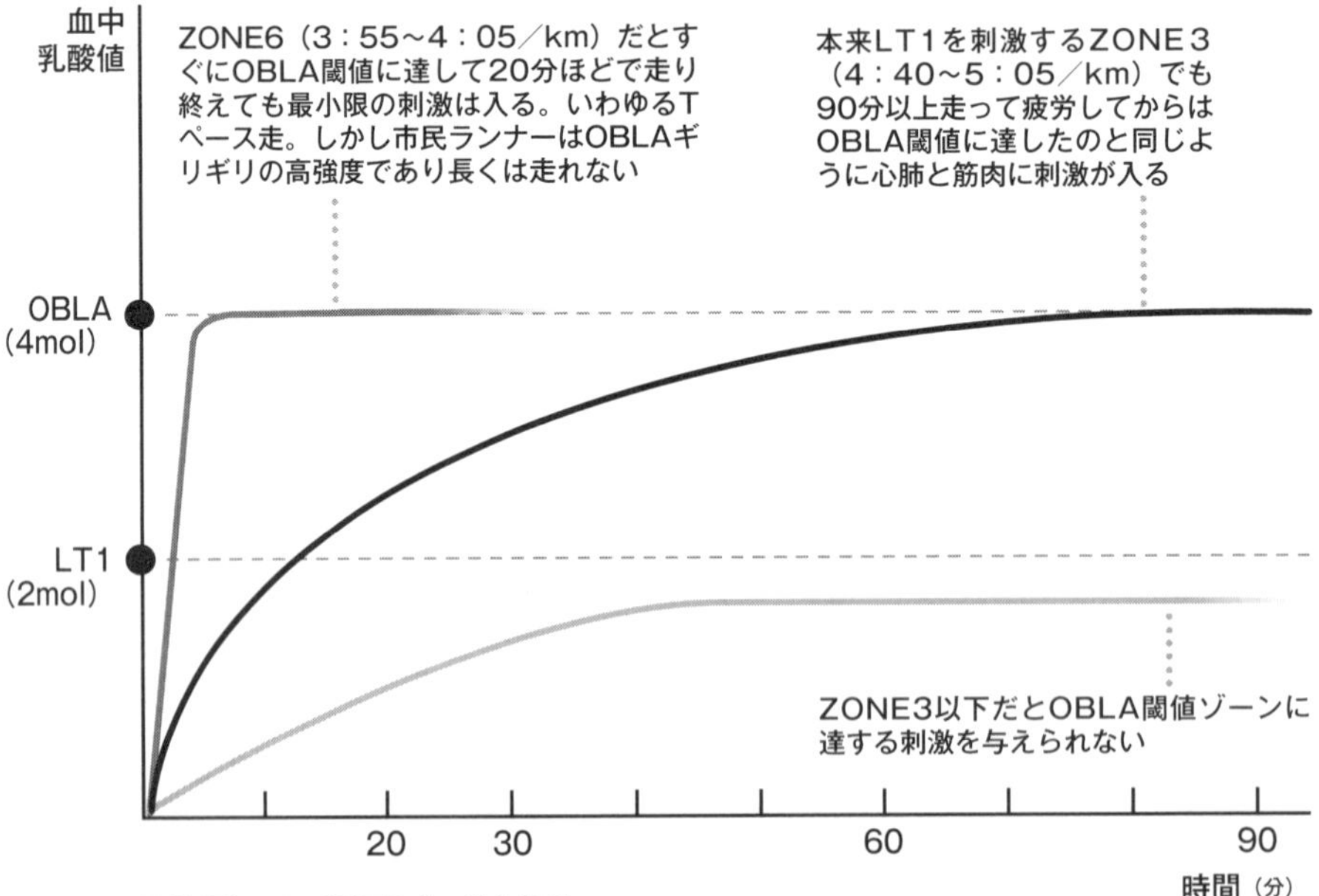
血中
乳酸値
ZONE6（3：55～4：05／km）だとすぐにOBLA閾値に達して20分ほどで走り終えても最小限の刺激は入る。いわゆるTペース走。しかし市民ランナーはOBLAギリギリの高強度であり長くは走れない
本来LT1を刺激するZONE3（4：40～5：05／km）でも90分以上走って疲労してからはOBLA閾値に達したのと同じように心肺と筋肉に刺激が入る
OBLA
(4mol)
LT1
(2mol)
ZONE3以下だとOBLA閾値ゾーンに達する刺激を与えられない
20
30
60
90
時間（分）

ZONEについては73ページを参照

ション的にカバーできるという発想です。サブスリーレベルでいうと4分10秒〜5分／kmあたりになります。レベルが違えどエリウド・キプチョゲ選手含め多くの世界のエリートランナーもその強度での練習が一番のボリュームゾーンです。

参考までに2023年のシカゴマラソンで2時間0分35秒の世界記録を樹立したケルヴィン・キプタム※選手の1週間のトレーニングメニューを見てみましょう。

こちらは大会1〜2カ月前くらいの練習と思われますがまず驚くのは週間走行距離の多さです。キプタム選手は週に250〜280kmを走り、1週間のうち5日を毎日ほぼ合計40kmとかなり踏んでいます。残りの2日間だって24km踏んでます。そしてマラソンペースと短いインターバル（3分急走+1分緩走を5分／km平均で走っているのでそこまで速くない）だけでいわゆる**Tペース走はやっていません。その多くはマラソンペースとマラソンペースより少しだけ低い速度域の組み合わせです。実はこれが今の世界のマラソン練習のトレンドです。**

ケルヴィン・キプタム選手の週間トレーニング

月曜日	朝：ビルドアップ走 25 〜 28km（4分10秒/km→3分40秒/km）、午後：ジョグ 12km
火曜日	ファルトレク 12km（3分急走 +1分緩走）1時間、午後：ジョグ 12km
水曜日	朝：ビルドアップ走 25 〜 28km（4分10秒/km→3分40秒/km）、午後：ジョグ 12km
木曜日	ロング走 30 〜 40km（ほぼマラソンペース）
金曜日	朝：ビルドアップ走 25 〜 28km（4分10秒/km→3分40秒/km）、午後：ジョグ 12km
土曜日	ファルトレク 12km（3分急走 +1分緩走）1時間、午後：ジョグ 12km
日曜日	ロング走 32 〜 40km（マラソンペース）

※ケルヴィン・キプタム（1999~2024年 24歳没）。フルマラソン3戦目シカゴマラソンを世界新記録で優勝、人類初の2時間切りを期待されながらも高速道路の交通事故で死亡

私は練習する速度域を期分けの概念で8つに分けている

私が練習しているペース設定を章末に掲載します。**なんとダニエルズ式の5つのペースに比較して8つに増やしています（笑）。各ペースの効果は時期により距離、時間、疲労度によって変えていきます。インターバルも速度と回数を柔軟に変えていきます。複雑にしているわけではなくレースペース以下の領域を特に大切だと考えて、いわゆるEペースを3つにZONE分けしています。これを見ると距離、回数、時期、疲労度を鑑みて3分25秒から6分／㎞のあらゆる速度域で満遍なく走っている事がおわかりだと思います。どの速度域も必要ですが特にZONE1～5は重要です。**

ちなみにダニエルズ博士の場合は大会に向けてRペース→Iペース（VO2max）→Tペース（LT2）の順番でトレーニングを進めていきますが、私はそう考えていません。まずは**ゆっくりでもいいので2～3時間動ける身体を作りつつ、その中でRペースをピンポイントで入れていく。その次にTペースとIペースは交互に行いつつ距離を踏んでいきます。**その方がさらに速いペースで走れるように身体をアップデートさせていきやすいです。そして大会に近づくにつれ**徐々に速度域をマラソンのレースペースに集約させていくのです。日々の有酸素ジョグの速度も上がります。その頃にはもうIペース、Rペース、Tペースの速度域の練習は軽い刺激程度にしかやりません。**

みやすのんき式ZONE別練習ペース表

速度域	ペース	レースペースの○倍
ZONE1 チルアウト リズムゾーン	Ｅペース以下の速度域 ５分30秒～６分/㎞ 大会３ヵ月以前の有酸素ジョグ	1.3～1.4倍
ZONE2 リラックス グルーブゾーン	Ｅペース下限の速度域 ５分５秒～５分30秒/㎞ 大会３ヵ月以内の有酸素ジョグ	1.2～1.3倍
ZONE3 ビルディング ビートゾーン	ＥペースLT1刺激の速度域 ４分40秒～５分５秒/㎞ 大会前の有酸素ジョグ　ロング走	1.1～1.2倍
ZONE4 エンデュランス ベースゾーン	LT1より速くレースペース下の速度域 ４分20秒～４分40秒/㎞ 20㎞４分20秒　30㎞４分40秒	1.02～1.1倍
ZONE5 エアロビック リミットゾーン	自分の目指す、もしくは現在の マラソン速度域 ４分５秒～４分20秒/㎞ 10㎞４分5秒　20㎞４分20秒	0.96～1.02倍
ZONE6 ラクテート ブレイクゾーン	OBLA領域の閾値走を行う速度域 ３分55秒～４分５秒/㎞ インターバル1㎞3分55秒　ペース走4分5秒	0.92～0.96倍
ZONE7 オキシジェン バーンゾーン	VO2maxインターバルを行う速度域 ３分40秒～３分55秒/㎞ 400m84秒　1㎞３分40秒	0.86～0.92倍
ZONE8 フルスロットル ゾーン	レペテーションを行う速度域 ３分25秒～３分40秒/㎞ 400m82秒　1㎞３分30秒	0.8～0.86倍

第4章

マラソンにおいて体重の軽さは明確な武器

有名長距離選手のBMIを考察せよ

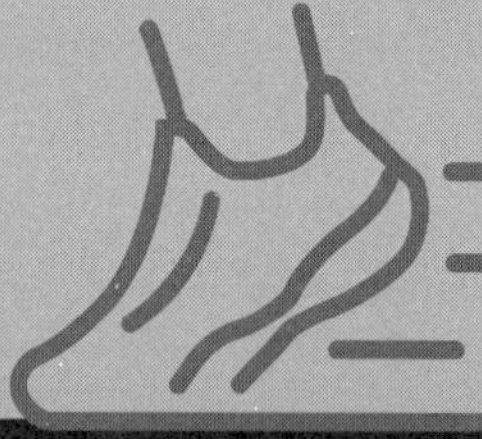

「一度やめると、それは習慣になってしまう。絶対にやめるな！」

"If you quit once, it becomes a habit. Never quit."

1980年代、1990年代を通してNBAの世界的ブームを牽引した
バスケットボールの神様
マイケル・ジョーダンの言葉

暴飲暴食や睡眠不足は質の高い集中した練習時間を生み出せない

ランナーはとかく激しいポイント練習を信奉しがちでその印象が強く残り、勝負レースでいい記録が出るとそのポイント練習のおかげ、失敗するとあの練習が悪かったとそのせいにしがちですが、休養こそ大事です。どう休養を取ったかでポイント練習の効果は変わります。練習と休養はペアです。特にポイント練習やロング走などのハードなトレーニングの後は精いっぱい休養してください。睡眠、食事などを整え、疲労回復したうえでの練習すべてが結果に生きてくるものです。

若いランナーのスピードが落ちていく最大の原因は体力の衰えではなく、日常の生活に原因があるものが大半です。もちろん仕方のない人生のイベントもあります。大切な人ができ結婚して子供が生まれ、労働時間が増え仕事で手いっぱいで時間を取られると練習意欲も低下していってしまいます。

中高年ランナーになると体力の衰えが加わります。どんなに熟練ランナーが頭を使って走行距離を減らし効率よくトレーニングしたところで、走力は低下します。そして故障が多くなります。走力が衰えるとランニングが楽しくなくなり、やる気が失せて衰えがさらに加速します。マラソンの記録を伸ばしたいと考えるならば、加齢が忍び寄り責任を持った社会的地位にある中高年ほど、生活に節制が求められます。

暴飲暴食、質の低い食事、睡眠不足、夜更かしなどの不摂生、仕事や人間関係のストレス…、疲労の回復を疎《おろそ》かにし続けると練習に身が入らなくなってしまいます。

「食生活や睡眠など日常生活を自堕落に過ごしていても、練習の時はしっかり切り替えて頑張れる！」…若い時には結構な無茶も可能かもしれませんが、中高年世代にそんな事は起こりません。酒に強く胃腸も強いランナーも確かにいます。しかし自分のカラダを過信してはいけません。生活習慣や加齢は徐々にカラダを蝕んでいきます。生活の乱れは徐々に体調不良の遠因になり、故障など歪みとなって表れてきます。

日頃の節制の心がけが質の高い集中した練習の時間を生み出します。日常生活は練習のためにあり、練習とは本番のレースの大切な準備という考え方を持つと、オーバートレーニングや練習量の不足という問題をコントロールしやすくなります。

1つのアドバイスとして1日のルーティンを作りましょう。練習は当たり前としてストレッチ、マッサージ、お風呂、日記を書く時間などを設定します。なるべく寝る時間や食べる時間も同じにします。日々同じルーティンで過ごす事によって体調の良し悪し、バイオリズムをわかりやすくします。大学駅伝部の多くが寮生活を部員に課しているのもそうした理由です。**規律正しい生活はランナーの基本です。**

とはいっても我々は市民ランナーです。守るべき家族、仕事も大切です。厳格なルールを作って自分をがんじがらめにするのはいいですが、マラソンだけに意識を集中して周りの人間にピリピリした態度をとってしまったら最低です。気が滅入らない程度のルーティンにして、程々に息抜きも必要です。

マラソン競技はいくら速くても体重が軽くないと大成しない

2、3章とＶＯ2ｍａｘ、ＬＴ、ＲＥと走力を向上させる3指数について言及してきました。しかしマラソンランナーにとって走力と同じくらい重要な要素がもう1つあります。それは「体重」です。マラソンという特別な長距離走競技は体重が軽い方が圧倒的に有利です。ここから目を背けては一流の市民ランナーとは言えません。

衝突エネルギーは重さに比例し、速度の2乗に比例します。体重が増えて速度を上げる事は足の着地衝撃がそれだけ高まるという事を意味しています。

そして**市民ランナーにとってパフォーマンスと深く相関関係のあるＶＯ2ｍａｘの単位は「㎖／kg／min」のように、体重1kgあたり何㎖の酸素が摂取できたかで表されます。つまり体重を減らす事で、ＶＯ2ｍａｘは自然に上昇してくれる計算になります。そして着地衝撃が弱まり、前後左右への重心のブレが減らせます。つまりＲＥも勝手に上がるのです。**

仮に1分間に3534㎖の酸素摂取量がある人間がいるとします。体重62kgならばＶＯ2ｍａｘは（3534÷62＝）57㎖／kg／minになり、マラソン予測タイムは3時間14分27秒※です。しかしこのランナーが57kgになったとしたら、ＶＯ2ｍａｘは（3534÷57＝）62㎖／kg／minとなりＶＯ2ｍａｘが4㎖／kg／min上昇します。マラソン予測タイムも2時間57分54秒とめでたくサブスリーを達成しま

※12分間テストで有名なケネス・Ｈ・クーパーはアメリカの運動生理学者で統計的にVO2maxとタイムの公式を見出した。アメリカではダニエルズ理論と並び称せられる
https://hanafusa.info/tennis/Marathon/MarathonEndurance4.htm

す。**理論上ですが、5kg体重を減らせばフルマラソンの記録が15分以上上昇すると予測されるのです。**

元サッカー選手の80kg（筋肉質）の知人がランニングクラブに入会しました。スピードに自信がある彼はインターバル練習では何とか皆に付いて走っていましたが、ペース走はまるっきりダメ。私は彼に少し減量する事を薦めましたが、彼の反応は「やっぱり減らさないとダメなんですかね？」と目を丸くしています。

私は世の中はそんな認識なのかと驚きました。そして彼は「俺には筋肉があります。そこ重要ですよね。サブスリーを成し遂げてみせますよ」と豪語していましたが、3ヵ月しないうちに膝を痛めて来なくなりました。

何を隠そう、私はマラソンを始める前は85kg（単なるデブ）ありました。マンガ家という職業柄、夜更かしは当たり前、しかも寝る前にラーメンやカツ丼をたらふく食べる生活を30年間繰り返していたのだから当然です。走り始めてすぐの頃はアキレス腱や膝、腰と色んなところを痛めていました。

ランニングは小さなジャンプを行いながら自分を前方に重心移動するスポーツです。一歩一歩に自分の体重がのしかかります。実際2kgほど、計4kgのダンベルを両手に持ってその場でジャンプしたらそれだけでずいぶんと自分のカラダが重たくなってジャンプしづらくなるのに気づくでしょう。4kgでもダイエットして体重が減ればジャンプするのも間違いなく楽になります。ダイエットしたら筋肉も落ちてしまう？　いえいえ、爆発的なジャンプをするわけではありませんから、筋力はほどほどでいいのです。つまりダイエットは、走力を上げずともほぼ100％保証されたマラソンのタイムを縮める方法ともいえます。

第2章でマラソンを走る要素で大切なのは「ＶＯ2ｍａｘやＬＴなどの有酸素処理能力」×「ＲＥの走る効率性」と定義しました。しかしこの計算式にはとても大切な要素が1つ抜けています。3つ目の大切な要素はゴールまで物体を運び続ける質量、要するに体重を減らす事です。

「VO2maxやLTなどの有酸素処理能力」×「REの走る効率性」÷「体重」※

これがマラソンを速く走るにあたって最も現実的な公式となります。これに反論できる運動生理学者やコーチは1人としていないでしょう。体重の軽さは明確な武器です。1kg減らすだけでも楽に長く速く走るスピードが上がります。故障や怪我の可能性も下げるしマラソンにおいて非常に重要な要素です。30kmなどロング走においても筋損傷によるダメージの軽減に最も効果的な予防策は減量です。インターバルを頑張ってゼェハァするより、筋トレしたりプロテインを頬張るより効果があります。もちろん減量して痩せたカラダになっているのに、さらに食事制限をしてダイエットに励むのは自殺行為です。具体的にはマラソンでサブスリーを目指すのにどのくらいの体重がいいのでしょうか。基準はＢＭＩに置くと良いと思います。

有名男子長距離選手のＢＭＩを考察する

ＢＭＩ（Ｂｏｄｙ Ｍａｓｓ Ｉｎｄｅｘ）はボディマス指数と呼ばれ、国際的に用いられる指標で、体脂肪の量を間接的に示します。ＢＭＩは、体重（kg）を身長（ｍ）の2乗で割った値です。ＢＭＩが

※ VDOTは近似的に［VDOT＝(VO2max×0.98)÷体重］と計算される事がある

高い（25以上）場合、特に脂肪の割合が高いと持久力の低下や怪我のリスクを高めます。筋肉が多すぎる場合はエネルギー消費が増えてしまい長距離走においては不利になります。

ＷＨＯ（世界保健機構）が発表しているＢＭＩ肥満の判定基準を下に示します。それでは国内の著名な※男子長距離選手のＢＭＩを考察してみましょう。

男性	身長／体重／BMI
大迫傑	170cm／52kg／18・0
中村匠吾	172cm／55kg／18・6
服部勇馬	176cm／63kg／20・3
高岡寿成	186cm／64kg／18・5
川内優輝	175cm／62kg／20・2
佐藤悠基	178cm／60kg／18・9
中本健太郎	173cm／58kg／19・4
藤田敦史	166cm／52kg／18・9
藤原新	167cm／54kg／19・4
尾方剛	165cm／50kg／18・4
諏訪利成	178cm／58kg／18・3
相澤晃	178cm／62kg／19・6
設楽悠太	174cm／48kg／15・9
井上大仁	165cm／52kg／19・1
田村和希	168cm／50kg／17・7
鎧坂哲哉	165cm／50kg／18・4
藤田敦史	166cm／52kg／18・9
村山謙太	176cm／55kg／17・8
小椋裕介	173cm／60kg／20・0
伊藤達彦	170cm／52kg／18・0
藤本拓	166cm／54kg／19・6
菊池賢人	173cm／57kg／19・0
岡本直己	176cm／56kg／18・1
鈴木健吾	163cm／46kg／17・3
井上大仁	165cm／52kg／19・1
大六野秀畝	168cm／50kg／17・7
佐々木悟	171cm／56kg／19・2
田澤廉	180cm／60kg／18・5

WHOのBMI判定基準

計算式：$\mathrm{BMI} = \dfrac{\text{体重(kg)}}{\text{身長(m)}^2}$

BMI値	判定
16 未満	痩せすぎ
16.00 ～ 16.99 以下	痩せ
17.00 ～ 18.49 以下	痩せぎみ
18.50 ～ 24.99 以下	普通体重
25.00 ～ 29.99 以下	前肥満
30.00 ～ 34.99 以下	肥満（1度）
35.00 ～ 39.99 以下	肥満（2度）
40.00 以上	肥満（3度）

※体重は推移するので現在のデータではない場合がある

競技的に見ると5000m→10000m→ハーフ→フルマラソンへと走行距離が長くなっていくにつれて身長、体重は低下の傾向を示します。しかし種目・身長・体重にかかわらずBMI指数は17〜20（平均18.76）に集中しています。つまり体形はほぼそのまま（身長と体重のバランスは同じまま）で長距離になるほど選手は小柄になっていきます。川内優輝選手などBMI20台の選手もちらほらいますが**マラソンは小柄な選手が有利**なのが見てとれます。

もちろん市民ランナーにもその傾向があります。小柄な選手ほど着地衝撃が弱まり、前後左右へのブレが少なくなるためです。つまりREが高い選手ほどマラソンでは速いという証明に他なりません。つまり身長や体重もREの重要な要素と言ってもいいでしょう。

ちなみにエリウド・キプチョゲ選手は167cm、52kgでBMIは18.6。キプチョゲ選手は割と上半身（特に背中）に筋肉がついています。歴代の世界記録級のマラソンランナーを見るとハイレ・ゲブレセラシェ選手は165cm、ケネニサ・ベケレ選手は164cmとやはり小柄ですが、上半身が華奢な選手は見当たらず一様に発達しているように思えます。

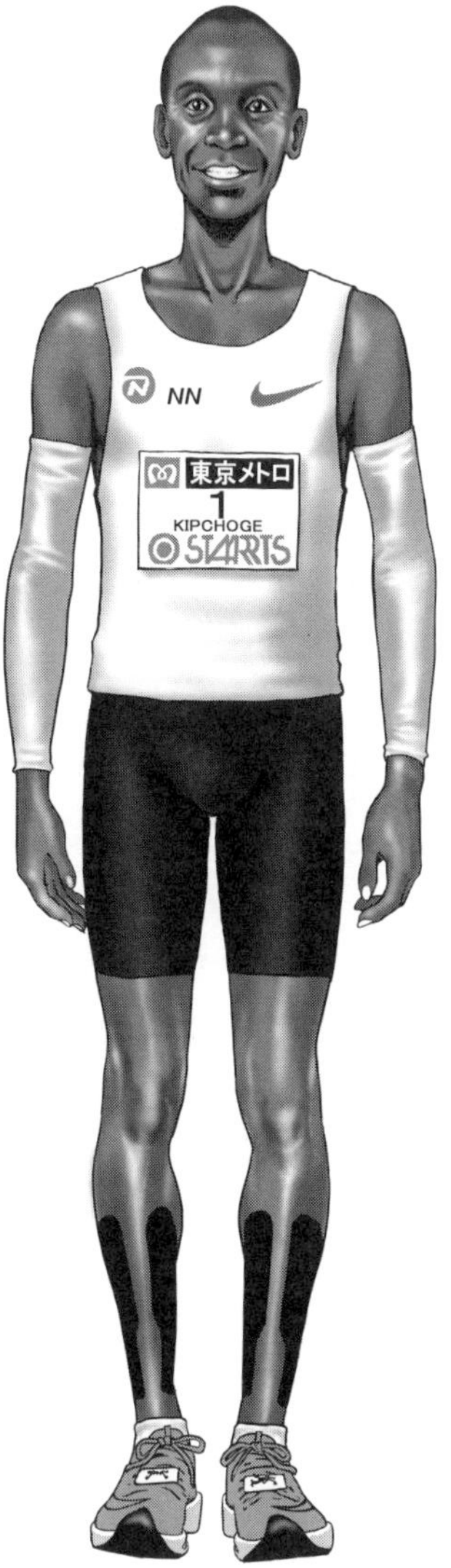

エリウド・キプチョゲ選手
身長167cm　体重52kg　BMIは18.6

有名女子長距離選手のBMIを考察する

女性	身長／体重／BMI
一山麻緒	158cm／43kg／16・8
鈴木亜由子	154cm／38kg／16・2
安藤友香	160cm／45kg／17・6
前田穂南	166cm／46kg／16・0
新谷仁美	169cm／44kg／16・0
田中希実	153cm／41kg／17・5
不破聖衣来	154cm／37kg／15・6
広中璃梨佳	164cm／45kg／16・7
高橋尚子	163cm／46kg／17・3
野口みずき	150cm／41kg／18・2
福士加代子	161cm／45kg／17・4
松田瑞生	158cm／48kg／19・2
田中智美	154cm／39kg／16・4
小原怜	165cm／49kg／18・0
前田彩里	159cm／45kg／17・9
伊藤舞	156cm／41kg／16・6

※女子長距離選手は筋肉量が男性より少ないぶん、ＢＭＩも低く16～18台に集中しています（平均17.08）。よく食事の節制で体重コントロールされている印象です。男子は19台も多いですが女子はほぼいません。一般的に女性は脂肪が男性より多い傾向がありますが、マラソン選手に限って言えばそうでもなさそうです。女子選手は監督やコーチとの結びつきが強いと言われていますが、寮の食事

※体重は推移するので現在のデータではない場合がある

で体重コントロールをされている傾向があるのが理由かもしれません。

サブスリーランナーの適正ＢＭＩと体脂肪率は？

トップランナーはＷＨＯが発表しているＢＭＩ判定基準でおおよそ痩せぎみに当てはまります。ガリガリにやせ細っているのではなく、必要最低限の筋肉を維持して可能な限り体重を落とした軽量体形をしている事がわかります。

これらは若いエリートランナーの数値なので、中高年の市民ランナーの適正体重というわけではありません。あくまで理想値と考えて２～３kg重くてもサブスリーを狙うレベルだと問題ないと思われます。ＢＭＩでいうと19～20あたりが適正値だと思われ、21を下回っていれば大丈夫だと思います。

タニタがランネットと行ったアンケート調査を元に発表した報告書「ランニング愛好家と体脂肪」によると、サブスリーランナーの男性の平均体脂肪率は10・6％、女性の平均体脂肪率は13・5％でした。サブ3.5では男性が13・1％、女性が18・7％。以降もタイムが遅くなるほど体脂肪率は増えていく傾向がありました。

ＢＭＩでは身長と体重比で痩せているか肥満かを判断しますが、※体脂肪率は脂肪の割合から判断しようというものです。体脂肪率は「体脂肪量÷体重kg×１００」という数式で導きます。一般的に標準の体脂肪率は、男性が10・0～19・9％、女性が20・0～29・9％です。

※体脂肪からBMIを近似的に計算する場合、男性は［体脂肪率(%)＝1.20×BMI＋0.23×年齢－16.2］となる。女性は［体脂肪率(%)=1.20×BMI+0.23×年齢−5.4］となる

今太っているなと自覚がある人は逆にチャンスでしかない

今太っているなと自覚がある人は逆にチャンスでしかないと思っていいでしょう。元々痩せていてガリガリな人は、タイムを縮めるのは激しい練習しかなくすごく大変なのに、**太っている人は一生懸命練習を頑張らなくても、減量だけで放っておいてもタイムが縮んでくれる**のですから、こんな楽勝な事はありません。

また太っている人は元々骨太で筋肉も多くつけられる素質がある人が多いのです。エリート選手でも「私は食べると太りやすいカラダだから…」と話す人をよく見かけます。つまり太りやすい人は減量で脂肪がそぎ落とされ、練習によって筋肉がついてギュッと濃縮されたマラソンボディになりやすいのです。

私の周りでも最初に会った頃はガッシリとした体格で顔もヌボーッとしていたのに、3時間30分あたりから徐々にカラダつきが研ぎ澄まされていき、3時間10分あたりで精悍な顔つきに変わり、イケメンになってサブスリーを達成するランナーがたくさんいます。

逆に調子が良かった時より記録が低迷しているランナーの場合、現実に目を背けずに走力低下より体重増を第一に疑いましょう。どんなに練習をしていても暴飲暴食が過ぎればどうしても摂取カロリーが消費カロリーを上回ってしまいます。食生活を見直しましょう。

一方でハーフまでは速いけどフルでは失速するランナーは、体格がフル向けではない事が考えられます。そのような人は脂肪率も低いのですが、背が高く体格も筋肉質で、残念ながらフルマラソンを走るのには体重が重たすぎる場合があるのです。この場合、前半のペースを抑え過ぎるくらいにコントロールして、後半のガタ落ちを防ぐ戦法を用心深く進めるしかありません。

エリート選手でもBMIで16未満はこの中で設楽悠太選手、不破聖衣来選手のみです。マラソン選手は体重が軽い方が有利と言われますが、高いパフォーマンスを長く維持するために減らせる筋肉量には限界があると思われます。

とんでもダイエットには手を出すべからず

「**マラソントレーニングと免疫機能**」※という研究です。

マラソンレースのような高負荷の運動では終了後に大きく免疫機能は低下します。激しい長時間の運動中は炭水化物飲料の摂取が最も効果的である事が明らかになりました。ただし、マラソン中の炭水化物摂取は、血漿《けっしょう》サイトカインとストレスホルモンの増加を抑制しますが、NKおよびT細胞、唾液IgA他の免疫成分の変化に対してはほとんど効果がありません。

我々は免疫機能を上げるためにはプロテイン、BCAAなどたんぱく質摂取を第一と考える傾向にありますが、**アミノ酸、ビタミンCやビタミンEなどの抗酸化サプリメント、イブプロフェンなど抗炎**

※ https://link.springer.com/article/10.2165/00007256-200737040-00036

症薬などの対策は期待外れの結果でした。炭水化物を中心に摂る事は免疫機能の強化にも役立ちます。

糖質制限ダイエットはお手軽な方法ですが、身体が常に低糖状態（＝筋グリコーゲンが少ない状態）となるため、高強度トレーニングのパフォーマンスが下がる傾向があります。次に細胞や筋肉の修復にも糖質が必要であるため、リカバリーが遅くなる＝怪我の発生確率が高まります。またイライラして精神的に不安定になる傾向があります。そのため糖質制限をやめた途端に食べ過ぎてしまうといった事もよく起こります。

糖質制限した状態で激しい運動をすると、摂取した鉄の吸収を阻害するホルモン、ヘプシジンを増やす働きがあり、鉄を十分に摂取していても貧血になってしまう運動誘発性鉄欠乏症のリスクがあるという近年の研究※があるのでランナーは気をつけましょう。

ダイエットの基本は摂取カロリーを消費カロリーより抑える事

2021年に放映された『NHKスペシャル～超人たちの人体』という番組で他国に比べ、ケニア人ランナーは、カロリーの実に8割近くを糖質から摂取している事がわかったと伝えていました。高糖質食を食べ続ける事で、ケニア人ランナーの腸は糖質の取り込み口のトランスポーターの数が増え、糖質の吸収力が高まっている可能性があるとの事です。

エリウド・キプチョゲ選手はじめエリートランナーらが甘いミルクティーやウガリなど炭水化物を

※ https://www.urakamizaidan.or.jp/research/jisseki/vol27/vol27urakami_05goto.pdf

複数回にわたり摂取している様子が映し出されていました。しかし彼らは炭水化物をたくさん食べているように思えますが、そうではありません。エリートランナーの1日の摂取カロリーは運動量に対してそこまで超過するように食べません。つまり食事を1日に運動できる最低限のカロリーに抑えているのです。その摂取量の中で8割が炭水化物という話です。

1日の活動量が多い事で有名なアフリカの狩猟民族のハヅァ族を調査したところ※、消費カロリーは運動しない欧米人と同等でした。活動量が増えるにしたがってエネルギー消費量は抑制、節約される事がわかったのです。ランニングで日々ダイエットに勤しんでも短期的には脂肪は減りますが、その割合は長期的には縮まります。つまり痩せるには運動量を一生懸命増やしても効果は出にくくなり、食事制限をする方が有効です。

ダイエットに関しては様々なやり方が出回っ

国別の長距離ランナーの糖質摂取割合の違い

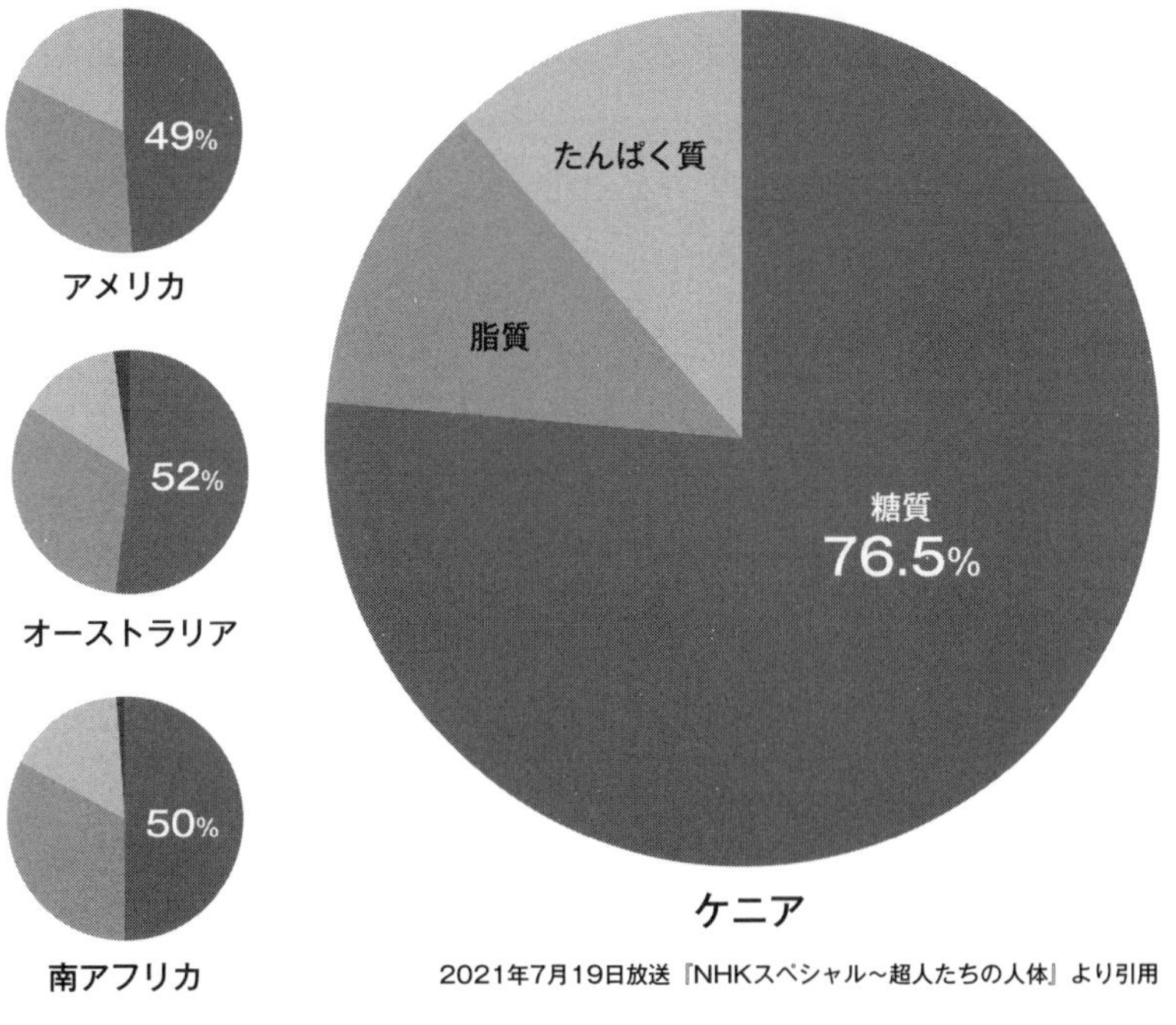

2021年7月19日放送『NHKスペシャル～超人たちの人体』より引用

※ https://doi.org/10.1016/j.cub.2015.12.046

ていますが、くれぐれも広告に踊らされて根拠のないやり方には手を出さないようにしましょう。すなわち次に挙げる原則は必ず頭に叩き込んだうえで取捨選択してください。

マラソンランナーにおけるダイエットの鉄則6ヵ条

①ダイエットは1回始めたら一生続けるもの。少し痩せてホッとして食べ過ぎたら必ずリバウンドする。
②いくら食べても大丈夫、部分痩せ可能、サプリを摂取するだけなどの広告のダイエットは相手にしない。
③日々の練習に支障が出るようなダイエットには決して手を出さない。つまりカラダの修復栄養素である炭水化物とたんぱく質は必ず摂る。
④食べるカロリー摂取量を下げる事。減量をするなら「消費カロリー>摂取カロリー」とする必要がある。現状維持なら「消費カロリー=摂取カロリー」とするべきだが、激しい運動や長く運動しても効果は表れにくくなる。あくまで食事制限が重要。
⑤1回の食事で食べ過ぎても翌日すぐに太るわけではない。摂取カロリー過多を毎日続ける事により徐々に太っていく。
⑥睡眠の質を確保する。夕食はなるべく早くとり、朝まで食べない時間を長くする事によって痩せやすくなる。

第5章

競技マラソンに1km
タイムトライアルは
不可欠

長距離走の
絶対的スピードを
上げろ

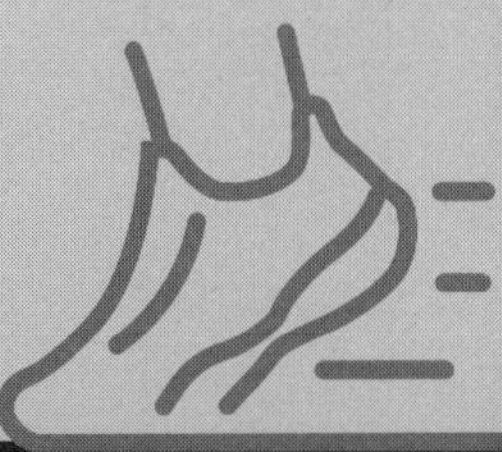

「ここまではできるけど、これはできないと限界を自分で
作ってしまうと、本当にそこまでしかできなくなってしまう。
夢を見れば見るほどもっと先に行く事ができる」
"You can't put a limit on anything. The more you dream, the farther you get."

5回連続オリンピック出場をした元水泳選手
マイケル・フェルプスの言葉

競技マラソンを走るうえで重要なのはまず1㎞のスピードを上げる事

私は健康ジョギングのレベルから脱して、競技としてのマラソンを走るうえで重要なのは「**1㎞の絶対的スピードを上げる**」事と考えています。400m陸上トラックだと2周半。100mなど短い距離をバーッと勢いで19～20秒（およそ3分15秒／㎞ペース）で走れても、その10倍の1㎞を3分15秒で押し切るとなるとなかなか難しいでしょう。100mをどんなに速く走れてもマラソンのスピードには活きません。短距離走のダイナミックすぎるランニングフォームは、フルマラソンにはREが悪すぎるのです。自身の1㎞の全力のタイムを把握しておく事は大事です。

まずは1㎞の全力のタイムを計測しましょう。市民ランナーはおおよそ20代までは3分、30代は3分10秒、40代は3分20秒、50代は3分30秒、60代は3分40秒切りを目標としましょう。20代だと3分を切って走れる人もいますが、中高年になると一生懸命に走っても3分30秒を切れない人もいます。50代～60代で1㎞を3分15秒を切るランナーになると素質が大きく関係してくると感じます。

さらに1㎞の全力タイムで5㎞の限界も決まってきます。1㎞のタイムが遅いのに5㎞は速いなんて奇跡は起こり得ません。例えば1㎞が3分28秒だとしたら、5000mは＋20秒の3分48秒／㎞で走れると予測できます。ですので目指すタイムは19分。それより遅かったら自分はスタミナ寄り、速かったらスピード寄りと思いましょう。端的に言えば1㎞を速く走れる事が5000mや10000mの記録短縮の鍵となるのです。すなわち1㎞のタイムを上げる事はとても重要です。

多くの市民ランナーは1500mより1000mの方がVO2maxと相関性あり

「様々なパフォーマンスレベルで様々なレース距離を競う男女のランナーのVO2max」※という研究です。スペインのトップクラスの男性137名と女性53名の、100m走からフルマラソンまでのランナーのVO2maxの関連性を調べました。その結果、1500m走の選手が一番VO2maxとの相関性が高い事がわかりました。これはエリートランナーの1500m走がvVO2maxを少し上回る速度で行われるからです。

VO2maxは100mの短距離選手から1500mの中距離選手まで増加の一途を辿りました。1500mから長い距離、3000m、5000m、10000mおよびマラソンの長距離グループではVO2maxに大きな違いはありませんでした。長距離競技のエリート選手においてVO2maxは、成績の優劣には役立ちませんでした。彼らは激しい練習によってVO2maxは最高レベルまで到達しているのでREやLTの因子が加わってくるからです。一方、市民ランナーは400mからマラソンの選手まででいずれもVO2maxは速いほどパフォーマンスが高い傾向がありました。しかし実際の大会ではVO2maxの差による入賞予測の精度はかなり低くなりました。その時の各選手の体調や練習の仕上がり、精神状態など様々な要因が絡んでくるからです。

※ https://www.sciencedirect.com/science/article/abs/pii/S0765159706001699

一方、1000mは1500mより速いペースで走る必要があるため、競技者の能力には短時間で酸素を最大限に活用する能力である速筋線維の力強さと、酸素不足に対する耐性である無酸素性能力（解糖系）がより重要になってきます。そのため1000mはVO2maxとの関連が薄いとされる事があります。

しかしこれは注意書きが必要です。1000mの陸上競技における男子の世界記録はノア・ヌゲニ選手（ケニア）の2分11秒96というとんでもない記録です。確かにこの速度領域だと無酸素能力が重要になってきます。しかし注意すべき点は「1500mと1000mの差を感じるのは少なくともVDOT指標60以上（日本のマラソン人口の1.5%に過ぎない2時間43分より速い層）で、1kmを3分を切って走る、極めて練習をやり込んでいるレベルの高いランナー」であるという事です。

多くの市民ランナーにとって1000mは十分マラソンのパフォーマンスと関連があると考えてよいです。市民ランナーにおいて1000mは無酸素性能力で走る距離ではなく、有酸素性能力で走る距離であり、5000mの記録を予想する指標として使えます。よって1000mをVO2maxを鍛える基本距離として本書では採用します。

1kmタイムトライアルでランニングフォームは自然に矯正される

1kmのTTを通じて自分自身の長距離走としてのスピード限界、VO2maxと、乳酸耐性、必要な筋力、有酸素性能力、無酸素性能力、そしてすごく苦しくなる心肺の呼吸に耐えられる胆力を培います。そして何よりもレースペースよりも速いスピードで走るという事は、正しいランニングフォームに導く効果もあるのです。多くの市民ランナーのフォームを見ると、ストライドが狭くなり、スピードの出にくいフォームで、ペタペタと地面反力を受け取れないで走っている人が数多く見受けられます。ゆっくりジョグの悪影響です。それを1㎞走は自然に矯正します。

まずは股関節から脚を振り出せるようにしましょう。左右の足捌《さば》きを前側で回せるようにしましょう。カラダを弾ませる接地感覚を磨きましょう。足で地面を蹴って進むのではなく、地面から反発をもらい身体の重心を前に持っていくのです。変な話ですが一定以上のスピードになると、地面に足がはじき返され楽に足が回せるようになります。足の筋力3割、地面の反発7割といった感覚です。ジョグだとゆっくり走って無駄な動きもたくさん入り込みがちなのですが、1㎞走になると地面の反発をもらう接地局面こそが大切で、空中で膝が高く上がったり後ろに足が跳ね上がるというのは、地面への乗り込み動作による結果でしかない事が理解できると思います。

そして足や股関節を回すのは主に上体の動きです。上半身を疎かにしているランナーは本当に多いです。それを活性化する体幹の動きや腕振りも改善しましょう。

足の筋力が必要と考えてスクワットなどで鍛えるランナーもいますが、私の走感覚では着地時はスクワットやカーフレイズのように地面に対して膝や足首を曲げ伸ばすような動きではなく、**股関節は回転しているけれど、筋肉の伸び縮みはなく、関節の角度も変わらない等尺性筋収縮に近いもの**※だと考えています。といっても足を固めるわけではありません。接地局面では着地衝撃によって引き伸ばさ

※実際、スクワットやプライオメトリクス種目より、IMTP（アイソメトリックミッドサイプル）という等尺性筋収縮運動とスプリント時の地面反力には大きな相関がある事がわかっている
https://journals.lww.com/nsca-jscr/Fulltext/2019/11000/Influence_of_Reactive_and_Maximum_Strength.19.aspx

れそうになる筋肉と地面を押す筋肉が拮抗した状態＝エキセントリック収縮（瞬間的に引き伸ばされながら縮む、つまり等尺を保持する）になるという事です。

ランニングフォームを改善したい場合、1本ずつ少しずつ考えて変えて走ってみましょう。実はタイムが伸びなくなった原因に、フォームの崩れが関係している事が多くあります。自分では変えていないつもりでも、良い時と悪い時でずいぶん変わってしまっている場合があります。動画を撮って確認するのもよい手段です。フォームを整え効率的に走りましょう。しかしガムシャラ走りは否定しません。なぜかというと、最初の段階ではガムシャラに走った方が速い場合があるからです。

1kmTTを行う場所は陸上トラック競技場が距離がわかりやすいのでベストですが、一般の公道や公園なら人が少ない時間帯で距離がわかる見通しが良い平坦な場所を選びましょう。たった1kmでもスタートから飛ばすと最後は失速しますが、逆にスタートして最初の200mの抑え方を覚えてペースが掴めればラストスパートもかませるようになります。

1kmTTは時間も短く、5kmや10kmより精神的にも気軽に挑戦できる距離です。そして、たったの1kmだから回復に時間がかからず、明日のトレーニングにも疲労が残らないのが利点です。定期的に取り入れてペース感覚を掴んでいきましょう。

1kmのタイムを上げるための練習方法は何か？

いくらやみくもに練習しても、現在の最大スピードを上回るスピードは出せません。走力以前に神経系のトレーニングができていないからです。神経系のトレーニングは、筋肉を速く効率的に動かすために、神経系の反応速度や筋肉の協調性を向上させる事を目的とします。つまり今までの速度を上回るペースをカラダに経験させる事が大切です。

例えば強風の日に背中で風を受けて追い風にして走ると自分の最大スピード以上のスピードが出せます。しかしそれはなかなか機会がないでしょう。疑似的に走る際にパラシュートを使い空気抵抗を加えたり、スレッドドラッグという重りを引っ張りながら走るトレーニングをして神経系に刺激を与えます。しかしいずれも専用の器具が必要です。

いつでもできる練習として坂道が絶好の場所です。極めてゆるい傾斜の坂道を駆け下る事で、最大スピード以上で走る事が可能になります。しかし着地衝撃が強くなり過ぎる傾向があるので頻度には注意が必要です。さらにゆるやかな登り坂を駆け上がる事は着地衝撃を下げたうえで、大臀筋や大腿四頭筋、ハムストリングスなどの地面を押す筋力を鍛えるには最適です。

登り坂トレ　50～100mほどの坂を駆け上る×10本
下り坂トレ　50～100mほどのなだらかな坂を駆け下る×10本

解糖系レペテーションで気持ちよくスピードを上げて走ってみる

１０００ｍを分割して行う解糖系レペテーションは、１kmのスピードを高める非常に良いトレーニングです。ただダッシュは厳禁です（特に中高年）。ちなみにウインドスプリント（流し）とダッシュの区別がついていない人がいますが、ダッシュは最初から「よーいドン！」で急加速して短い距離を全力で走ります。特にスタート時に足首やアキレス腱に大きな負担がかかります。ウインドスプリントは最初はゆるくスタートして徐々にスピードアップします。私の薦めるレペテーションはウインドスプリントの延長です。もちろんマラソンのレースペースは自分の最大スピードである必要はありません。だからといって鍛えないよりは鍛えた方がいいのです。解糖系をまず鍛えておかないと、インターバルなどで重要になるｖＶＯ２ｍａｘに対する余裕度が生まれません。レペテーションは神経系の発達に加え筋力や可動域、ダイナミックなランニングフォームの獲得につながります。

２００ｍ×10本：２００ｍを全力で走り、60～90秒のレスト
３００ｍ×７本：３００ｍを全力で走り、90～１２０秒のレスト
４００ｍ×５本：４００ｍを全力で走り、１２０～１５０秒のレスト
４００ｍ＋３００ｍ＋２００ｍ＋１００ｍを2セット（１２０秒ずつレスト）

いずれもZONE8の速度域での練習です。レストはその場で休んでかまいません。持久力やVO2max刺激目的は二の次なのでレストは長く取ってもかまいません。そのぶん距離は短いので疾走時間を短く速く、子供の頃の鬼ごっこで追いかけられた時の全力で逃げるイメージ、つまり可能な限り自分の限界まで追い込んでください。市民ランナーは短い距離でも急送区間でスピードを上げる事なく（そのぶん緩走区間のリカバリーのペースは速かったりして）メリハリがつかない練習になりがちです。いずれも陸上トラックでやると距離が明確でやりやすいです。

マラソン練習を念頭に行っている場合、これらとZONE3～4で5000mペース走を組み合わせてもいいでしょう。速いレペテーションを行った後だと、余裕を感じながら走れると思います。

頭の中でイメージした速度感覚を手足に正しく伝える神経系を鍛える事で、スピードの上げ下げも思い通りにコントロールできるようになります。そうすればペースを自分で作れるようになります。それはマラソンでのスピード的余裕にもつながっていくはずです。

筋肉が増えると、血流が多く必要になるため心臓の負担が増えます。スピード練習や坂道で速筋を鍛えても、すぐにはマラソンの記録には結びつかない事が多々あります。しかしすごく良い練習をしている事はペース走、インターバル、ロング走と持久的トレーニングが加わって、毛細血管やミトコンドリアが育った時に明らかになるでしょう。

※ 73ページ参照

いつの時期に1㎞タイムトライアルはやるのか？

マラソンのスピード養成に1㎞TTはとても効きますが、マラソン大会直前に繰り返したところで、レーススピードを底上げする事にはつながらないばかりか、故障の危険性を上げてしまうだけです。マラソンのレースペースは、長期間のスピード持久力トレーニングで養成されるもので、1㎞TTはその基礎でしかありません。期分けの概念を意識しましょう。

1㎞TTをやるのは自己ベストを出そうとする大会の少なくとも3ヵ月前です。私は春から夏に行う21㎞ほどのゆっくりロングジョグの間に、1㎞TTを組み込んでいます。裏を返せば1㎞TTのためにアップとダウンジョグを長くやる21㎞走を行うと言ってもよいでしょう。TTはやはり故障が不安ですから。その時期にスタミナをつけつつスピードの底上げをしてから、スピード持久力の養成に移っていきます。

マラソンにおける登山地図を入手する時に**まず皆さんがやるべき事は1㎞、そして5㎞、そして10㎞、さらにハーフマラソンを自分がどれだけのタイムで走れるかを確認する事**です。最初は全然遅くてもよいので、今の実力を知って基準タイムを作るのです。それによって自分が持久スタミナ型なのかスピード型なのかわかるようになりますし、練習メニューも組み立てやすくなります。まずは1㎞TTをやってみてください。

第6章

サブスリー達成の核心は10km走にあり

乳酸性作業閾値(OBLA)を使いこなせ

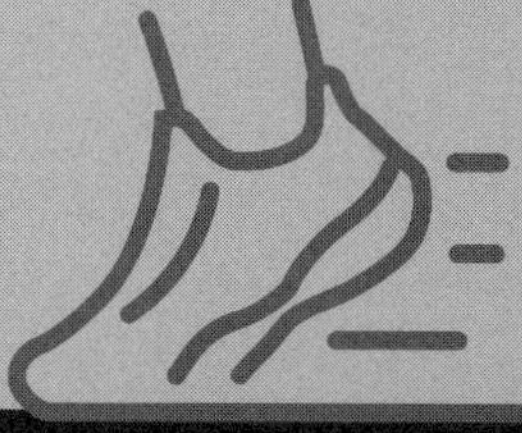

「才能なんて存在しない。我々は皆、人間として互角だ。
時間を費やせば、お前は何にでもなれる。頂点を極める事ができる。
それだけだ。おれは才能なんてない。執着しているだけだ」

"Talent does not exist, we are all equals as human beings. You could be anyone if you put in the time. You will reach the top, and that's that. I am not talented, I am obsessed."

アイルランドのダブリン出身で貧困者手当を受給する身から
UFC世界フェザー級及びフェザー級の絶対王者に登りつめた
コナー・マクレガーの言葉

ＯＢＬＡ走はスピード持久力の余裕度を上げるのに打ってつけ

ＬＴ１閾値は有酸素ジョグの速いペースＺＯＮＥ３とほぼ合致し、その有効性については前編で詳述しました。この章ではＯＢＬＡ（ＬＴ２）閾値で行うＺＯＮＥ６の練習について具体的に書いていきます。**ＯＢＬＡ閾値ペースをダニエルズ博士の生理学的に表現すると、おおよそ86～88％ＶＯ2ｍａｘ（88～90％最大心拍数）となります。これは十分にトレーニングを積んだランナーの場合です。市民ランナーの場合、ＯＢＬＡ閾値は最大心拍数の80～85％程度が一般的です。トレーニングが不十分だと乳酸を効果的に除去できず、低い心拍数の段階で乳酸が蓄積しやすく、持続できる負荷（距離）も低くなる傾向があります。**

エリートランナーは閾値でハーフマラソンまで走れますが、サブスリーレベルでは頑張っても15㎞程度、多くの市民ランナーは５０００ｍ～１００００ｍまでのレースでありましょう。サブスリーレベルだとＯＢＬＡ走は３分55秒～４分５秒／㎞近辺になります。フルマラソンにおいて必要なエネルギーの99％は有酸素運動であり、筋肉にも血中にも乳酸はわずかに高くなるだけです。市民マラソンのフルマラソンはＯＢＬＡ近辺での走りはご法度。このペースを上回るスピードは体内に溜め込んだ糖質エネルギーの枯渇を早めます。

もちろんマラソン大会スタート時は疲労もしていないし号砲でテンションが上がり、そのくらいのスピードで走り出すのはむしろ容易だと思います。しかし間違いなく後半に地獄を見ます。だからペースは上げられそうでも我慢して一定のペースを刻みます。そういう意味ではマラソンは精神的にも肉体的にも我慢我慢のスポーツだと言えます。

ではなぜマラソンでは使う事のないこのZONE6のトレーニングをやるべきかというと、マラソン練習で重要なのは、いかに速いスピードを維持しながら楽に走り続ける時間を伸ばすかという事だからです。すなわちスタミナはもっと遅いZONE1〜3の有酸素ジョグで培っていきますが、快適に速いスピードで押せていく感覚が育たないと、サブスリーを目指すレベルにいつまで経ってもなりません。またOBLA付近で走る事により、徐々にOBLA閾値が改善されていきます。それにつれてOBLA以下で走る事ができるペースも上昇していくのです。そういう意味でOBLA走はスピード持久力の余裕度を上げるのに打ってつけです。

OBLA改善でお薦めするのは10㎞という距離走です。マラソンのタイム予測も容易になります。私は必ず10㎞ペース走をメニューに組み込んで、特にレース1週間前は体調を確認してレース設定タイムを決めるガイドラインにしています。

10㎞走でフルマラソンのゴールタイムが予測可能

なぜ10㎞を走る事によってフルマラソンのタイムを設定できるのか。市民ランナーの記録を元に算

10kmからフルマラソンのゴールタイムを予測

10kmのタイム	持久係数の目安	
	スタミナ型	スピード型
～30分	4.5	4.65
～35分	4.55	4.7
～40分	4.6	4.75
～45分	4.7	4.85
～50分	4.8	4.9
～55分	4.9	5
55分～	5以上	5以上

フルマラソンの目標タイムを導く計算式例

		持久係数		フルマラソン予測タイム
10kmの記録 【例】39分とすると	×	スタミナ型 4.6	=	2時間59分24秒
		スピード型 4.75		3時間5分15秒

出したマラソン持久係数※というものがあります。

ほとんどのランナーは10km走の記録を4.5～5.0倍するとフルマラソンの記録になります。つまり**国内外のエリートランナーの記録はベストタイムに違いがあれど、持久係数は4.5～4.6の間に集約され差はほぼなくなります。サブスリーであるほぼ3時間のランナーの10kmのタイムは36分から40分の間に収まります。**つまり熟練ランナーになればなるほどこの係数のバラつきが少なくなっていくのです。持久係数が高い人は、後半まで高いペースを維持でき、タレないで走る事ができます。

前章で1000mのスピードアップはフルマラソンのスピードにつながると書きましたが、さらに10kmは明確な強い相関関係があります。つまりフルマラソンの記録を伸ばしたいのなら、10km走のパフォーマンスを上げる事が重要な指標になるのです。そしてこの10kmを一生懸命走り切るペースが、多くの市民ランナーにとってOBLAの数値に合致します。フルマラソンでの設定ペース予測にも重要、そしてLTの改善にも効果があると聞けばやらないわけにはいかないでしょう。

ただ「100mを全力で走って」と言われるとピンときますが、「10kmを全力で走ってみてください」

※国際武道大体育学科の前河洋一教授が市民ランナーの記録を元に算出したデータ（『月刊ランナーズ』2012年9月号より）

と初めて言われても困ってしまう人がほとんどではないでしょうか。なぜなら10kmにおける全力がどんな速さなのか走った事がないためにわからないからです。その距離によって全力という速度は変わります。100mならスタートから勢いよく飛び出しても何とかなりそうですが、10kmだと「スタミナ切れを起こして走れなくなるかもしれない」という不安から、ゆっくりスタートしてしまう人がほとんどです。中高生から陸上競技をやっていた人は1500mから3000mや5000m、10000m走とステップアップしてトラック1周回400mのペース感覚を身につけていきます。当然ですがこの4つの距離はペースが違います。しかし市民ランナーはいきなりフルマラソンに挑戦しがちです。だから42・195kmという途方もない長距離における自分の適正ペースがわからないのです。当たり前と言えば当たり前の話です。

フルマラソンを走った事がある人でも、自身のマラソンと同じようなスピードにハマってしまうランナーが多く、これではスピード養成の意味合いが薄れてしまいます。つまり10kmペース走は距離によってペースを変える、引いては自分のフルマラソンの適正ペースを決める重要なトレーニングになるのです。

サブスリーは39分以内で走る事が試金石

フルマラソンも10kmもイーブンペースで走り切る事が、一番効率が良く自己ベストが出やすい理想です。10㎞走で最初から突っ込んだり、後半失速しない、いわゆるイーブンで刻んでいくペース感覚を掴めるようになると、マラソンもペースを作ってスピードで押していく意識が培われます。思いっ切り突っ込んで何とかなる距離ではないという、この10㎞という絶妙な距離設定の醍醐味、そして辛さを十分味わってください。そしてその辛さの先にペース配分という、マラソンでとてつもなく重要な技術を体得できる事になります。

自分が目指すべき10㎞走ペースの簡単な計算方法は現在の、または目指すマラソン速度に0・9〜0・96を掛けたタイムで走れると良いでしょう。サブスリーを目指す場合、月々の気温を考慮して、3分50秒〜4分5秒／㎞の範囲で走れれば合格点と言えます。疲労耐性の個人差はありますが、3分54秒／㎞のペースを維持し39分以内で10㎞を走り切る事が試金石となるでしょう。この数字はvLT（Ventilatory Lactate Threshold）といって最初にOBLAに到達した走速度から算出した数字です。サブスリーペース（4分15秒／㎞）で10㎞走ると42分30秒ですから、実に3分30秒の余裕を生み出せる事になります。**女性、また中高年の男性で40分以内（4分／㎞ペース）でも疲労耐性が極めて高いスタミナ型ランナーの場合、サブスリーを出せる可能性があります。**これだと2分30秒の余裕があります。

10㎞ペース走で洗練されたランニングフォームを培う

3分54秒／㎞ペースで10㎞を走る事ができたらサブスリーはかなり現実的になります。もちろん苦しいと感じる場合もあるかもしれませんが、気持ちが折れそうになったとしても「いやいや、これは自分の適正値なんだ。これでへこたれてどうするんだ」と頑張ってペースを維持します。ペースが維持できなくなる原因は肉体的なものと同じくらい精神的なものが大きいのです。10kmを走り切った結果、マラソンの適正ペース予測が確信へと変わり、自己効力感※が高まりマラソンでもペースを維持しやすくなります。

そして10kmでつけたスピードはマラソンでは心肺的にも筋肉的にも余裕度につながります。フォーム的にもスプリントから400〜800mくらいまでは無駄な動きがあっても押し切れます。かなり力んだ経済性が悪い走り方でもなんとかなるのです。短距離走とマラソンでフォームが全然変わってしまう人も多いはず。でも10kmだとREの低さはごまかせません。常に余裕を持ちつつ快適に一定のペースを作らなければ10kmは走り切れないのです。

テレビで見る陸上選手権も5000mの選手は筋肉質で体の大きい選手が多いですが、10000mの選手はかなりマラソン体形に近づきます。そして5000mはかなりダイナミックなランニングフォームの選手が目立ちますが、おそらく10km走のフォームとマラソンのフォームはほぼ一緒になるはずです。10km走で長距離走の正しいフォームを固めましょう。結果、自分にとっての効率の良いマラソンを走るフォームが自然に身につきます。そして普段のジョグの時にも10kmを速く走っている時のフォームをイメージして走るように気をつけましょう。

※カナダの心理学者アルバート・バンデューラが提唱した概念。self-efficacy＝自己可能感と訳し「自分の能力を信じる気持ち」を意味する

10㎞を速く走るうえで大切な意識は3つある

1　ペースは上げ下げせず、ずっと一定のリズムとピッチを刻む

「序盤は抑え気味に」なんて考えずに、最初から心拍数を上げてペースを作っていきます。猛ダッシュでスタートするわけではありませんが、失速を恐れないで自分の適正ペースを信じて、最初から10㎞における自分のトップスピードに上げていきます。ただ上げ過ぎると後半の失速を招くのであくまでイーブンを心がけます。貯金を作るというイメージは必要ありません。もちろんあからさまなオーバーペースは論外です。

自分の主観的運動強度で走ってしまう人がいますが、体感は毎日のバイオリズムでかなり変化します。気分の上げ下げを自分都合に解釈してしまう傾向にあり、例えば先行ランナーを追いかけたり、後ろから迫ってくるランナーがいると主観的運動強度は全く変わります。アドレナリンが分泌されてテンションが上がりスピードが出てしまうので、好き勝手なペースの練習になりがちです。

大切なのはあくまでタイムに基づいた正確なペース感覚の確立です。陸上トラック競技場を走るなら最初はストップウォッチやGPSウォッチで1周ごとに確認して自分の感覚とのズレを確かめる事をお薦めします。そして徐々にGPSウォッチをいちいち見なくてもイーブンペースで走る感覚を身

体に沁み込ませていくとよいでしょう。

2　10㎞を走るには5㎞＋3㎞＋2㎞など分割意識を持ってメリハリをつける

心肺が苦しくなってからも粘っていきます。イーブンペースが最適といいつつ、多くのランナーには6～8㎞あたりで苦しい時間帯が訪れます。これらはフルマラソンにおける25～35㎞に相当します。フルマラソンでスタートして6～8㎞のあたりで苦しくなる事はありません。10㎞でゴールすると脳がわかっているからこそ生じる精神的中だるみです。

実はイーブンがベストといいつつ、エリートランナーですら中だるみは起きているのです。歴代の5000mと10000mの世界記録※を平均化してみると、スタートから少しずつスピードは低下していって、終盤にペースアップしてゴールしている傾向があります。

つまり10㎞を漫然と走ってはいけません。5㎞（トラックで12周半）＋3㎞（7周半）＋2㎞（5周）など分割意識を持つと気持ちをリフレッシュできるのでお薦めです。もちろん分割といっても休憩できるわけではないのですが「よし、この3㎞は中だるみせず丁寧に走るぞ」とか「残り2㎞になった。スパートをかけるぞ」と切り替えるだけで走りにメリハリが出ます。

長距離走の自分に合った呼吸法の確立にも10㎞走は最適です。後半呼吸が乱れてからも楽に取り込める方法を色々と試しましょう。「スーハー、スーハッハッ、スッスッハー」などのリズムで、短く浅い呼吸にせずなるべく深く呼吸をするようにしましょう。

※ https://pubmed.ncbi.nlm.nih.gov/19116437/

3　フルマラソンを走る時に諦めずに粘る気持ちを育てる

実は1と2はサブスリーを狙う時にマラソンを走る意識と同じです。マラソンもレース運びが上手くいっている場合、25～35㎞あたりに中だるみが起きて非常に苦しい時が訪れます。苦しいのに何で上手くいっているのかというと、それはきちんと追い込めているから苦しいのです。その中で自分にとって楽で速いランニングフォームを淡々と維持して、なるべく効率的な呼吸をしなくてはいけません。そしてとても上手くいっている場合、その中だるみ区間も苦しいながらもペースは落とさずに後半につなげられます。

そういう意味でも10㎞走はマラソンの縮図です。スピードを磨くだけではなく、マラソンに必要な精神的持久力や粘り強さを体得できます。したがってこのトレーニングはメンタルが重要な要素として絡んできます。ランニングクラブでの練習だったら単独で走らず、集団の中で走るなどの工夫をしてます。すなわち前の人から離れそうになっても頑張って距離を縮めます。こういう事を日頃の練習の中でもやっておくとフルマラソンの勝負どころに必ず生きてきます。

故障寸前の一歩手前の練習が最高の結果をもたらす練習ではない

LTを高め、自分の体調や実力を統計的に測るためにも、10㎞ペース走に月に1回はぜひ取り組んでみてください。しかしこれは決して楽な強度ではありません。皆さんもキツい練習の日に朝から「ああ、憂鬱だな」と思った事もあるのではないかと思います。私ももちろんあります。しかし自己ベスト更新を狙うランナーは、追い込んだ練習から逃げるべきではありません。

もちろん人間は弱いものです。恐怖を感じる練習、緊張感のある練習。色々な理由をつけて前に立ちはだかる壁を避けたいと思うのも人情です。弱い自分を一個一個叩き潰していくしかありません。メンタルの持ちようで結果は良くも悪くもなります。経験をしていく中で自分の持久特性を知っていく事にもつながります。ランニングクラブで走るなら仲間と切磋琢磨しながら経験を積み重ねていきましょう。

ただしそれは**いつも苦しい練習を課さなくてはいけないという事ではありません。オーバートレーニング、故障寸前の一歩手前の激しい練習が最高の結果をもたらす練習ではありません。それではメンタルが持ちません。**

8割程度の練習を淡々と積み重ねる方が疲労耐性も上がり故障も起きにくいです。練習は大会と違い何度でも自分の中でイベントを立てる事ができエントリーも前日でもできます。自身の心とカラダの状態をしっかりメリハリを持ってコントロールして練習していきましょう。

10㎞をOBLA値で走る事はなかなかキツい事なので、毎週の練習メニューにたやすく入れられるものではありません。レギュラーとして入れられるメニューとしては6～8㎞のペース走もお薦め。時間にして30分あればサクッとできるし、OBLAを刺激する事も十分できます。

第7章

インターバル練習でマラソン心肺を最大にしろ

ちゃんとやればほんの数カ月でVO2maxは上限に達する

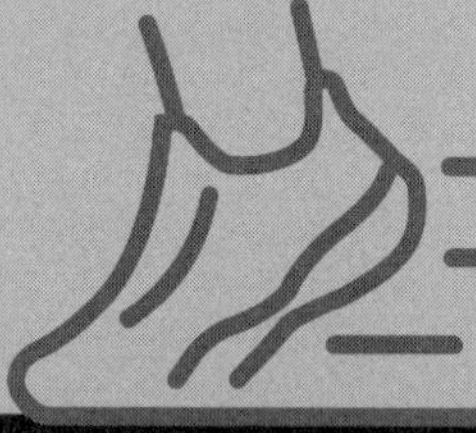

「努力は嘘をつく。でも無駄にはならない」

オリンピック2連覇、世界選手権優勝2回など
フィギュアスケート競技の男子シングル史上初めてスーパースラムを達成した
羽生結弦の言葉

短い距離を走り抜けるのは心理的ハードルを下げ気持ちも楽

前章でマラソントレーニングとは「一定のペースで押していく能力=スピード持久力」の養成が大切な事、そしてペース作りの要は10km走の記録向上にあると書きました。しかし私はランニングクラブに入会した当初、10kmを走ろうにもペースがわからず、スタートからダッシュで飛び出し、ゴールに向かってどんどん失速したり、または失速が怖くて気持ちの面でブレーキがかかり、序盤のペースを上げられず、かといって後半ペースを上げられるのかというとそうでもなく、一旦ゆっくりペース沼にハマると抜け出せなくなるパターンが多かったのでした。また精神的にペースを維持する事がキツく6~8kmでペーサーから徐々に離れ、失速を繰り返してしまっていた時期もあります。

10kmペース走の練習日は行くのが億劫になり、前日から気分も重たい。怪我こそしませんでしたが、10kmという距離に苦手意識を持ってしまったのです。それに伴いマラソンの記録も伸びなくなりました。

そこで**お薦めするのは距離の分割です。短い距離を走り抜けるのは心理的ハードルを下げ、気持ちも楽**です。フルマラソンでタイムが良い人は当然ハーフマラソンのタイムが良く、ハーフのタイムが良い人は10kmが速い。10kmの記録短縮を目指すには5kmのスピードが重要なのです。また5kmの記録を短縮していくうえでポイントになる距離が1kmとなります。

前編44ページで言及した子供の勉強に費やす時間の話で、一番成績が悪いのは勉強時間0分グループ、次に悪かったのは4時間超のだらだら勉強グループだったという逸話を覚えていますか？ 一方、短時間のみの勉強ではやはり学習量の限界があります。難関校を受験するケースではどうしてもこなさなければならない学習量があるのです。その場合、行うべきは集中した短時間学習を休息と共に繰り返す勉強法。**これ、まさにマラソンにおけるスピード分割練習、インターバルトレーニングです。休息を挟みながら1㎞の距離を反復して走る高強度の運動です。**

ゆっくりジョグのみで記録が伸び悩んでいたランナーは大化けする可能性がある

インターバルを繰り返すスピード持久力練習の3つの目的は「スピードに慣れる」「スピードを高める」「スピードに耐える」です。このうちスピードに耐える意識は最も重要で、そのスピードのまま長く走り続ける＝「スピード持久力をつける」という事です。適正な距離や回数、休息時間の設定によりスピード持久力は向上します。

ＯＢＬＡ閾値のペース走の余裕度を上げるために、閾値よりさらに速い練習に取り組みます。そのぶん短い距離に分割してトレーニングします。普段レースペースよりもゆっくりとしたジョグしかしていないランナーは、スピード持久力の能力を鍛える事ができません。逆にいえば記録が伸び悩んでいたランナーで、ジョグ練習しかしていなかった場合、こういったトレーニングを取り入れると大化けする可能性があります。

1kmでオールアウトするのではなく、少し速度を落として余裕を持たせて何本か走れる速度を設定します。5kmを全力で走り切るような感覚で1kmに分割して走るのです。そういう意味で疾走速度はむやみに高ければいいわけではないのです。この練習の大きな目的は**瞬間最高スピードの向上ではなく、速いペースを維持しながら長く走る事です**。要するに壊れる寸前のギリギリの練習なんてする必要は全くなく、ハァハァしている時間を多めにする方が断然良いという事です。

マラソンで目指す記録のキロ平均×0.85～0.9に設定します。もしくは1kmTTを3分30秒で走れるとしたらサブスリーを目指す場合、1kmにつきそこから10～20秒遅い3分40秒～3分50秒で複数回走る事を目指します。身体に酸素を取り込むVO2maxを鍛えるのにちょうど良いペースです。

5km走の直近の記録がわかる人はその1km平均

VO2maxインターバルでの酸素摂取量イメージ

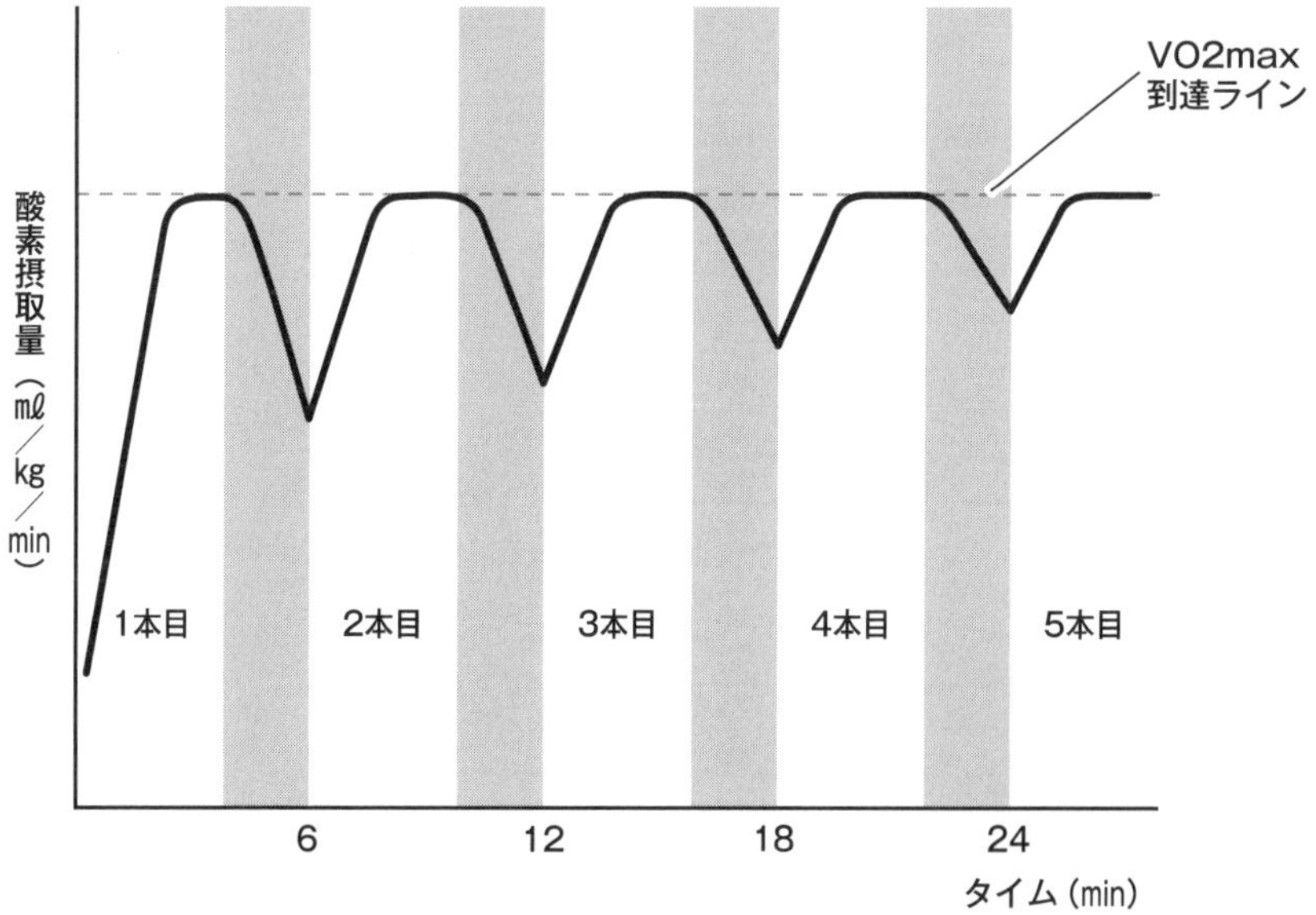

白い部分が急走区間（3～5分）、グレー部分が緩走区間

から割り出してもいいでしょう。例えば19分で走れているとしたら１kmは３分48秒平均で走れているので、その近辺、３分45秒～３分50秒／kmが妥当なタイム設定です。余裕度が高いならばペース／kmの−5秒で走りましょう。

重要なのはＶＯ２ｍａｘに最小のストレスでアプローチする事です。ほとんどのランナーはインターバル１本目はそこまでＶＯ２ｍａｘが上がらず終えます。２本目、３本目で最大に上がり、それ以降適切なレストを入れていくとＶＯ２ｍａｘを長く維持するようになります。

しかし１本目に勢い込んで適正ペースより速く走り過ぎると、有酸素ではなく無酸素運動にカラダが傾いてしまい、乳酸も溜まって３本目以降のスピードが上げられなくなり、結果ＶＯ２ｍａｘへの刺激が弱まってしまいます。インターバルをやるにあたっては、十分アップをして心拍数を上げてから開始して適正ペースを維持し、最小のストレスで最大の効果を上げるようにしましょう。

下の表は３分30秒～４分30秒／kmにおける２００ｍごとのトラックのラップ表です。ペースを確認する癖をつけると良いでしょう。

ゴムチップが敷かれ足に優しく距離もわかりやすい陸上トラックが、一番この練習をやるのに適していますが、人や自動車が横断しない距離がわかる公園などで代用してもよいと思います。

トラックラップ表（200mごと）

200m	400m	600m	800m	1000m
0：42	1：24	2：06	2：48	3：30
0：43	1：26	2：09	2：52	3：35
0：44	1：28	2：12	2：56	3：40
0：45	1：30	2：15	3：00	3：45
0：46	1：32	2：18	3：04	3：50
0：47	1：34	2：21	3：08	3：55
0：48	1：36	2：24	3：12	4：00
0：49	1：38	2：27	3：16	4：05
0：50	1：40	2：30	3：20	4：10
0：51	1：42	2：33	3：24	4：15
0：52	1：44	2：36	3：28	4：20
0：53	1：46	2：39	3：32	4：25
0：54	1：48	2：42	3：36	4：30

速すぎるVO2maxインターバルは糖質を無駄に消費しやすいカラダに傾く

サブスリーの指標である3分40秒〜50秒／kmという数字はvVO2maxから設定したものです。これは若さや素質を必要としないレベルでの最大とも言えるスピード領域です。vVO2maxを知っている事で、自分の実力に合わせた適切なペース設定ができるようになります。

これはより速い3分40秒で走ったから効果がある、優れているというわけではありません。あくまでマラソンに求められる重要な要素、土台はスタミナです。それが絶対的に足りていないのに、インターバルの速度に固執するのはマラソン練習としては間違っています。マラソンで大切なのは淡々と息を上げずにスピードを維持する力。そこを間違ってはいけません。テレビ放映でエリート選手の走るマラソン大会の先頭集団で、20km程度で大口を開けてゼェハァゼェハァ呼吸をしている選手は誰1人いませんよね。

悪い設定として挙げられるのは目いっぱい頑張って3分30秒／kmを3本走ってギブアップしてしまうパターンです。私もしゃかりきに飛ばしていた時期があります。ところがインターバルの疾走部分を速く走るほどスピード持久力が開発されるわけではありませんでした。**速く走れたとしてもゼェゼェハァハァの度が過ぎるとREが低下します。乳酸が早く蓄積し、心肺が有酸素的な供給をする余裕がなくなり、無酸素系エネルギーに頼るようになります。つまり身体の糖質エネルギーを無駄に消費しやす**

いトレーニングに傾きます。結果としてマラソンには不向きである低燃費なカラダになっていきます。
そのようなトレーニングを続けていると、1km走るとやめたくなる癖がついてペース走にシフトできません。短い距離の分割癖がついてしまうのです。

最大限にVO2maxを刺激する美味しく苦しい時間帯を味わえ

マラソンに向けて行うインターバルの最適な急走時間は1回につき3~5分です。多くの人にとってそれは1kmを走り切るスピードと適合します。もちろん1kmを3分以内で走り切れてしまうランナーは1200m×4~6本というのもアリです。逆にVO2maxを上げる目的の場合は、1本につき5分を超えないようにしましょう。

VO2maxを刺激する意味でも1kmの中でペースの上げ下げはしてはいけません。一定ペースで走り切ります。VO2maxというのは走り出して2分くらいで到達します。つまり到達する前にダッシュをかましてもしょうがありません。2分経ってから5分で走り切るとしたら、その間の3分が最大限にVO2maxを刺激する美味しい、そして苦しい時間帯です。

距離で言うとスタートして400mほど走ってハァハァ苦しくなってくる感覚があれば、うまくアプローチできている証拠。そこからの600mがVO2maxへの最大刺激になります。ハァハァ苦しいけど一定のスピードで走り切ればOKです。

インターバルの休息時間を短くする意味は苦しいだけであまりない

「インターバル走で回復時間を長くしても、代謝ストレスは変わらない」[※]という研究です。

VO2max53±7(フルマラソン2時間43分~3時間10分程度)のランナー12人が4分×6本のインターバル走を異なるレスト(1分、2分、3分、主観)で行ってみたところ、3分のレストが最も急走区間の速度が高まりました。回復時間を長くしてもVO2(心肺への負荷)、心拍数、血中乳酸濃度、主観的なキツさは変わりませんでした。なお時計を見ずに主観で休憩を取る組は2分程度で走り出す事が多かったそうです。

レスト時間を短くしても生理学的ストレスを高める事はできず、3分休むと生理学的ストレスを維持したまま、力学的ストレス(強度)を高める事がわかりました。レストを長く取るとより高いトレーニング効果を生む可能性が示唆されました。

つまり「短いレストで追い込んだ方がVO2maxを最大限に刺激

マラソンタイム別VO2maxインターバル目標タイム

マラソンタイム		1000m インターバル	800m インターバル		400m インターバル	
タイム	ペース/km	タイム	タイム	ペース/km	タイム	ペース/km
2:50:00	4:01	3:28	2:43	3:24	79	3:18
2:55:00	4:08	3:34	2:48	3:30	81	3:23
3:00:00	4:16	3:40	2:52	3:36	84	3:29
3:05:00	4:23	3:46	2:57	3:41	86	3:35
3:10:00	4:30	3:52	3:02	3:47	88	3:40
3:15:00	4:37	3:58	3:07	3:53	90	3:46
3:20:00	4:44	4:04	3:11	3:59	93	3:52
3:25:00	4:51	4:10	3:16	4:05	95	3:58
3:30:00	4:58	4:16	3:21	4:11	97	4:03

VDOT指標を元にサブエガ~サブ3.5までの目標タイムを示す。これを5~7本やるがややキツめの設定なので1000mで5秒、400mで2秒ほど落としても全然OK

※ The effects of recovery duration on physiological and perceptual responses of trained runners during four self-paced HIIT sessions
https://pubmed.ncbi.nlm.nih.gov/30297216/

する」という陸上界にはびこる古い考え方が一蹴された形です。休息時間を短くする事にこだわる人もいますが、そのために疾走速度が設定よりどんどん落ちてしまったり、本数が減ったりするより、ちゃんと休息を入れた方がよいのです。まずはしっかり1本1本確実に走れるようなレストで実施する事。レストを短くするがゆえに、急走区間の速度をわざわざ落とすなんてもってのほか。リカバリーは急走区間の疾走時間の50～１００％が妥当です。つまり急走区間の設定が3分40秒ならリカバリーは1分50秒～3分40秒、何なら4分でもかまいません。

リカバリーの長さは体感で決めていいですが、自分が持久係数が高いスタミナタイプだと思うならリカバリー短め、持久係数が低いスピード型だなと思うならリカバリー長めにしましょう。インターバル本来の目的は心肺機能に適切な刺激を入れる事で、苦しみに耐える事ではありません。やみくもに過酷なトレーニングをやっても、フォームが崩れてしまいますし、進歩が速くなるわけではありません。精神的苦痛のハードルを高くするだけではなく故障の可能性を上げるだけです。

休息時間はスロージョグか、その場で立ち止まって水分補給してもよいです。疲労の目安はスタートまでに脈拍１２０以下に下がっているようにします。緩走は急走に対してピッチをあまり下げずにリカバリー前半で呼吸を整え、後半はスタートに向けて気持ちを上げていくようにします。どんどん気持ちが下がる一方なら急走区間が速すぎます。

グループで走る場合、5分回しや6分回しという言い方で、急走と緩走の合計タイムで設定する場合もあります。その場合、速いランナーは都合よく長く休めますが、遅い人はリカバリーが短くなります。さらに急走を終えても次の急走がすぐ迫っているので、緩走区間も速く走らねばならず、インターバルの緩急が曖昧になる場合があります。

その場合、陸上トラック限定ですが、遅いランナーは1レーンを走り、速いランナーは外側のレーンを走りタイム差を縮めるやり方もあります。1レーンごとに7mずつ増えていきます。例えば5レーンを走ると1000mで76・625m多く走る事になり、3分40秒／kmで16・86秒、4分／kmだと18・39秒増える事になります。

一定の速度、回数にこだわるのではなく様々な速度域にアプローチする事が大切

インターバルトレーニングは非常に高強度の運動を繰り返すため、全体の距離を短めに設定する事で、適切な強度を維持できます。vVO2max領域で走れる距離はそこまで伸ばせません。疾走区間の距離の合計は5～8km程度に収めるようにします。つまり5本から8本です。しっかりVO2maxに刺激ができていると5本目あたりからお腹あたりにズンと重い痛みが出てくる事が多いです。また手に痺れを感じる場合もあります。

10本や15本はキツすぎます。長い距離にすると疲労で最後はフォームが崩れたり、スピードが落ちたりしてトレーニング効果が低下します。また精神的にも消耗が激しいため、長時間やると集中力が途切れやすくなります。

とはいえこれらの本数はあくまで目安です。**リディアード先生も「何で5本なのか、8本なのかコー**

チに聞いてご覧なさい。ちゃんと答えられるコーチなんていませんよ」と言っています。3分40秒／㎞を5本できても、3分50秒／㎞を7本の方が効果が高い場合があります。正しい答えとしては様々な速度域、回数でアプローチするのが一番いいのです。

中には1㎞TTは3分30秒を1回も切れないのにインターバルは3分40秒で何本も回せるといった類の人もいます。その人は疲労耐性が高く、遅筋の割合が生まれつき多いのです。マラソンには持ってこいの素質だと言えます。

マラソンに向けてのインターバル練習は速度が高すぎてもよくないし、回数が多すぎてもよくありません。本数の加減は次の日の有酸素ジョグが嫌になるくらいダメージが高くなり過ぎない事、また毎週行うのに気が滅入り過ぎないようにしてください。

また最後の1本を全力を出し切るようにスパートする人もいますが、効果はなく自己満足に過ぎません。その結果、翌日が休足日かゆっくりジョグのみになり、有酸素ジョグができなくなってしまうのならばやめた方がいいでしょう。

インターバル練習はやり過ぎるとランニングエコノミーが悪化する

さて、飛躍的なベースアップが望めるVO2maxインターバル練習は週にどのくらいやればいいのでしょうか。

「VO2maxインターバルトレーニングの有酸素パフォーマンスとオーバートレーニングの影響」※という研究です。

被験者は8人の中長距離走（1500m～ハーフマラソン）を専門とする20代の選手です。最初の4週間はVO2maxインターバルを週1回行いました。そしてOBLA速度のトレーニングが1回、有酸素ジョグが3回でした。次の4週間はVO2maxインターバルを週3回、OBLA速度のトレーニングが1回、有酸素ジョグが2回でした。

最初の4週間でVO2max速度は有意に向上し、REが大幅に低下しました。VO2maxインターバルを3倍にした次の4週間でも、VO2maxの変化は見られませんでした。OBLA速度は8週間のトレーニングを通じて変化しませんでした。十分な回復の時間がない週3回のVO2maxインターバルは疲労、筋肉痛、ストレスおよび睡眠の質の低下という主観的な報告がされましたが、オーバートレーニング症候群で予想されるようなパフォーマンスの低下にはつながりませんでした。

これは被験者が20代の若い選手だったからかもしれません。いずれにせよインターバルは週1～2回程度でよく、それ以上やっても意味がないようです。**REの大幅低下は気になるところです。**

トラックランナーはとかくインターバルやレペテーションを重要視しがちですが、変な言い方ですが**マラソン練習は質や量を高くし過ぎてはいけません。やり過ぎてはいけないのです。ダニエルズ博士も週間走行距離のうちインターバルは8%のみと言っています。**

疲労しやすく回復の遅い速筋線維を多く動員するインターバルやレペテーションは、長い距離を一度に走ってはならず最低2日は開けて行うようにしましょう。

※ https://journals.lww.com/acsm-msse/Fulltext/1999/01000/Interval_training_at_V_O2max__effects_on_aerobic.24.aspx

インターバルはサブスリーに直結する練習だがペース走を並行してやるべき

VO2maxインターバルトレーニングではものすごく速いのに、ペース走になると「え？」っと思うほど遅くしか走れない人がいます。GPSウォッチでVO2max予測数値を上げる事に躍起になり、インターバルばかりやり込んでしまう人がいます。確かにゲーム感覚もあり実際に数値が上がると達成感もありますが、それがそのままマラソンのタイムにつながるわけではありません。

とても強度の高いZONE7のインターバルばかりやってしまうと、そのポイント練習で疲れて他の日はZONE1以下のゆっくりとしたジョグでしかつなぐ事ができず、REやLTを高める事ができずに中間土台がスカスカになっているのです。**インターバルをガンガンやっても記録がイマイチ伸びないランナーはREが低い可能性があります。**逆にインターバルよりペース走が好きだという人はVO2maxはそれほどでもないけれどREが高い傾向があります。

本書の流れでも、ペース走をやる前にインターバルで分割トレーニングを行う事が当然の順番のごとく書いていますが、両者は行ったり来たりしながら並行でやるべきなのです。vVO2maxを高めるにはまずvLTを高めないといけません。もちろん6~8㎞走るOBLAペース走のハードルが高ければZONE6で3000m×2本、2000m×3本、3000m+2000m+1000mなどロングインターバルに分割してやってもいいのです。

インターバルとLT閾値走の関係性についてはリディアード先生も「インターバルはレースに直結する効果がある練習である。しかしLT閾値走で基礎を事前に作っておかないと効果はすぐ上げ止まりになり故障の危険性も高くなる」と言っています。

5000mの走力にもつながりやすいVO2maxですが、インターバルで鍛える前にまずはZONE4～5のOBLA以下のペース走から土台を作るといいでしょう。そしてOBLAのベースを作るのが、LT1である少しだけ速いZONE3の有酸素ジョグ。そしてLT1ジョグの土台はもっと低いペースでのZONE1～2の有酸素ジョグで養成します。**どれかの速度域がサブスリーのために一番効果があるわけではないのです。様々な速度域をうまく使いこなしながら故障せずにトレーニングの厚みをつけていきましょう。**

第8章

ケニア式OBLAインターバルにチャレンジする

カノーヴァ式でランニングエコノミーを伸ばせ

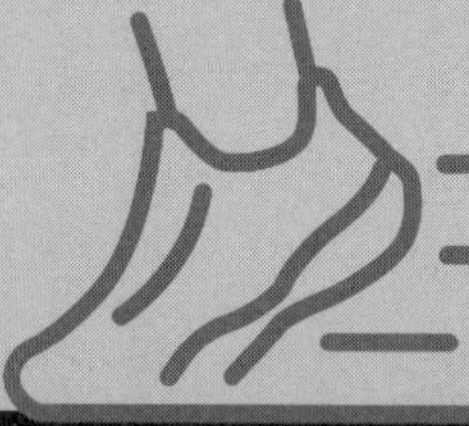

「失敗は致命的ではない。
変わる事ができない事こそ致命的になり得るのだ」

“Failure is not fatal,but failure to change might.”

NCAA全米選手権を13年で10回制覇という偉業を成し遂げた
米国大学バスケット史上最高のコーチと言われる
ジョン・ウッデンの言葉

レナト・カノーヴァ氏が推奨するフルマラソンに即した変則インターバルとは

日本のマラソンは瀬古利彦さんや宗茂・猛さん兄弟、高橋尚子さんや有森裕子さん、野口みずきさんなどを育てた小出義雄監督、中村清監督を代表する指導者の下で男女とも1990年代から2000年代に世界の頂点に立ちました。共通する練習は月間1000㎞は当たり前というとてつもない量のトレーニングでした。それらは今も実業団を中心に受け継がれていると感じます。

日本の市民マラソンの練習はその指導者たちの練習法がブラッシュアップされて広まったものです。アーサー・リディアード式トレーニングの1つの完成形であり、ジャック・ダニエルズ博士のＶＤＯＴ指標はそれを補完する形で練習法として取り入れられています。この章ではそれらとは一線を画す**今や世界の潮流ともいえるマラソン大国、ケニアやエチオピアの選手のトレーニング方法、特に大会直近に大変有効な練習法を日本式と対比して紹介します。**

今や世界の長距離界を席巻する東アフリカのエリート選手の練習に大きく影響を与えたイタリアの著名なランニングコーチであるレナト・カノーヴァのアプローチはまさにそれを体現します。リオ、東京五輪で金メダルを取った現役最高のマラソンランナーといえるエリウド・キプチョゲ選手を指導するパトリック・サングコーチも、そして男子マラソン世界記録保持者のケルヴィン・キプタム選手を指導したジェルヴェ・ハキジマナコーチもカノーヴァコーチの教えに多大な影響を受けています。

ケニア人ランナーと日本人ランナーの決定的な違いはランニングエコノミー

日本のエリート選手といえどもケニア合宿に行くと必ず洗礼を受けるのがケニア人の心肺能力の高さです。軽いジョグにすら息が上がって、彼らに付いていけないのです。それはケニアの地形が絡んできます。**国土の大部分は標高1100~1800mの高地で空気が薄いため、生理的にVO2maxが低くなってしまいます。一方で空気抵抗が減るのでREは上昇し、VO2maxの下落分を補えます。つまり高地では、REが高い事が速く長時間走る重要なファクターになってくるのです。**

日本人選手はVO2maxは各個人の上限に達していますが、REが低いために実力が出せなくなります。ケニア人選手もVO2maxを上げる作業はもうとっくに終わっていて、やっている事は上限で維持するのみ。そのぶん彼らはREが非常に高いのです。確かに**彼らの走り**

ケニアといえば起伏のある土の道で行うファルトレク（時間基準のインターバル）トレーニングを大変重視している。徐々に脱落していき最後は競走となる。カノーヴァコーチはアフリカの選手の優位性は体型や遺伝ではなく、高地である事と日々の練習に集中できる生活、大人数で常に競争原理が働く練習環境にあると考えている

はリズミカルで手足がバタバタしておらず、カラダの重心移動がとてもスムーズに思えます。つまり彼らにとってさらにタイムを上げるためにはRE、およびLTの改善が鍵になってきます。

といってもそれらの数値もかなり極限に近づいている彼らにとって、OBLAペース走を繰り返しても簡単に上がるわけではなく、特に高地ではキツすぎる練習となってしまいます。とりわけ大会前にやるべき事は今さらVO2maxの向上を目指したインターバルやOBLA閾値走ではなく、**REとLTの向上を目指した、レースペースよりほんの5～10秒程度速く走るインターバル**です。もちろん日本人選手にも効果的なトレーニングとなります。

ケニア式のOBLAインターバルは速度は固定で回数を増やしていく

カノーヴァコーチの提唱するインターバルトレーニングの設定は、自身のレースペース×0・95～0・98で行うとあります。エリウド・キプチョゲ選手の目指す大会1ヵ月前のインターバルの設定を見ると、レースペースからほんの5秒程度だけ速い設定でそれに適合します。それを10～15本繰り返します。この**レースペースの累積で距離を踏む事で、OBLAゾーンのTペース走と同じように心肺と筋肉に負荷をかける事ができます。キプチョゲ選手の主なレースペースインターバルメニューは1000m×15本（レースペースの-5秒）、1200m×12本、1600m×10本、（2000m＋1000m）×5セットで構成されています。レストは常に90秒です。ケルヴィン・キプタム選手の大**

会前メニューは1600m×4本（レースペースの5秒）+1200m×5本（レースペースの－5秒）などをやっています。大会1ヵ月前なのにこんな低強度でいいのか？　と首を傾げる人も多いかもしれませんね。

カノーヴァコーチは**大会直前は出場する競技の速度と距離に合わせたトレーニングに集約させなくてはいけない**と述べています。それをカノーヴァコーチは**特異性（Specificity）**と表現します。具体的、実践的と表現してもよいでしょう。彼は**マラソンに向けての特異的準備期間をレース前の約2ヵ月と設定**しており、**実に練習はほぼレースペースの95～105%の速度設定のランニングに費やされます。とにかくマラソンの場合はレースペースで長く走る練習を繰り返します。大会前にはレースペースからかけ離れた速いスピードで短い距離を走ってもしょうがないという事です。ダニエルズ博士がTペース20分にこだわるならば、カノーヴァコーチはMペースの20～40㎞にこだわります**。第3章で紹介したケルヴィン・キプタム選手のマラソン練習はまさにそれを象徴しています。

レースペースで距離を踏むOBLAインターバル練習の本質とは？

カノーヴァコーチは**インターバルトレーニングは一定の距離を走って徐々に速度を上げようとするアプローチではなく、一定のペースで走って徐々に距離を伸ばしていくアプローチの方が長距離走では効果が高い**と言っています。カノーヴァコーチの提唱するインターバルトレーニングは次の2行に集約されています。

・失敗の可能性が高くなるため必要以上に設定タイムを上げない
・数字と本数に囚われない

例えば1000mを繰り返すインターバル練習であれば、**速度の向上を目指すのではなく、本数の増加を目指す**という事になります。日本人ランナーの多くはインターバル練習といえば1000m×7本を行うとして、最初は3分40秒／kmでこなせていたものが、楽になってきたら3分30秒／kmと速度を上げていき、インターバルで走る本数や距離自体は大きく変えないというトレーニングが主流です。また最後の1本はフリーと称してスピードをグンと上げて終えるようにする事も多いです。

つまり絶対的スピードを上げていけば、おのずとマラソンを走るペースでも速度的余裕ができて、心肺的にも精神的にも肉体的にも相対的に楽になっていくはず、という考えの元で行う練習といえます。

しかしVO2maxインターバルは大きな効果があると同時に故障を引き起こしやすいというリスクを負わなくてはなりません。その日の体調や精神状態によって設定するタイムが左右されてしまい、無難にこなせるのか不安との戦いになります。

調子が良かったらできる、調子が悪かったらできないみたいな練習は精神的に辛く、長く続けられません。ある程度余裕を持たせる事が大事なのです。それにスピードを上げたところで、それは5～8km程度の話。それが42・195kmという距離でもスピード的、持久力的な余裕につながるかは約束されたものではありません。

ZONE5で行うほぼレースペースのインターバルでは、7本で楽になったと感じたらスピードは同じで1本増やして1000m×8本、9本、10～15本と増やしていく手法を取ります。つまり距離を踏みます。**マラソン練習に大切なのは速度ではなく踏んだ距離の累積です。乳酸は有酸素運動をしていれば常に血中に出ています。ＯＢＬＡ閾値ギリギリの速度で走らなくとも、距離を重ねていく事で乳酸を走りながら取り除き、速いスピードを維持するＯＢＬＡは高められます。そして疲労により心肺と筋肉にはＯＢＬＡ同等の刺激が入ります。**

またレースペースのインターバルは、レース前の調整にも適しています。レースで目指すペースを設定し、そのペースの−5～−10秒でインターバルを繰り返す事で、マラソン本番でのペースキープの練習になります。ランナーが自分のレースペース感覚を養い、スタミナや持久力を向上させるために大変効果的です。

ＯＢＬＡインターバルは設定タイムが速い方が効果があるという考えはやめる

元来クルーズとも呼ばれるＯＢＬＡインターバルは閾値走の一種で、通常20分間を通しで走る閾値走（Ｔペース走）と異なり、距離を分割して短い休憩を挟みながら何本か実施する練習です。ペースは目指す記録のキロ平均×0.92～0.96、サブスリーを目指す場合、レースペースを4分15秒／kmとすると3分55秒～4分5秒／kmになります。短い距離で乳酸性作業閾値を刺激するのにちょうど良いペースです。これは3分55秒で走ったから偉い、効果があるわけではありません。ひょっとしてその日の体調で、LTよりVO2max寄りの激しすぎる刺激になってしまっているかもしれません。その場合OBLAの刺激としては4分5秒の方が効果が高い事になるのです。

対して**レースペースインターバル設定はマラソンで目指す記録のキロ平均×0・96〜0・98。簡単な計算方法は現在の、または目指すレースペースよりキロ平均−5〜−10秒で設定します。サブスリーの場合、4分5秒〜4分10秒／kmになります。**リカバリーは200〜400mを90〜120秒ジョグでつなぎます。公園などで距離の設定が難しい場合、スタート&ゴール地点で立ち止まって水分補給してもよいです。このレースペースインターバルは後半じんわりと疲れてきて地味に苦しくなります。私はマラソン2ヵ月前あたりから1回につき8〜12本やる事が多いです。

私が考えるにレースペースインターバルに関してはレスト区間を2分以上長くすると必要以上に血液中の乳酸が薄まってしまい乳酸を除去する能力を鍛えるという本来の練習効果がなくなります。またリカバリーが少なすぎて本数が少なくなると、乳酸除去能力を高めるための大事な要素である、合計の疾走時間が減ってしまいます。だから5〜8本程度では少なすぎます。あくまで12本なり15本なり走り切れるペースとリカバリーを設定するべきです。なるべく中だるみせずにタイムを揃えましょう。

本来はZONE6で6000〜8000mのペース走（いわゆるテンポ走）を行う事で乳酸除去能力を鍛えるのですが、このように1000mに分割してレースペースインターバルで走る事で身体的にも心理的にも負担が少ないというメリットがあります。「ああ、このペースならできるかもしれない」と感じたランナーも多いでしょう。精神的なハードルを下げる意味合いもあります。さらに1本あたりのペースもそこまで速くないため、前日から憂鬱にならずに済みます。

最後の1本もフリーにせず、あくまで設定したレースペースで余裕をもって走り、練習を終える事が大切です。ランニングフォームはジョグから速くするイメージではなく、1㎞の絶対的スピードで身につけた大きな動きをコンパクトにした感覚で走りましょう。

本数を増やすのではなく1本あたりの距離を増やすというアプローチもある

レースペースインターバルは本数を増やすのではなく、1本あたりの距離を増やすというアプローチもあります。1000m×10~15本ではなく1500m×8本、2000m×6本、3000m×4本などを組み合わせます。5000m+3000m+2000mなど変則メニューは無限に考えられますので脳への刺激も兼ねて時々やると良いでしょう。

毎週決まった曜日に同じ練習メニューを実直にこなすランナーも多いと思いますが、**カラダは新しい刺激に良く反応します**。マラソントレーニングという流れを逸脱しないレベルで上手く自分のメニューを作って惰性の練習にならないようにしてみるとよいと思います。

ペース走も10㎞を4分5秒／㎞のペースが楽だなと感じたら、3分55秒／㎞にチャレンジするのではなく4分5秒／㎞のまま12~16㎞に増やしてみるといった手法にします。その方がフルマラソンに対しての効果は間違いなく大きいです。また10㎞を4分／㎞ペースがキツいなら、ペースを落とし15㎞を4分10秒／㎞でやってみるアプローチもとても効果が高いと思います。

市民ランナーこそケニア式練習を取り入れる事をお薦めします。というのも多くのランナーはレース先頭で順位を競い合わず、自己ベストを目指していると思われるからです。レースはあくまでペース維持、己との戦いと思われるランナーはケニア式練習に比重を置いてもよいでしょう。

このケニア式練習法のデメリットは何といっても時間がかかる事です。日本式の方が時間も短く効率的に思えます。サクッと時間を決めてサクッと終わらせたい、そのような向きの方は日本式の方がいいでしょう。実はダニエルズ式が爆発的に受け入れられたのも、効率性を好む日本人気質ゆえではないでしょうか。ただマラソンに向けての練習効果の方は断然ケニア式に軍配が上がると思います。

しかしあくまでVO2maxを高めてから取り組まないと、このケニア式を導入したところで効果が最大限に発揮されるわけではないのです。マラソン練習開始の春先早々にレースペース近くのインターバルを繰り返しても、それはスピードのないマラソンランナーを作り出すだけになります。大会3ヵ月前までにVO2maxとLTを高めるインターバルとOBLA走をやって、大会2ヵ月ほど前からレースペース近くのケニア式特異性トレーニングを導入するのがベストだと思います。

第9章

疲労耐性はマラソンで避けては通れない指標

熟練ランナーは皆スタミナ型に寄っていく

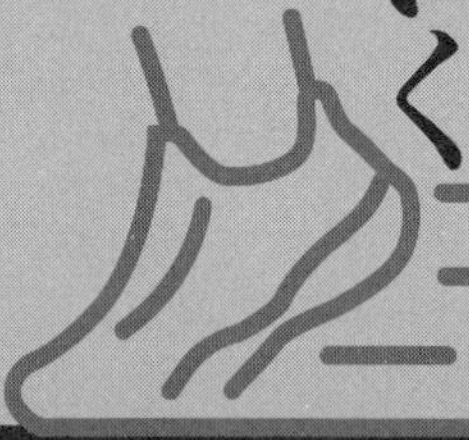

「成功はすぐにやってくるものではなく、
一夜にして達成されるものでもない。目標を達成するために
何年も何年も何年も努力してきた結果なんだ」

"I know that success does not come at once, it is not a thing achieved overnight. It is the result of many, many, many years of working and trying to achieve goals."

ビッグタイトルの獲得数史上最多であり
世界ランキング通算歴代1位のセルビアのテニス選手
ノバク・ジョコビッチの言葉

VO2maxやLTを鍛えたところで疲労耐性が低ければマラソンは走れない

第3章の冒頭にジャック・ダニエルズのVDOT指標の計算式は「マラソンペース（分／km）＝1km酸素摂取量mℓ／kg／km÷最大酸素摂取量mℓ／kg／min÷嫌気性閾値％÷疲労耐性％」と書きました。この式を見れば**どんなにVO2maxやLTを高めても、最後のところで疲労耐性が低いとマラソンで良いパフォーマンスは期待できないと明確に示されています。**

下の表はハーフマラソンとマラソンの持久係数表です。疲労耐性はパフォーマンスにより、持久係数がずいぶん異なる事がわかります。遅いランナーほど持久係数が大きくなり、疲労耐性がない事がわかります。これは週間走行距離と逆相関関係にあるのです。習慣的に走る距離が少ないほど、疲労は大きく表れてマラソン後半の失速につながります。

VDOTは主に有酸素能力から計算するもので、筋肉の疲労耐性やエネルギー効率など、他の要因については直接評価できません。しかしフルマラソンでは疲労耐性は特に重要です。筋肉の疲労や筋持久力に関しては、トレーニングやレース実績から間接的に判断する必要があるのです。

フルマラソンとハーフマラソンの持久係数

ハーフのタイム	持久係数の目安	
	スタミナ型	スピード型
～1時間10分	2.08	2.12
～1時間20分	2.12	2.15
～1時間30分	2.15	2.18
～1時間40分	2.18	2.22
～1時間50分	2.22	2.3
～2時間	2.3	2.4
2時間～	2.4 以上	2.4 以上

『月刊ランナーズ』2012年9月号より

フルマラソンを2時間59分59秒で走るランナーはVDOT53・5で評価するとハーフマラソンは1時間26分18秒です。リゲル※の公式でも1時間26分19秒となりほぼ一致します。このタイムでハーフを走れるのなら、かなりサブスリーは手中にあるという証明になります。

しかし当たり前ですが疲労への耐性は人それぞれ。練習によって耐性は上がりますが、克服できる限界があるのです。フルマラソンで同じゴールタイムでもハーフは疲労耐性によって違いが出ます。中には1時間26分18秒より速くゴールできるランナーもいます。そのランナーは後半落ちやすい傾向があるのでスピード型と形容され、1時間26分18秒より遅いランナーは後半もあまり落ちないためにスタミナ型と呼ばれます。

スピード型ランナーは年齢的に若い20代~40代が多く、練習ではインターバルや短いペース走を好みます。さらにインターバルが得意、ペース走が得意と分かれる場合があります。疲労に弱くレースでは5kmや10km、ハーフマラソンまでが得意分野です。

スピード型ランナーはフルマラソンになると前半は速く走れるのですが、後半になるとガクンとペースが落ちて失速しがちです。ゆえに前半は速く走りたい気持ちを堪えて、厳格にペースコントロールを行うようにします。前半をなるべく抑えてゆっくり入り、後半につなぐ辛抱のレース戦略を取るべきです。

スタミナ型ランナーはここ一発のスピードがなく1kmTTも遅い傾向があります。50代以降の中高年の男性、そして全年代の女性が当てはまります。インターバルや閾値走は不得意だけど、疲労に強くロング走になると力を発揮します。

※アメリカの数学者でありランナーのピーター・リゲル（Peter Riegel）によって1977年に発表されたパフォーマンスを距離に基づいて予測するための公式。実際のレース結果にかなりの精度で適合する。ハーフマラソンの記録＝フルマラソンの記録×2.086（2を1.06乗）

スタミナ型ランナーはフルマラソンでは前半から余力はない感じで精いっぱい走ります。心肺も脚もキツいのですが、それでも淡々と一定のペースを刻みます。後半に入り30km以降も苦しいながらも、タレずに走り切る事が多いです。

スピード型ランナーは加齢により、心臓の拍出量が減りVO2maxが落ちます。そのため自然にスタミナ型に移行してREが上がり自己ベスト更新、そしてサブスリーを達成する例もあります。

スピード型ランナーの効果的な強化練習とは？

スピード型ランナーは的確な練習によってある程度はスタミナをつけることができ、スタミナ型ランナーもスピードをつけることができますがやはり限界があります。それは皆さんも経験則で感じていると思います。そして多くのランナーは自分の不得意分野の練習を嫌がる傾向があります。欠点を克服するのはなかなか難しいのです。それより自分の長所をさらに伸ばす方が欠点をカバーできる可能性が高くなります。そのための練習について考えてみましょう。

インターバル練習もスピード型とスタミナ型は得意なペースや本数が分かれます。スピード型はレスト時間を多く取りたがり、緩走区間をゆっくり長く走るのを好みます。そのぶん急走区間は速く本数も少ない傾向があります。インターバルというよりレペテーションに近い練習になりがちです。スピード型はまずスタミナをつけるべく、苦手なZONE1～2の有酸素ジョグを普段から長く走るようにするべきです。そしてレペテーションやインターバルを短めに済ませた後にも、ZONE2の有酸素ジョグを取り入れるようにしましょう。

・スピード型ランナーのインターバル練習例

3分40秒／km×5～7本（※現在のレースペース、もしくは目指すレースペースの×0.86倍）
リカバリー200mで140～170秒程度のジョグ（歩いてもその場で休憩も可）
※レスト時間を長めに取ってもトレーニング効果に差はありません。しっかりレストで回復し1本1本を質の高い練習を行います。

インターバルの後に必ずZONE2の有酸素ジョグを8～10kmやるとスタミナも鍛えられてGOOD。

中間型ランナーの効果的な強化練習とは？

中間型ランナーは、スピード型とスタミナ型の中間に位置するタイプです。スピード型からスタミナ型へ移行期のランナーもいます。40代以降から50代に多い印象です。スピードと持久力のバランスが取れており、両方の要素がある程度高い水準にあります。マラソンはペースの落ち込みはあるものの大きな崩れはありません。トレーニング次第で、スピード型にもスタミナ型にもシフトできる可能性があるのが強みです。

・中間型ランナーのインターバル練習例

3分50秒／km×6〜8本（※現在のレースペース、もしくは目指すレースペースの×0.9倍）
リカバリー200mで130〜160秒程度のジョグ（歩いても可）
インターバルの後にZONE3の有酸素ジョグを6〜8kmやるとスタミナも鍛えられてGOOD。

スタミナ型ランナーの効果的な強化練習とは？

スタミナ型ランナーはVO2maxを狙ったインターバルというより、ペースを落としてOBLAインターバルになりがちです。加齢によりスピード的に追い込んだ練習ができなくなってくる熟練ランナーも多いと思います。追い込めないぶんレストを短く本数を多めにして実施できます。スタミナ型ランナーは長めのインターバルを済ませた後に、100〜200mほどのウインドスプリント（ZONE8）を何本か入れて練習を終えるようにしましょう。

・スタミナ型ランナーのインターバル練習例

4分/km×8〜12本（現在のレースペース、もしくは目指すレースペースの×0・94倍）

リカバリーは200mで120〜150秒のジョグ

インターバルの後にZONE4の有酸素ジョグを4〜6kmやるとスタミナも鍛えられてGOOD。

+200mほどのウインドスプリント（ZONE8）4〜6本

中高年ランナーこそスピード練習を取り入れるべき理由

1章から9章までスピード練習のアプローチを書いてきました。かといって無謀なダッシュをしてカラダを苛め抜けと言っているわけではありません。スピード練習と言ってももうおわかりのように短距離走的に最高速度を極限に高めるよりも、持久的スピード能力を高める方がフルマラソンのトレーニング効果としては大きいのです。つまり**身体的能力で左右される「よーいドン！」の駆けっこの速さはマラソンでは必要がなく、耐えて耐えてスピード持久力勝負に持っていく**。まさにドン亀がウサギに勝てるという理由はこれです。

野球などの現役後半のベテラン選手は練習はそこそこ、経験則で若い選手と互角以上に戦える場合も少なからずあるのですが、それも長くて数年。残念ながらマラソンという競技でいい結果を出すには中高年ほど無理をしなくてはいけません。スピード練習が苦手な中高年ほど、スピード練習をしなくてはいけないという現実があります。

つまり**重要度において有酸素ジョグの二の次になりますが、インターバルなどの強度を高めたスピード練習は度を越してたくさんやるべきでもないが、省いてはならずやった方が絶対良いという事です。**中高年になると速く走る能力が徐々に失われていくので、自己ベストを狙い続ける競技マラソンにおいて中高年こそスピード練習はむしろ必要と思います。

なぜ「スピード、スピード」と繰り返し書くのかというと、マラソン練習を始めた頃、私は日頃スロージョグを走っていればスタミナがつき、いつしかスピードも上がって走れる距離が伸びていってマラソンも速く楽に走れるようになるんだろう、ぐらいに考えていたのです。結局、集中力を切らしたジャンクマイルズを続けていただけで、タイムも伸びず痩せもせず時間の浪費をしただけでした。

スピードではなく距離から入るアプローチもある事は認めますが、それでは結局カラダを動かすスタミナに頼るだけで現状の持っているスピードの維持にしかならず、自己ベスト更新という現状打破にはつながりにくいと思います。少なくとも効率的ではありません。要はＬＳＤからスピードが上がると思うのと同じで、持久走をやっておけばスタミナに余裕ができて、スピードが上がるという錯覚を犯してしまうのです。

有酸素ジョグばかり代わり映えのないペースでトレーニングを続けても心もカラダも慣れてきてしまいます。惰性の練習はいつしか成長が止まります。心肺も筋肉も新たな刺激を与え続ける事で成長していきます。ポイント練習と呼ばれる、スピードを上げる、スピードにカラダを慣らす練習を、週に1～2回うまく織り交ぜましょう。

中高年ランナーはランニングエコノミーに特化した省エネ走りを狙え

スピード練習をすると、速筋であるハムストリングスや腓腹筋に高い負荷をかける事になり、中高年にとっては故障と隣り合わせという諸刃の剣となり得ます。スピード練習をしても壊れないカラダの維持と、そもそも壊れにくいという素質が必要になってくるのです。

スピード練習をし続けたとしても、放っておいてもスピードの維持も練習からの回復も難しくなります。若い人はシーズン初期にトラックで鍛えたスピードをマラソン期でも維持できますが、中高年以降はマラソンシーズンにおいても、週に1回程度はスピードに刺激を入れる練習を入れないと、落ちていってしまう傾向があります。

VO2maxは数カ月でそのランナーの上限まで高められますが、加齢の影響で心拍数や拍出量の低下のために落ちるのも早いです。それに比べるとLTやREは高めるのに数年かかる傾向がありますが、一度上がると落ちにくいものです。

そのアプローチで考えてみるとZONE7のVO2maxインターバル練習は最小限にして、本数を少なめにレストを長く取って、急走区間のスピードをなるべく高めるようにします。その代わりZONE5～6のOBLA～レースペースのインターバルを本数多めにして行うと、VO2maxを維持したままで、

LTやREに重きを置いた練習になると思います。

メリハリを持って「今日はスピード練習を行うんだ」という意識を持って望む方が効果は出やすいです。スピード練習の精神的プレッシャーはかなりのものだと思います。スピード練習のために、陸上トラック競技場に向かう道だけでなく、その日の朝から不安とプレッシャーを感じる人もいると思います。練習から逃げ出したくなる日もあるでしょう。でもやり終えると「ああ、よかった!」と爽快な気分になり自信にもつながるのです。

多くの中高年ランナーは相次ぐ故障によりスピード練習から遠のき、代替として故障率が低いゆっくりジョグ練習に偏っていってしまいます。それに伴ってマラソンのレースペースも上げられなくなっていきます。それを受け入れて健康マラソンとして大会に出続ける事を選ぶか、または年齢に抗いスピード練習を続けて高みを目指すかは、ご自身のカラダと気持ちとよく相談して決めてください。

熟練ランナーは練習がマンネリになっていないか、精神的にも肉体的にも楽な練習に傾いていっていないかあらためて自分に問うてほしいのです。そのような練習に慣れてしまうと、本番レースでも実力以上の力は出せなくなります。レースは今まで積み重ねてきた練習の発表の場なのですから。

もちろん中高年になってからでもマラソンのスピード持久力の開発、維持は可能です。フルマラソンは短距離走と違って、経験と豊富な練習量がモノを言う競技です。若さに頼った強引なゼェゼェハァハァ走りではなく、ランニングコストをなるべく削減した省エネの走りを目指すのです。中高年ココにありを示しましょう!

第10章

ロング走は90分走ってからが練習本番

マラソンにおけるランニングエコノミーの考え方

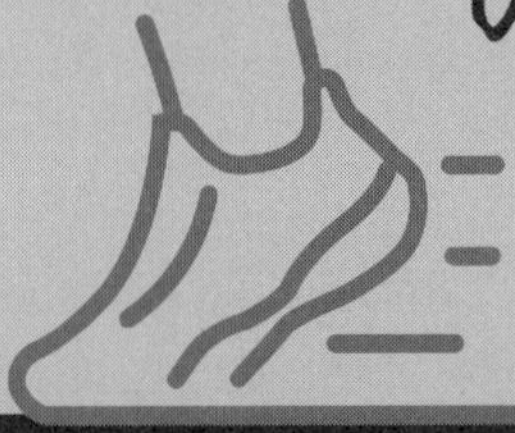

「『あなたにはできない』と言えるのは、あなただけ。
そして、あなたはそれを聞く必要はない」

"The only one who can tell you 'you can't' is you. And you don't have to listen."

シングルスで23度のグランドスラム優勝を誇り
4度の五輪金メダルに輝いたテニス選手
セリーナ・ウィリアムズの言葉

トラック競技に強くてもマラソンで勝てない選手はたくさんいる

テレビのマラソン中継を観ていて疑問に思うのが、解説者がゴールのある競技場に入る手前で「この選手は10kmでいいタイムを持っていますからね、最後の競り合いには強いですよ」と確信めいて語る時がある事です。確かに10kmのタイムは速いかもしれませんが、その前に32km走っている事を考慮していないような物言いに首を傾げてしまうんですよね。実際に最後の競り合いに勝てない場合も多いですし。それで言うならば、突き詰めると短距離選手がマラソンでも一番余裕がある事になってしまいますよね。実際にそれを証明しているのが皮肉にも日本の駅伝です。10kmのタイムが速い選手を揃えていても、ハーフの距離を走る箱根駅伝では勝てない事がしばしばあります。

日本式のトレーニングはやはりタイム至上主義があると思います。5kmが速い人間が10kmも速い、そしてマラソンも速いという、ダニエルズ的短絡思考に陥っていると思います。確かに相関性はあると思いますが、マラソンのみに強い特性を示す選手もいます。一方で実業団選手でトラック競技や駅伝でどんなに活躍した選手でも、マラソンではどうしても勝てない事も多々あります。

ケニアやエチオピアの選手は5000mや10000mなどトラック競技からではなく、最初から※マラソン練習を始めて、賞金目当てにいきなりフルマラソン大会から競技歴をスタートさせる選手も多いです。そのためケニアやエチオピアではプロアマの垣根はなく「走りたければ一緒に練習に参加

※マラソン練習といってもジョグやインターバルなど体系づけた練習から入るのではなく、いきなり大人数による激しい競争になるファルトレクから参加。そして生き残った人間がエージェントから声をかけられチャンスを手にする

してよい」と門戸が開かれています。まさにアフリカンドリーム。

23歳でフルマラソンたった3回目の挑戦で、2時間0分35秒の世界新記録で優勝したケルヴィン・キプタム選手（ケニア）はまさにその典型です。海外のメジャーな大会にいきなり参加して優勝、メディアが選手経歴を調べようにも全く無名という選手も少なくありません。

ロング走はマラソン練習の本質であり模擬テストである

前章までマラソントレーニングの基本として主にスピード練習の重要性について書きました。ただ誤解を恐れずに言うなら、これらはマラソン練習の本質ではありません。42・195㎞のフルマラソンでは、30㎞以降から本当のマラソンと言われます。後半に脚が動かない、脚が固まる感じはフルマラソンを走った人なら誰でも感じた事があるでしょう。私も何度も洗礼を受けています。そういう意味では**疲労を溜めていない新鮮な脚で短い距離のインターバル練習をやったところで、マラソン本来のスピード持久力とはかけ離れた脚作りになっている可能性があります。VO2max、LT、REに加えて「疲労耐性」が持久パフォーマンスに大きな影響を与えます**。

インターバルで3分40秒で8本できるようになった、閾値走で10㎞を4分で走れるようになった。これは10㎞程度のスピード持久力は磨かれたかもしれませんが、フルマラソンに必要な疲労耐性は育っていません。4分15秒／㎞で42・195㎞を一定ペースで走れる確証があるかというと全くの別問題なのです。高橋尚子さんも「40回の腹筋をやると決めたら、30回から40回までの苦しい10回が練習。30回までは練習には入りません」とマラソン練習を例えています。

LTやREは上限に達するまで数年間、疲労耐性はさらに長い年数が必要と思われます。マラソントレーニングで月間走行距離とパフォーマンスが絶対的な相関性があるのも、有酸素ジョグを日々行うべきなのもVO2max、LT、REのためではなく疲労耐性を高めるため。ジョグはポイント練習の「つなぎ」とも呼ばれ軽んじられる向きがありますが、全然つなぎではなく欠かす事ができないどころか一番重要な練習なのです。

ロング走こそはマラソンの特異性が表れる最たるもの

インターバル、閾値走を速く走れるより、ロングのペース走を粘って走れるようになった方がマラソンのタイムは安定します。**当たり前な話で距離的にロング走の方がマラソンに近いからです。カノーヴァコーチの「特異性」の本質はまさにこれ。**つまりロング走こそがマラソン練習の核心です。マラソン後半に速度が落ちてしまって失敗レースになるのを防ぐにはどうすればいいのか、どうやったら30kmの壁を克服できるのか、いや克服はできずとも壁を和らげる事ができるのか。やるべきはフルマラソンを疑似的に行うロング走です。これに代わる効率のよい練習はありません。

実際に長時間走って着地衝撃を体感して筋損傷を経験するロング走こそ、市民ランナーがマラソンの現実を一番実感できる練習と言えましょう。たとえレッグランジやスクワットなど足の自重の筋トレを何万回やったとしても、マラソンの着地衝撃には程遠い無駄な練習です。バーベルを担いで負荷をかけたとしても、ロング走に勝る効率的なトレーニングはありません。インターバルや20分のTペース走を速く走る事に集中してはいけません。GPSウォッチのVO2maxを上げる達成感で満足していてはダメです。ロング走がきちんと走り切れなければ何の意味もありません。

インターバルをやらせると速いのに、ロング走になると後半失速してしまうランナーは、REが低く疲労に弱い傾向があります。ロング走を何度も経験する事により、足の筋持久力は強くなり疲労耐性がつきます。

30㎞の壁は筋損傷の積み重ねによる発痛と筋グリコーゲン枯渇

学生時代に駅伝で活躍した選手がフルマラソンに初挑戦し、30㎞以降自滅して苦しみにあえぎながらジョグでゴールするシーンを見た事があるかもしれません。マラソンはコンセントリック筋収縮（収縮しながら縮む）運動よりも、酸素消費量、乳酸の生成量、エネルギー消費量いずれも少ない事からエキセントリック収縮（引き伸ばされながら縮む）運動で走るのが必然です。つまり**多くのマラソンランナーに襲いかかる30㎞の壁の主なメカニズムは、数万回に及ぶ着地衝撃を起因とする、筋肉のエキセントリック収縮運動の超微細な損傷です**。それは30㎞を1時間半で通過するエリートランナーにも、

3時間で通過する市民ランナーにも同じく発生します。

といっても筋線維自体には痛みを感じる神経はなく、損傷した筋線維を修復するために白血球を中心とした血液成分が集まり炎症が起きて発痛物質が生産され、筋膜周辺組織に分布する感覚中枢を刺激して筋肉痛を生じます。

また筋肉の収縮のためのエネルギー源となるグリコーゲンは体内の8割以上が筋肉の中に蓄えられていますが、マラソンを走ると徐々に枯渇していきます。筋グリコーゲンはエネルギー源としての役割だけでなく、細胞の構造的な安定に関係しています。筋肉内の神経伝達にはカルシウムイオンがその役目を担っていますが、そのエネルギーとしての**グリコーゲンが枯渇する事で、筋収縮も上手くいかなくなってしまいます。ゆえに筋グリコーゲンが減少すると緩衝材としての細胞の構造が崩れ、こわばりの要因となります。**

この筋グリコーゲンの貯蔵能力を高めるには一旦エネルギー切れ状態を筋肉に経験させてお

筋肉内のグリコーゲン減少と疲労度

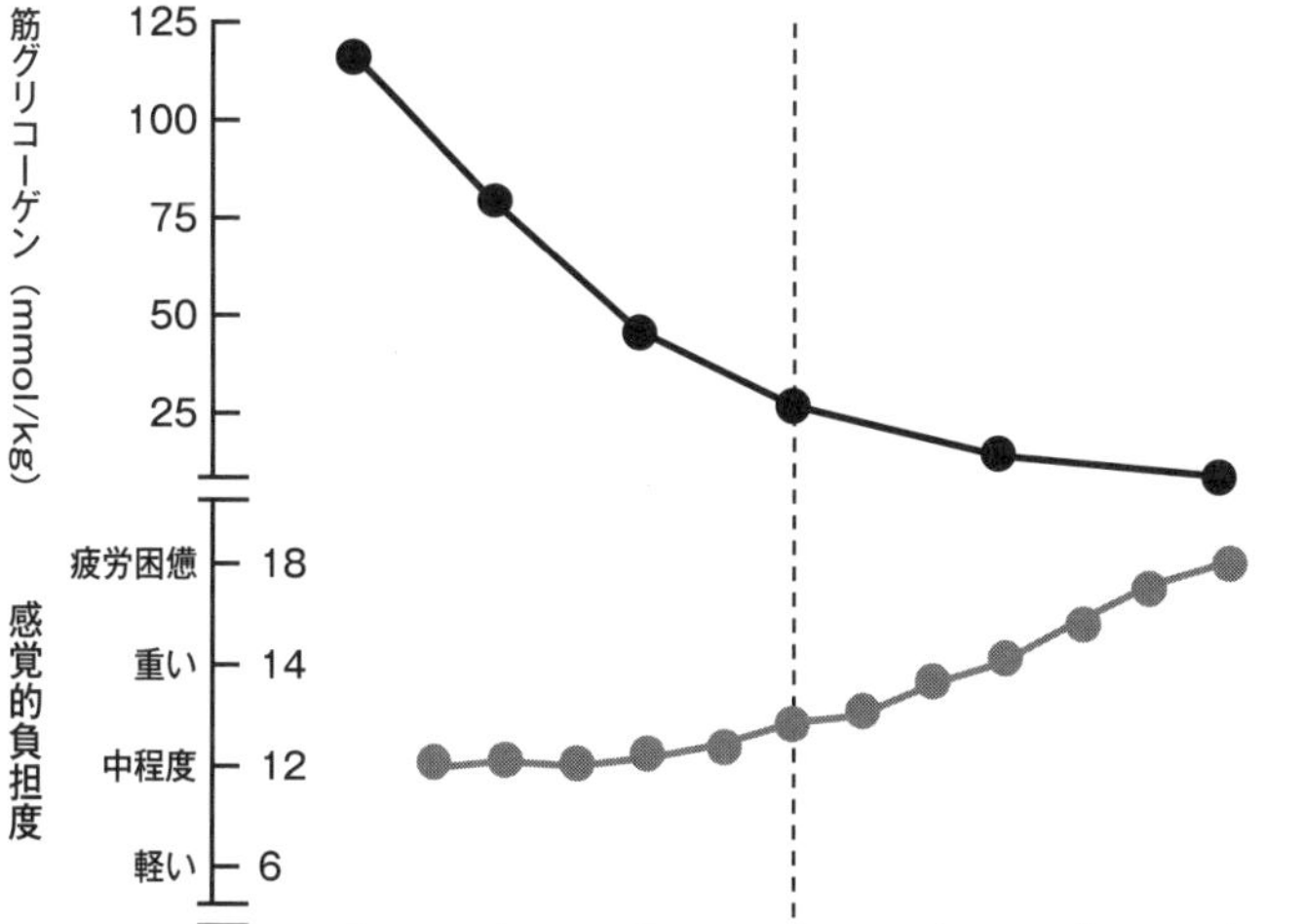

フルマラソンのレースペースでトレッドミルを3時間走った時の筋グリコーゲン量と主観疲労度。
3時間後に筋グリコーゲンは約1/5になり、主観的にも非常に疲れた状態になった
「マラソン：パフォーマンスを最適化するための食事療法」より
https://pubmed.ncbi.nlm.nih.gov/6367502/

く事が大切です。一旦エネルギー切れを経験すると、脳は筋グリコーゲンの貯蔵を高めようとします。その目的にもロング走は効果的です。

実はロング走の方が大幅にランニングエコノミーを改善する

ランニングフォームだって20km以上走り、足のバネが失われてから初めて自分のマラソン向けの効率的なフォームがわかります。だから30kmのロング走を走る場合は、20kmを過ぎてからのフォームが重要です。着地衝撃にやられ、棒のようになった脚を早く動かし続ける事ができる、省エネフォームこそがあなた自身のマラソンの正しいフォームです。

VO2maxとの相関が強い5000m走のパフォーマンスですが、REと5000mの記録は有意な相関が得られませんでした。VO2maxインターバルばかりやり続けるとかえってREは落ちていきます。ロング走の方が大幅にREを改善したと報告された研究も多いです。REはシンプルに言うと「いかにロスを抑えて走るか」を数値化したもの。マラソンのランニングフォームは、インターバルやペース走などのスピード練習ではなく、実はロング走の方が獲得しやすいのです。

ロング走をやる事で自分に足りないものがはっきり見えてくるでしょう。つまりVO2maxインターバルやOBLA走では見えてこない部分です。これらでまずダイナミックな動きを身につけて、それをロング走でシェイプアップしていきましょう。足回しを前で捌けているか、胸を張れているか、上半身がグラグラしたりアゴが上がったり、下を俯《うつむ》かないようにコンパクトかつ疲れず速く走る省エネなフォームを意識しましょう。

一番大切なのはロング走でピッチを最初から最後まで変えないという事です。後半ピッチが落ち込んでしまうと、ストライドが伸びる事はまずあり得ないので失速します。今はGPSウォッチの計測で走っている間でも簡単に自分のピッチがわかるようになりました。ピッチの維持には全神経を注ぐようにしてください。足がヤラレてきた後半は足の筋力に頼ったストライドは伸ばさず、むしろピッチを上げる事を意識します。足を速く回そうと意識するより、腰を前に出す事でピッチ数は無理なく調節できます。

マラソン心臓の疲弊、カーディアック・ドリフトに対処せよ

ロング走は時間で設定する方法もあるし、距離で設定する方法もあります。ロング走と聞いて20㎞以下をイメージする人はマラソンランナーでは少ないでしょう。せめて25㎞、できれば30㎞ではないでしょうか。私は7の倍数である28㎞か35㎞をよくやっています。サブ4ランナーより遅いペースでは30㎞走るのは時間がかかり過ぎるので、120分と決めて走るのもいいでしょう。

ただ時間で設定してしまうと、120分ただひたすらトボトボと歩を進めていても、ロング走と同じ扱いになります。それはいけません。**カラダのバネが効果的に利用できるのは一定以上のランニング**

速度です。それより遅いとREが悪いランニング動作を癖づける事になるからです。

本書では心拍数も上げないでダラダラと走る類いのスロージョグ、いわゆるロングスローディスタンス（LSD）はジャンクマイルズと考え、ロング走の範疇としません。ロング走はあくまで設定スピードを守り、走り終えるペース走を指す事とします。ダニエルズ博士もリディアード先生もカノーヴァコーチもLSDというトレーニングは推奨していません。

ランニングによるエネルギー消費量は走り始めてから約90分後から徐々に増加する事が研究でわかっています。サブスリーランナーの場合、90分弱で走るハーフマラソンではたいていのランナーが足が棒になる前に走り終えてしまいます。

心臓のポンプ機能はマラソン後半には疲労のために低下しており、1回の拍出量が減っていきます。しかし筋損傷を起こして脚筋力が徐々に低下していっているのに、前半と同じペースを維持しなくてはなりません。ゆえに筋肉へ酸素供給を強いるため心臓に負荷がかかります。**カーディアック・ドリフトといって90分以降は心拍数が10くらい上がる事は珍しい事ではありません。**

カーディアック・ドリフト

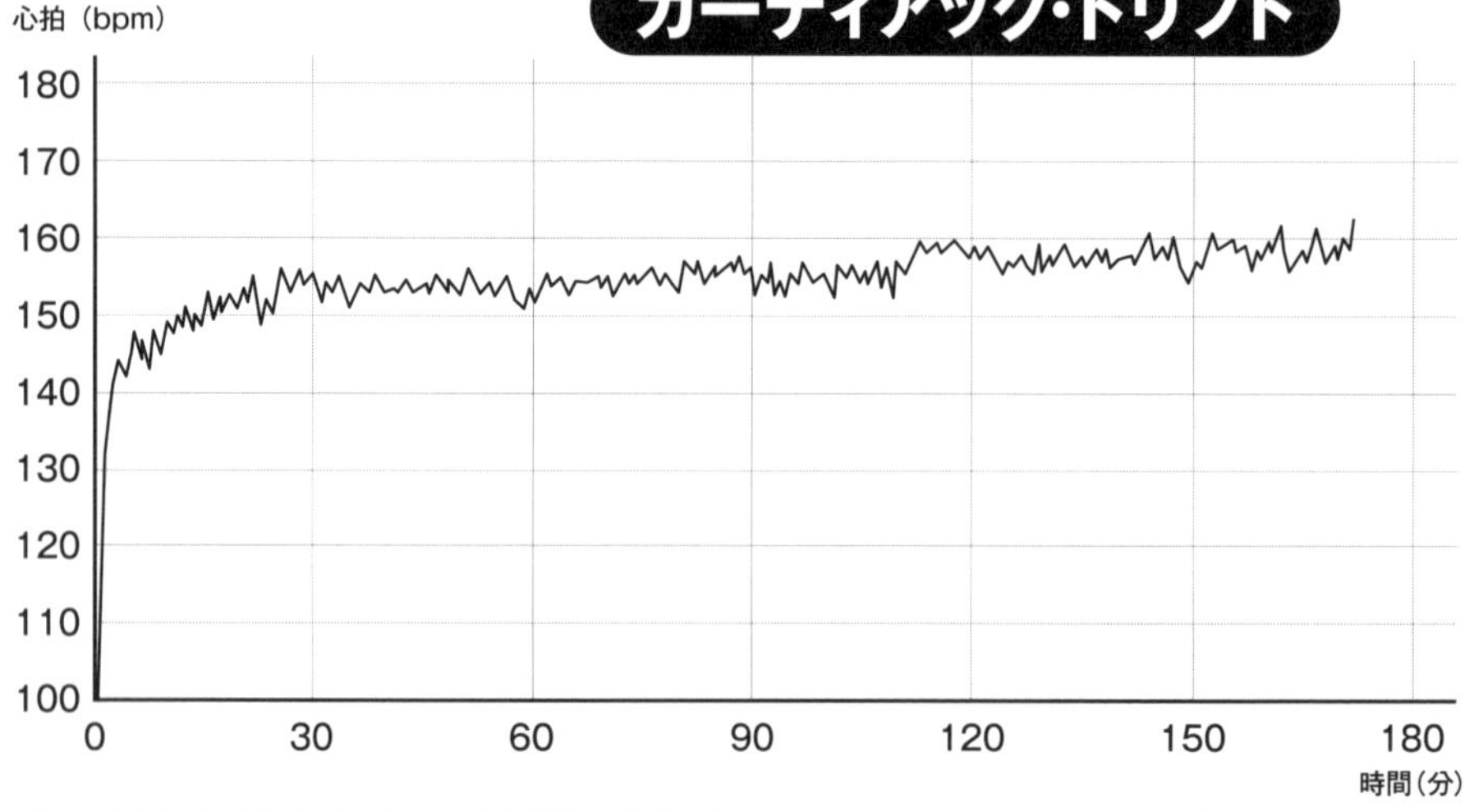

ペースをほとんど変えずに走っても心拍数は自然に上昇していく。多くのランナーは一定のペースで走れば心拍数も一定に保たれると誤解している（2017つくばマラソンにおける筆者の心拍実測値）

これらの事から**フルマラソンに向けてのロング走は最低でも90分以上やるべきとわかります。**ロング走の本質とは、着地衝撃で微細に筋損傷を起こし筋収縮が上手くいかなくなって疲労が蓄積した、いわゆる足が止まる「マラソン脚」の状態を作り、そこからも、苦しくともペースを維持して走る事なのです。ロング走の90分以降の苦しい時間は、練習が力になっているという事の証です。

お尻やハムストリングスがこわばって重くなればロング走は成功

では90分を過ぎてからどのくらい走ればロング走の効果が見込めるのでしょう。30㎞から35㎞は言わずと知れた「マラソンの壁」。しかし**本番レースでタイムに如実には反映されませんが、肉体的、気持ち的にタレ始めて苦しくなるのは、実は25㎞から30㎞です。私はフルマラソンの場合、この5㎞を最重要区間と考えています。**この区間を上手に丁寧に走り切りましょう。無駄にエネルギーを使わず、気持ちも意気込みもせずへこたれもせず、雑に走ってはいけません。この5㎞のペース維持にサブスリー達成か否かがかかっていると言えるでしょう。**この区間のキツさが30～35㎞の壁として表面化するのです。**

そこで練習ではこの区間までの時間を基準にします。マラソンを2時間59分59秒で走り切るとすると、20㎞の通過時間はおおよそ1時間25分。28㎞は2時間、30㎞は2時間8分。90分から始まる重たくなる脚を我慢しながら30分ほど走ると効果も期待大です。ロング走は最低でも28㎞～30㎞。35㎞は

2時間30分だから90分＋60分ほどになり効果も大きいと思いますが、かなり肉体的にダメージがあります。バイオリズムに影響も大きいので何度も行わない方がいいでしょう。マラソンのゴールタイムが4時間より長い場合は2時間〜2時間30分と時間で区切りましょう。

前編51ページのメタ解析でマラソンのタイムの影響因子の第1位は20マイル（32・19㎞）走のランニング回数という事からも、ロング走は絶大な効果は太鼓判を押されています。

ロング走のペースは速めのジョグに毛が生えた程度で十分

ロング走で重要なのはペースです。本番さながらのレースペースである4分15秒／㎞にチャレンジするランナーもいます。もしくはフルより短い距離だからさらに速く走るランナーもいますが、あくまで筋損傷を経験させて疲労耐性をつけたいためだったらもっと遅くて大丈夫です。

私は**設定ペースは速めの有酸素ジョグであるZONE3で十分だと考えています。ロング走のペース設定の簡単な計算方法は現在の、もしくは目指すマラソンペースの1.1〜1.2倍のタイム。つまりサブスリーを目指す場合は1.1倍だと4分40秒／㎞で走る事になり、30㎞を2時間20分で走り切る事になります。1.2倍だと5分6秒／㎞。それだと30㎞走ると2時間33分になります。**そんな遅くていいの？と思われるかもしれませんがスピードが遅いぶん、時間は長くなっているので十分マラソン脚は鍛えられる事になります。

この速度設定には3つの理由があります。1つ目は第3章で書いたように**LT1であるZONE3速度域のアプローチでも、長く走って疲労が増大してくると、心肺や筋肉への負荷はOBLAゾーンであるZONE6と同じくらいまで到達するという事です（ZONE1～2では難しい）**。これはロング走やフルマラソンを走った人なら頷ける内容だと思います。

2つ目は**ある運動強度での持続可能時間を伸ばすためには、それより少しだけ下の運動強度での能力を改善する事が重要だという事です**。目標レースペースでの持続時間を伸ばすためには、目標レースペースの練習をするより、それより少しだけ遅いペースでのトレーニングを増やす事が実は一番効果的なのです。例えば短距離走では9秒台を出したい場合、出せるかどうかわからない9秒台を練習でチャレンジするのではなく、安定して何度も10秒台が出せるように練習をします。筋トレでベンチプレスで100kgを上げたい場合、上げられるかわからない、失敗、ひいては怪我をするかもしれない100kgに無理やりトライするより80～90kgの練習をたくさんやる事で土台を築く練習をします。

3つ目の理由は**ロング走はあくまで練習スケジュールの一環であるという事です。本番レースとは違いテーパリングして徐々に練習量を減らして臨むわけでも、カーボローディングして走るわけでもありません**。あくまでペース走やインターバルなど普段の練習もやりながら、ロング走にも取り組みます。ゆえに本番レースと同じZONE5で走るのは強度が高すぎて、ロング走だとZONE7～8の負荷まで到達してしまう可能性があります。あくまで模擬レースに近い30km走では明日への余力を残し、目標レースペースより少し遅いスピードで走り土台を築くのが大切なのです。

なお私は大会前のテーパリングを開始する3週間前に1回だけ負荷をかけてZONE4でロング走

を行います。

本番ではあと12㎞あるのだから30㎞走は余裕を感じて終える

基本的には30㎞の間ずっとペースは一定にします。4分40秒／㎞で走るならスタートから4分40秒／㎞で押していきます。そして最後まで維持して終わります。**あくまで余裕を残して30㎞走を終えましょう。「よしよし、粘れたぞ。気力も体力も本番に出し切るぞ」と思えたらGOOD。マラソン競技という特性はここにも表れます。ゆとりを持って走るというのは、ペースを上げたくなっても我慢をするという適正タイムの維持の練習にもつながります。**

また辛くなってきてもペースを上げたくなってしまう場合があります。早く終わりたいという気持ちが先行してしまうのです。当然自滅します。調子が良くても悪くてもくれぐれもその日の気分や主観強度という名目で速度を上げ下げして走ってはいけません。

むしろロング走の設定タイムを上げ過ぎたり、本命に考える大会直前のレースで速く走り過ぎたりすると、蓄えてきた力を出し切ってしまう事があります。いわゆるピークアウトしてダメージが残ってしまうのです。コルチゾール分泌やテストステロンなどホルモンバランスの低下で慢性疲労に陥って、大切な本番レースでカラダが重たくなって失速してしまいます。**そのような人はレースペースより速く走ったという事実を作って不安をかき消したいだけなのです。**

また4分15秒／kmで頑張ってゼェハァ30kmを走ってなんとか設定はこなせたものの「本番ではあと12kmもあるのか…」と結果として精神的不安しか残らない場合もあります。**30km走はあくまで練習課目のロング走。30km走ですべてを出し切ってはいけません。30km走自体が目的ではないのです。**狙ったマラソン大会前にハード過ぎる練習をこなし過ぎて、調子を落としてしまうケースは意外に多いのです。

ロング走は脚がこわばっても淡々と粘ってペースを維持する

とにかく前半は行きたいけど行かないという、自分を抑える気持ちに注力します。「今日は調子がいいぞ、よし、行ったれ！」と10kmも行かないうちに極端にペースアップしてしまうのは厳禁。集団走で先行したものの、結局は中盤から後半に追い抜かれ、トラウマしか残りません。そのような浮わついた気持ちでは、レース本番でも気分や周りのペースに乱されてしまうのがオチです。

一方で距離やスタミナに不安がある人は、最初にゆっくりとしたペースで走り始めてしまいます。「カラダも温まっていないし最初はのんびりね…」という言い訳の元に。20kmあたりまで頑張ってペースを維持して、後半失速して距離だけ帳尻合わせで30kmまで走って満足してしまう事も避けましょう。実際のレースでもハーフあたりで失速癖を助長するだけです。

脚がこわばってもどうにか粘ってペースを維持する。落ち込んでも最小限に留める。その積み重ねが本番レースに効いてきます。そういう意味でもなるべく信号などのストップ＆ゴーがなく、淡々と周回を重ねられるルートでやる事がお薦めです。

ややペースを落として走る練習は故障の確率も減るし、少しだけ余裕があるのでフォームを確認しながら練習ができます。陸上トラックなどクローズドな環境ばかりではないと思いますので、人で混雑した公園や公道での練習の場合でも、**周囲への配慮が可能になります。**体力的にも多く繰り返せるので、持久力が無理なく養成でき、レースピードから少しだけ落としたＺＯＮＥ３なので、使う筋肉もほぼ同じ。それをじっくり練り上げる効果もあります。

30㎞は一緒に走る仲間で引っ張り合うとペースが維持しやすくなる

お尻やハムストリングスがジワ～ッと重たくなったり、こわばって動かせなくなってくるのは序の口です。その状態で我慢して走っていると、徐々に恥骨の部分に割れるような痛みが襲ってきます。それから臍《へそ》の下の下腹部、腸骨筋や大腰筋に痛みが放散します。そのような感覚になったらロング走は大成功です。このこわばりも回数を重ねるうちに徐々に感じなくなってきて、マラソン脚の耐性ができあがるのです。

ロング走はペースメイクするためにもランニング仲間と一緒に走る事をお薦めします。同じくらいの実力のランニング仲間と毎週、例えば日曜朝の練習イベントとして設定してしまう事です。30㎞は長い距離ですし、中だるみしがちです。1人で走っているとモチベーションが保てず途中でやめてしまったり給水も長く取りがちです。

一緒に走る仲間がいると引っ張り合ってペースが維持しやすく30㎞という距離も短く感じます。ペースが辛くないなら会話をしてもよいでしょう。もちろんペースメーカーと言えども一定で走れるとは限りません。その場合、前後で「少し速いね」「ちょっと遅いかな」などと声をかけながらペースを維持します。

ロング走の境地は「ワタシはロボット…、ワタシはロボット」

私が皇居練習会に誘われて初めて30㎞走った時に、ペースを作っている先輩ランナーに息も絶え絶え「もう苦しいです、辛いです…」と漏らすと、こう返ってきたのです。「ネガティブな事は言わん方がいいよ。自分の言った言葉を自分の耳で聞いて脳がどんどんそっちに傾いちゃうから。話せる元気があるなら走りに集中して」と。

ロング走は苦しくても我慢する。「走り終えない事にはもうこの辛さからは逃れられないんだ」という諦め。いや、もう「何も考えない」という境地を達観する事でもあります。もうやめたいという気持ちに諦めがつくようになるのです。まさに無の境地です。

「ワタシはロボット…、ダカラ何モ考エナイ」でもいいでしょう。ロング走を毎週やっている先輩ランナーに「どうしたら30㎞走が楽に感じられますか?」と質問したのですが、少し考えて彼が出した答えは「いつも30㎞走ってるからわかんないな…」でした。まさにそれが真理を突いてるんだと思います。何も考えずにロング走しろって事です(笑)。

どんなに科学的な練習をこなしても最後は精神力がものを言う

マラソンはどんなに科学的な練習をやろうとも、最後には精神的な強さが表に出る競技です。サブスリーですら3時間も自分の気持ちと向き合わなくてはいけません。肉体のあちこちが痛くなったり、走る事に飽きたり、そのたびに動揺していたら気持ちが持ちません。それを鍛えるにはロング走はもってこい。**精神的な距離耐性がつきます。**

一旦28㎞~30㎞を経験するともう10㎞や15㎞が短い時間や距離に思えてくるのです。何度もやり続けるとさらにその効果が上がります。私は以前は30㎞を走り終えると次の日はお休みにしていましたが、徐々にマラソン脚耐性ができてくると次の日も普通に日課のジョグをこなせるようになりました。むしろ走りたいと思えるようになります。そして10㎞などあっという間に感じてしまうようになるのです。

一方で30㎞のロング走はカラダに負担がある事も事実です。**ロング走は月1イベントではなく1週間のスケジュールの1つに過ぎない、そう思えるほど日程に組み込めるようになると、42.195㎞という長距離の精神的障壁がかなり下がります。いわゆる「30㎞の壁」に対しての恐怖心もなくなります。**

ロング走は年がら年中たくさんやればいいわけではない

ロング走は市民ランナーの場合、1～2週に1回くらいがせいぜいでしょう。例えば**目標とする大会に向けて4～5回できたらよいと思います。**そのぶん季節も進みます。夏から秋になっていくと涼しくなってペースは上がるでしょうし、冬から春に移れば温かくなってペースは落ちるかもしれません。その日の気温や湿度、気圧、体調などでタイムは上がったり下がったりするので、そのたびに「調子が悪い、ダメだ」と一喜一憂はしないでください。練習の印象はつい主観的になりがちですが、客観的な分析が必要です。

本命レースの何カ月も前の春～夏からロング走ばかり繰り返してスタミナをつけようとする人がいますが、それは十分にスピードもスピード持久力も上がっていない段階です。スピードとスピード持久力をつける事がまずは先決。自己ベストを伸ばすにはまず短い距離のタイムを伸ばす事が必要なのです。最大スピードが十分でない時にスピード持久力を高める事自体無理なのです。くれぐれもジョグ↓スピード↓スピード持久力↓ロング走の順番を守りましょう。

また季節性でいうと炎天下の夏場に強度を高めたロング走を行う事はダメージが大きく、慢性疲労を溜め込む可能性があり、秋のマラソンまで影響する事があるので注意が必要です。

30㎞以上走るロング走は効果も期待できるがダメージも大きい

フルマラソンでは30㎞以降失速するからと、40㎞走を取り入れようと考えている市民ランナーもいますが、結局、大会で失速するのはオーバーペースだったり、フルを走るための脚力が不十分だというのが主な原因です。脚力は単発の40㎞走で培うものではなく、日々の有酸素ジョグの積み重ねで作るものです。そういう意味で40㎞走を日頃の練習の成果確認として走るならわかるのですが、それ自体を練習メニューとして組み込めるのは、週間走行距離が200㎞を超える実業団レベルのエリートランナーではないかと思います。もちろん28〜35㎞より長い距離や時間を走ってもいいですが、その場合も疲労や筋肉痛を蓄積しないようにしましょう。

自分のレベルを超えた強度が高すぎるロング走は、筋肉の大きなダメージを招き、超回復するどころかテストステロンなど男性ホルモンや筋力の低下を10日以上招く場合もあります。超ロング走を敢行して、その後に筋肉痛でずっと走れなかったらVO2maxも下がります。それではマラソン練習の成長曲線に乗れません。「千本ノック」状態に陥らずフォームも崩れず維持できる妥当な距離。そういう意味でも**28〜35㎞、そして2時間〜2時間30分というロング走の数字は市民ランナーにとって疲労と鍛錬のちょうどいいバランスの距離と時間に思えます。**

第11章

サブスリー実践スケジュールの組み立て方

単純に走り込んだ時間が長い人間が勝つ

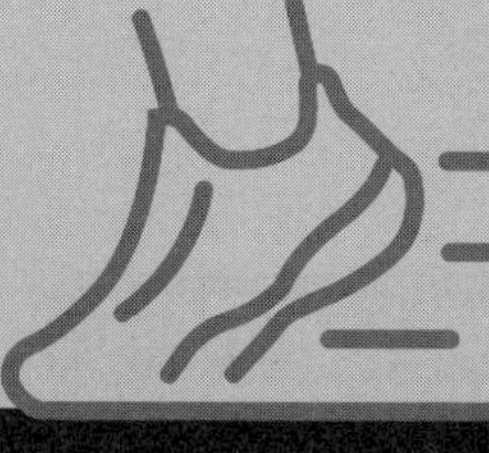

「自分に期待する事で初めて物事は可能になる」

“You have to expect things of yourself before you can do them.”

“エアジョーダン”と呼ばれる脅威のジャンプ力を駆使したプレーで
数々の記録を築いた元バスケットボール選手
マイケル・ジョーダンの言葉

練習すればするほどタイムは良くなると統計ではもう答えが出ている

「マラソンをサブスリーで走るには何が必要か？」[※1]というＳＴＲＡＶＡのデータを利用した『ガーディアン』[※2]の記事からです。

２０１５年のロンドンマラソン参加者４０００人によるレースまでの12週間の練習を調べたところ、１週間あたりの平均走行距離とランニングに費やした平均時間は下の表のようになりました。シンプルに早くゴールしているランナーほど、多くの距離を走り込み、練習回数も多い結果です。

サブスリーを目指すなら大会前３か月間の週間走行距離は70㎞近く、単純計算で毎日10㎞は走る覚悟がないとダメという事です。

もし自分が天性の走りの素質があるという確信があるならもっと少なくてもよいかと思いますが、自分は普通の人だという自覚がある場合は距離はきちんと踏みましょう。**サブスリーを達成する人はＶＯ２ｍａｘの数値的に見ると天性の資質はなく、普通の人が激しい練習に取り組み自身の有酸素能力をギリギリまで昇華させた結果とわかります。**だからすごいのです。

まだ初中級者の場合は、普段の週間走行距離が習慣的に50㎞を超えるよう

2015ロンドンマラソン参加者の平均走行距離＆走行時間

	週あたりの平均走行距離	週あたりのランニング平均時間
～３時間の完走ランナー	週７回のランニングで 42 マイル（約67㎞）	５時間 22 分
～４時間の完走ランナー	週４回のランニングで 27 マイル（約43㎞）	３時間 51 分
～５時間の完走ランナー	週３回のランニングで 18 マイル（約29㎞）	３時間
５時間以上のランナー	週２回のランニングで 14 マイル（約22.5㎞）	２時間 30 分

※1 https://www.theguardian.com/lifeandstyle/the-running-blog/2016/apr/21/sub-3-marathon-data-strava-london

※2 『ガーディアン（The Guardian）』は、イギリスの大手新聞社。定期購読者は約120万人

になったらサブスリーを目指すとよいでしょう。

実はサブスリーとサブ5ランナーのトレーニングの強度配分はあまり変わらない

練習の内容に焦点を当ててみましょう。練習の量は単純に考えると「距離×回数」です。そしてその鍵はスピードの強弱の配分です。スピードを高めれば疲労度と故障発生度はおのずと上がり、練習できる回数も距離も減ります。**怪我は距離ではなくスピードで起こりやすいのです**。速度と「距離×回数」は反比例の関係にあるのです。ある程度スピードを落とせば練習回数を増やせるし、距離を増やせます。その方がマラソンの土台作りという意味でより高い効果を期待できます。

練習の量の増減という観点は、スケジュールを調整しようとする際に重要な視点となります。これには欠かせない原則があり、練習メニューには必ず強弱をつけなくてはいけません。毎日同じような練習はすべきではありません。同じ練習だと脳も筋肉も新たな刺激がどんどん減っていってしまいます。上手なマラソン練習メニューは強弱をつけてメリハリをつける事が大切です。

世界のトップランナーも市民ランナーも練習の王道は変わりません。目指すレーススピードより速さを抑えた有酸素ジョグと、レーススピードよりやや速い速度で短くポイント練習をするという、低強度と高強度の二極化されたトレーニングが一番効率的というのはエリートランナーから市民ランナーまで浸透しています。

そこで起きる誤解は「エリートランナーはスピード練習を多くやっているから速いのだ」と考えてしまう事です。遅いランナーはスピード練習が極めて少ないために遅いのだと。果たしてそうでしょうか？

下の表をご覧ください。先の記事によると、**驚いた事にロング走とポイント練習と普段のジョグの配分に、速い群も遅い群も大きな違いは見られませんでした。つまり3時間以内の完走者も、5時間かかる完走者もトレーニングの強度や負荷の配分自体はあまり変わらなかったのです。むしろロング走の比率は5時間以上のランナーの方が多い傾向となりました。そしてサブスリーランナーだからといってスピード練習の比率が多くなるわけではありませんでした。**

速い群も遅い群も同じくピーキングとテーパリングをやっていたが…

マラソン大会に向けて練習量を増やしていくピーキングと、疲労を考えて大会のパフォーマンスを上げるために練習量を徐々に減らしていくテーパリングですが、サブスリーランナー群はレース4週間前から1週間前まで、左ページの表の通りに距離を踏んでおり、4週間前（約83km）にピークになる傾向がありました。

2015ロンドンマラソン参加者のゴールタイム別練習内容比率

ゴールタイム	～約8km（インターバル）	約8～16km（ペース走）	約16～24km（やや長いペース走）	約24km～（ロング走）
～3時間	48.0%	33.0%	11.0%	8.0%
3～4時間	40.5%	37.5%	11.5%	10.5%
4～5時間	45.0%	33.0%	12.0%	10.0%
5時間～	50.0%	29.0%	12.0%	9.0%

mile→kmに換算した距離を表記

サブスリーランナーのテーパリング

4週間前	52マイル（約83km）
3週間前	49マイル（約78.5km）
2週間前	36マイル（約57.5km）
1週間前	17マイル（約27km）

その中でも走行距離がピークに達した週は

サブスリーランナー　大会4週間前：約83km
5時間以上のマラソン完走者　大会6週間前：約32km

となりました。

サブスリーランナーはマラソン1週間前でも、5時間以上完走者の群の週あたりの平均走行距離より多く走り、サブスリーランナーはそこまで極端にテーパリングをせずに、5時間以上完走者が一番練習したピーク週とそんなに変わらず距離を踏んでいる事になります。5時間以上のマラソン完走者はピーキングの時期が早すぎるように感じます。つまり**サブスリーランナーになるにはよく言われる生まれつきの才能ではなく、より多くの距離、時間を走る事に費やす事が大切であるという単純明快な答えが導き出されます。**

休みの日は固定せず走れる日は走った方がいいのは明白

とどのつまり速く走る、**自己ベストを更新するにはまずたくさん走り込むべきなのは明白です。距離を踏めば踏むほど記録は伸びる傾向にあります。**そんなに走ったら疲労が抜けないじゃないかと思われるかもしれません。それは正しくもあり間違ってもいます。疲労は慣れるものです。最初は1日おきに練習しても疲労が抜けませんが、繰り返すと毎日でも疲れなくなります。これは遅筋繊維を多く動員する低強度な有酸素ジョグなら、回復が早く毎日でも行えるからです。いわゆる漸進性過負荷の原則であり、多くの研究によって実証されています。

それでもマラソン練習を開始するとずっと足が重たい状態になります。しかしそれが疲労耐性に効いてくるのです。**マラソン練習はずっと疲れていて当たり前。だからこそテーパリング調整を大会前にやれば調子が爆上がりするのです。サブ4レベルにありがちな疲労を考えて1日おきで走る週3〜4日ランナーはテーパリングの効果もさほど感じないはず。毎日走るランナーはテーパリングで疲労が抜けるとともに一気にパフォーマンスが上がるのです。**

リディアード先生いわく「1週間7日の練習が私の最小限度である」と。私の設定したスケジュールも毎日走ります。これは日々の体調、大雨や雪など天候不順、急用、仕事の残業など日々何が影響してくるかわからないので、走れるなら毎日やっておきましょうという考え方からです。

例えば月曜日は必ずノーランと設定してしまうと、せっかく晴れていたのに走らず、その後に連日大雨になるやもしれません。そうなると機会損失です。とはいえ走る事を義務化しては辛くなる人もいるかと思います。ご自分の仕事やプライベートに合わせて休養日を入れてアレンジしてください。でも私の経験上3日以上は続けて休まない方がいいと思います。

そして大雨で走れなくなった時は絶好の筋トレの機会です。自分に足りないと思える腹筋や背筋、脚力などパーツを鍛えましょう。また日頃疎かにしているストレッチやマッサージなどメンテナンスを丹念にやり込むのもいいでしょう。

もちろん雨天を気にしない人は雨でも練習をやっていいと思います。マラソン大会自体は基本雨でも開催されるわけですから。そんな時に練習をルーティン化しておけば雨でもサボらず走る事になります。雨は数日続くと天気予報が出ている場合、どうしてもランニングはやるべきとなります。ただ冬の寒い日に雨にずぶ濡れでやると体調にも影響します。疲労が溜まっていた場合、抵抗力も落ちます。風邪やインフルエンザで体調を崩して練習を休まなくてはいけなくなる場合もあります。トレッドミルや屋根のある練習場がある場合はもちろん選択肢に入れましょう。

マラソン練習の80％は距離や速度を少しずつ変化させた有酸素ジョグ

マラソン大会に向けて費やす練習内容別の距離の比率は以下の通りになります。

・色々な距離、速度での有酸素ジョグによるLT1、疲労耐性の構築（この要素が一番重要なので私はZONE1～ZONE5に分けています。ロング走もここ）70～80％
・閾値走によるOBLAの構築（ZONE6）10～15％
・インターバルによるVO2maxの構築（ZONE7）10～12％
・レペーションによる解糖系の構築（ZONE8）3～5％

順序としてはまず長時間動かす事に慣れるほぼ遅筋のみのゆっくりしたジョグからスタートします。ただこれは初マラソン向けの基礎の段階です。本書ではサブスリーを目指すランナー向けですので、今まで走っていなかった初心者が走り始めるための内容ではありません。ある程度日頃のジョグはやっている人がほとんどだろうと思います。

サブスリー達成には距離を走り込まないといけないのは必然です。しかしだらだらと長い距離を走ってもサブスリーなど記録を狙うマラソンには練習として物足りません。フォームはほぼ同じで心肺機能にも刺激が入る、レースペースより少しだけスピードを落とした有酸素ジョグでフルマラソンを走り切る大きな土台を作ります。これも遅筋主動ですが、タイプⅡaと呼ばれる遅筋の性質を持つ速筋が少し動員される領域で行います。

ポイント練習の効率を上げるために有酸素ジョグを削ってしまうのはダメ

社会人で練習時間は限られているため、走力が上がるにつれ、効率よくトレーニングする事に執着してポイント練習のみにして普段の有酸素ジョグを削ってしまう人がいます。週2日ほど激しいスピード練習をして、残りは走らなかったり、ゆっくりジョグのみ。「だって休足した方が回復するし理に適ってるでしょ」と。しかしそれをやるといけません。

「ボストンマラソン市民ランナー参加者におけるトレーニングレベルに関連する心筋損傷と心室機能」※

※ https://www.ahajournals.org/doi/epub/10.1161/CIRCULATIONAHA.106.647461

不全」という研究です。

2004年と2005年のボストンマラソンの市民ランナー60人に心エコー検査と血液検査を行いました。マラソンを走ると心臓に負荷がかかり一時的な損傷が見られます。この研究では参加者の60%以上で心筋損傷を示すバイオマーカーであるcTnTが増加し、40%ではcTnTレベルが急性心筋壊死の判定限界以上になりました。

この心筋損傷のダメージはトレーニング距離とは逆相関していた事がわかりました。レース前4ヵ月に週72km以上のトレーニングを行ったランナーに比べ、週56km以下のトレーニングだったランナーは肺内圧の上昇、右心室機能不全、筋細胞損傷、および大きなストレス反応を示しました。日頃から常に走っている週間走行距離が多いランナーは、大会で受ける心臓ダメージが抑えられるという結果が出たのです。

週間走行距離はマラソンのパフォーマンスに一番直結します。そしてロング走やフルマラソンのダメージを最小限に食い止めるのも週間走行距離の長さです。つまりマラソンの壁、つまり後半の失速を抑えるのも故障を防ぐのも週間走行距離なのです。ランナーが大会でダメージを負わないようにするには、つまり大会で気持ちよく走れるようにするには、日頃から有酸素ジョグはなるべく走りましょうという事です。

1週間のスケジュールの基本構成は年間を通して一緒

1週間のスケジュールの基本構成ですが、まずはポイント練習の日を各人の都合に合わせて決めましょう。平日の夜に入会しているランニングクラブの練習会がある場合はそれに合わせましょう。日曜はやはり多く時間が取れる人が多いでしょうから、長めの練習を入れてしっかりと走り込みましょう。そのぶん土曜は短めのポイント練習にします。もちろん私のような自営業はいつポイント練習を入れてもかまわないのですが、ラン友と一緒に走る練習会は土日に集中するので結局似たようなスケジュールになっています。

週間メニュー例

月曜日	ジョグ
火曜日	ジョグ
水曜日	ポイント練習
木曜日	ジョグ
金曜日	ジョグ
土曜日	ポイント練習
日曜日	ロング走

週間メニューの組み立て方として基本メニューを構成しました。**マラソン練習としてまず一番重要なのは日曜のロング走です。ロング走の疲労耐性をつけるために、月火木金のジョグがあります。そしてそのロング走のスピードを上げるために、水土のポイント練習があります。**以降にスケジュールを時期ごとに大きく異なる3例をあげますが、大会に向けて期分けで強度、距離はどんどん変化していきます。詳しくは第12章を参照してください。

大会3ヵ月以前（スピード開発）

3ヵ月より以前は一番遅い速度域ＺＯＮＥ１と一番速い速度域ＺＯＮＥ８を組み合わせて鍛えます。ＺＯＮＥ８の練習は週に2回入れていますが短時間で済むので物足りなかったら有酸素ジョグ５km（ＺＯＮＥ１）を追加してもよいでしょう。この時期、ロング走はスピードを追い求めずゆっくりと楽しみます。

大会3ヵ月以前

月曜日	有酸素ジョグ 10 ～ 14km (ZONE1 5：30 ～ 6：00/km)
火曜日	有酸素ジョグ 10 ～ 14km (ZONE1 5：30 ～ 6：00/km)
水曜日	400m × 10本（レスト 200m） (ZONE8 3：25 ～ 3：40/km)
木曜日	有酸素ジョグ 10 ～ 14km (ZONE1 5：30 ～ 6：00/km)
金曜日	有酸素ジョグ 10 ～ 14km (ZONE1 5：30 ～ 6：00/km)
土曜日	800m × 5本（レスト 200m） (ZONE7 3：40 ～ 3：55/km)
日曜日	ゆるロング走 21km or 120分 (ZONE1 5：30 ～ 6：00/km)

大会3ヵ月以内（スピード持久力開発＋疲労耐性）

3ヵ月以内に入ると2番目に遅いＺＯＮＥ２のジョグとＯＢＬＡ閾値のＺＯＮＥ６ペース走、ＶＯ２ｍａｘ領域のＺＯＮＥ７インターバルを組み合わせて鍛えます。ポイント練習を水曜と土曜に入れていますが、キツかったら土曜日はＺＯＮＥ２の有酸素ジョグに変更してもかまいません。

大会3ヵ月以内

月曜日	有酸素ジョグ 10 ～ 14km (ZONE2 5：05 ～ 5：30/km)
火曜日	有酸素ジョグ 10 ～ 14km (ZONE2 5：05 ～ 5：30/km)
水曜日	VO2maxインターバル 1000m × 5～7本 (ZONE7 3：40 ～ 3：55/km)
木曜日	有酸素ジョグ 10 ～ 14km (ZONE2 5：05 ～ 5：30/km)
金曜日	有酸素ジョグ 10 ～ 14km (ZONE2 5：05 ～ 5：30/km)
土曜日	OBLAペース走 6000 ～ 8000m (ZONE6 3：55 ～ 4：05/km)
日曜日	ロング走 21km (ZONE2 5：05 ～ 5：30/km)

大会1ヵ月半以内（レースペース体得＋疲労耐性）

1ヵ月半以内に入ると練習速度はレースペースに集約されていきます。有酸素ジョグは速めのZONE3になり、ペース走はZONE5で走ります。ロング走はZONE3で走りマラソン練習の主軸に躍り出ます。土日のメニューは逆にして重い足でウインドスプリントを行う事によって疲労が速く抜ける人もいます。

大会1ヵ月半以内

月曜日	有酸素ジョグ 10～14km （ZONE3　4：40～5：05/km）
火曜日	有酸素ジョグ 10～14km （ZONE3　4：40～5：05/km）
水曜日	レースペース走 10～12km （ZONE5　4：05～4：20/km）
木曜日	有酸素ジョグ 10～14km （ZONE3　4：40～5：05/km）
金曜日	有酸素ジョグ 10～14km （ZONE3　4：40～5：05/km）
土曜日	50/50 シャープナー （ZONE8　3：25～3：40/km）
日曜日	ロングペース走 28～35km （ZONE3　4：40～5：05/km）

週間メニューを決める大切な要素は「疲労を溜め込んでいかないか？」に尽きる

基本的にはスピード強度の高い練習を行う日は、短くサクッと終えて疲労を残さないようにします。強度の弱い日は長くじっくりと走ってスタミナを養成します。負荷が高すぎて普段の練習としては継続性に難があるメニューを組み立ててはいけません。過ぎたるは及ばざるがごとしです。

かなり強度の高いポイント練習をやって他の日は休足日やZONE1以下の7～8分／kmのゆっくりジョグしかできないランナーもいます。またレースを多めに入れているランナーは普段のジョグをゆっくり

にしがちです。一方でポイント練習は質と量を下げて、ジョグのスピードを上げる事に重きを置くランナーもいます。

この2つを同時に薦められた初心者ランナーは混乱してしまいます。これらは期分けの違いを理解していない事から起きるミスです。強度の高いポイント練習（ZONE6～8）と遅めの有酸素ジョグ（ZONE1）の組み合わせは大会3ヵ月以前にやるべき事です。そして練習をやり込み大会直前で仕上がっているランナーは、VO2maxも上がりLT値も上がっているために、有酸素ジョグも自然と速くなっているはず。強度の高い有酸素ジョグ（ZONE3）とレースペース近辺（ZONE5）の組み合わせは大会1ヵ月半以内の練習内容なのです。またイケイケのランナーはポイント練習をつぎ込む傾向があり、記録が停まった故障がちなランナーほどゆっくりジョグを薦める傾向があります。

評価方法としては、ポイント練習のつなぎとして行う日々の有酸素ジョグが継続できなければ、ポイント練習の設定が厳しすぎると考えましょう。**有酸素ジョグが速い事はスピード持久力の底上げになりますが、一方で疲労が抜けず怪我の多さにもつながります。**

キプチョゲ選手のジョグはOBLA走の1.4～1.5倍。サブスリーランナーに置き換えると5分30秒～6分/㎞とゆっくりです（ZONE1）。彼は意図的に遅く走っているのです。有酸素ジョグは走ってエネルギーを消耗するような感覚ではなく、明日に向けて徐々にエネルギーが溜まっていくような感覚が持てるといいでしょう。ポイント練習で受けた速筋の損傷を回復させるため、日々の有酸素ジョグは遅筋を主に使い、ペースを上げ過ぎないように意識して行います。

ただ間違ってほしくないのは、私が**「有酸素ジョグ」と表現しているのは、「回復走」や「疲労抜きジョ**

グ」という表現だとゆっくり過ぎるジョグでもいいと誤解を招くと思ったからです。一番低い速度域のZONE1の有酸素ジョグでも、心肺や筋肉にある程度の負荷がかかるスピードでやる事が大切です。

短期で仕上げようとするとスピード養成とスピード持久力がごっちゃになる

スピード養成とスピード持久力養成をやる時期は違います。スピードは短い距離から出発して少しずつ長さを増やしていきます。つまりレペテーション（ZONE8）やインターバル練習（ZONE7）です。インターバルをオフシーズン初期段階からする理由は、まずVO2maxを上げなくてはゼェハァがキツくてそもそも長くは走っていられないというのがあります。そして速いスピードとダイナミックなランニングフォームにも慣れます。

インターバルで培った細切れのスピードを1つにまとめて5000〜10000mのペース走（ZONE6）にしていきます。それでLTのスピード持久力を鍛えます。これらはインターバルを終えてペース走に移行するのではなく同時期にやる場合もあり、またペース走からインターバルに戻して刺激を入れたりして相互作用によって走力を高めていきます。

VO2maxは心臓自体の拍出量を鍛えるトレーニング、OBLA走は心臓から送り出された全身の血液の循環を良くするトレーニングだと思ってください。それらはどれかの練習に集中するというわけではありません。どれかに注力するとどれかが落ちます。ペース走をやる期間でも必ずインターバルかレペテーションはたまに入れてやります。

スピードとスピード持久力を短期間で仕上げようとすると、これら2つを一緒くたにやってしまう場合があります。スピードが上がっていない時期にスピード持久力の練習を合わせてトレーニングすると当然心肺機能が追いつきません。スピードを出す動きに余裕がないのにスピード持久力のトレーニングを重ねて行う事は、結果的にフォームが崩れても走り込む状況となり、スピードが中途半端でスピード持久力も上がり切らない危険性があります。これは避けなくてはいけません。

また最大スピードを上げようとレペテーションに熱中して、マラソンに大切な持久力がスカスカになってしまう場合があります。週末のロング走はゆっくりでも最低21km必ずやるようにしましょう。

大会前にインターバル+ゆっくりジョグは期分けの概念ができていない

間違えてはいけないのは春～夏のスピード練習はインターバルのスピードを上げるためではなく、あくまで本命のレースペースを1秒でも上げるための練習だという事です。調整レースを入れている場合はそれ自体が強度の高いトレーニングになるので、普段の練習ではインターバルを抜いたり本数を減らしてつぎ込み過ぎないようにします。

秋口からはもうインターバルでスピード練習をたくさんやったところで底上げはできません。大会前はほんの少しスピード感覚をカラダに思い出させて維持するだけでいいのです。**短いスピード練習**

とゆっくりロングジョグを組み合わせて満足してしまう人がいますが、春先はよいとしても秋のマラソンシーズンにやるのは期分けの概念ができておらず間違っています。大会前は必ずレースペースのトレーニングを増やしましょう。

ロング走の目的は、レースペースより少し遅いスピードで長時間走る事で、筋肉に着地衝撃を覚えさせ、疲労耐性を高める事。さらに、カーディアック・ドリフトを引き起こして心肺にＯＢＬＡ走以上の負荷をかける事。そして、それらに動じない精神力を鍛える事です。まさにフルマラソンの模擬テストといえるトレーニングです。

この流れに沿って仕上げていきますが、近年特に見過ごせない問題となりつつあるのが日本の季節性です。マラソントレーニングも酷暑、厳冬を織り込まなくてはいけません。それでは12章で通年の練習プログラム構成を見ていきましょう。

第12章

日本の季節性を考慮した年間練習スケジュール

スピードとスタミナの両立でマラソンの目標に突き進む

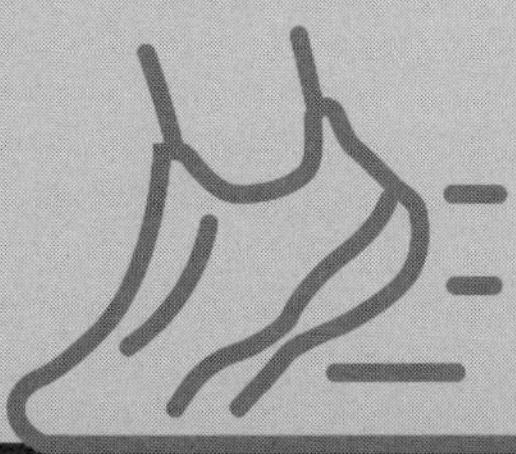

「小さい事を積み重ねる事が、とんでもないところへ行くただ1つの道だと思っています」

"He who is no courageous enough to take risks will accomplish nothing in life."

日米通して長年にわたって活躍した通算安打世界記録保持者、
最多試合出場世界記録保持者のプロ野球選手
イチローの言葉

私の年間スケジュールはレナト・カノーヴァ式期分け法に日本の四季をブレンド

私の年間練習スケジュール構成は、多くのケニアやエチオピアなどアフリカ諸国のエリートランナーを指導した**レナト・カノーヴァコーチが提唱する期分け法に大きく影響を受けています。**

その特徴は「シーズン初めはゆっくりと長く距離を走る＋短く高強度のスピード練習を行う」から「本番に近くなるにつれ徐々に目標とするレース速度とレース距離に特化した練習を行う」という流れになります。

その利点は大会前の大切な時期にレースペースより速いスピード練習はあまりやらない事により故障を回避できるうえに、時計を見なくてもいいくらいレースペースを叩き込んで大会に臨める事です。大会近くに刺激という名の下にポイント練習の強度を高めたとしても、レース当日にいきなり速く走れたというような夢物語は起きません。大会で目指すレー

レナト・カノーヴァの期分けの概念図

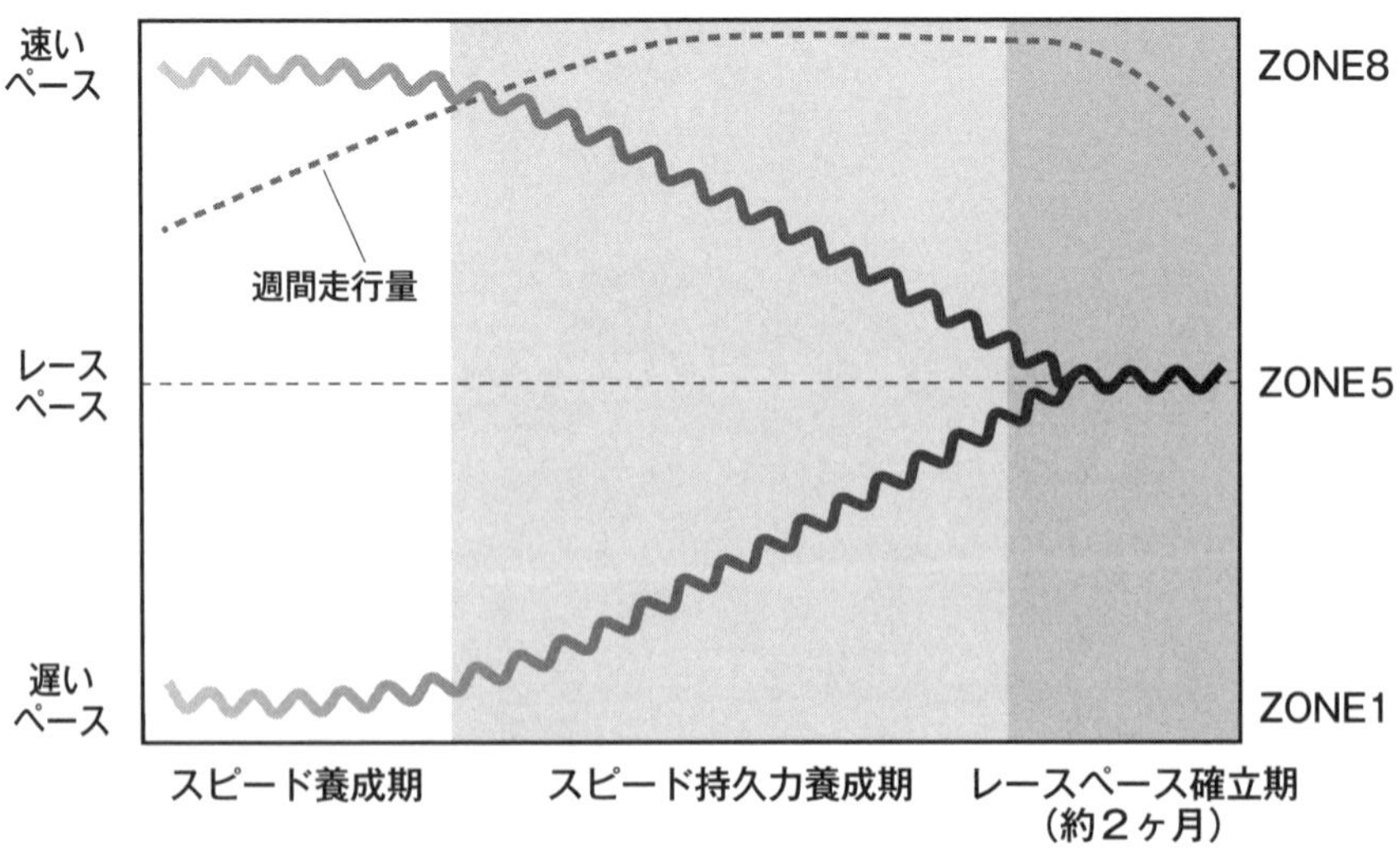

スペースをあらかじめ設定しておき、2ヵ月前あたりからそのペース近辺の練習を多めにして予行演習をみっちり行うというものになります。

練習量に関してはトレーニングが進行していくにつれ増加し、大会1ヵ月前に質と量ともにピークとなり徐々に減らしていくのはリディアード式と同じと言ってよいですが、大会前もあまり減らさない方かもしれません。

カノーヴァ式期分け法のメリットはトレーニング全期間にわたって質と量の両立を常に維持する、高い速筋の動員率を維持するという事です。デメリットを1つ上げるとするならばレース前の練習はほぼレースペースに寄せていくために、あらかじめサブスリーを狙うとして4分15秒／kmがターゲットタイムと設定できるランナーには良いのですが、まだマラソンを始めたばかりで自分の持ちタイムがよくわからない、走れば20~30分ほど自己ベストを更新してしまうというランナーにとっては、練習のターゲットタイムを設定しにくいと思います。そういう意味でカノーヴァ式は走り込んで仕上がっているランナー向けだと思います。

これらに季節性の特徴を加えます。日本には四季があり、前向きに捉えると色々な季節が楽しめるとも言えますが、逆に考えると1年を通して気候の変動が激しい国です。厳しい寒さになる冬、長く雪に覆われる地域もあります。強烈な暑さになる夏。近年は不要不急の外出を避けましょうというアナウンスがよく聞かれます。

梅雨や秋雨などの長雨と多湿、何度も来る台風など災害も多く、気持ちよく過ごせるのは、今や春と秋のほんの少しの間です。練習メニューは必ず季節性の影響を受けます。1年中何も考えずに同じように走れるわけではありません。期分けもそれに沿った形にするべきですし、気候に合わせて練習メニューを組む方が自然に逆らわず良いと思います。

「下手な鉄砲も数打ちゃ当たる」的な発想では自己ベストを更新し続けるのは難しい

市民ランナーは1年中大会に積極的に参加して、常に走力を高いレベルに保ちたいというランナーも多いかと思います。春から初夏まではトライアスロン、ウルトラマラソン、夏から秋は富士登山競走やトレイルランニングを走り、秋からはフルマラソンの大会を毎月のように入れている人もいるかもしれませんね。

今の中高年は元気で体力に自信がある人も多いでしょう。しかし人間の身体は1年を通して絶好調を保つというのは難しく、**もっと身体能力が高いであろう学生駅伝、実業団選手でもそんなに大会をつぎ込んで入れている選手は見当たりません。彼らは監督やコーチと相談して1年の大会スケジュールを調整し、メリハリを持ってカラダ作りと練習をしています**。

多くの大会を入れ込む一番のデメリットは、体調が万全でなくても無理に出場してしまいがちで、ダメージを深く負ってしまい、故障をして秋のマラソンシーズンを迎えてしまう事です。

またそれらの大会に特化した練習を行っていたランナーの多くは、晩秋までにフルマラソンに軸を置いたスピード持久力を上げられないままシーズンに突入してしまいます。「同じような競技じゃん。

どっちも走るし」という声が聞こえてきそうですが、距離が何倍にもなるのでスピードという点が全く違います。二兎を追うものは一兎を得ず。前年の春までマラソンで培ったスピード持久力の成長ラインを一旦断ち切ってしまう事になるのです。春〜秋にスピードを鍛え、しっかり走り込んだランナーからは一歩も二歩もリードされる事になります。

今までたくさんマラソン大会に参加している割には自己ベストを長く更新できない場合、少し年間スケジュールの構成を見直してもいいかと思います。「下手な鉄砲も数打ちゃ当たる」的な発想ではフルマラソンの自己ベストを更新し続けるのは難しいのではないでしょうか。勝負レースを決めて挑んだ方がベスト記録の更新もしやすいと思います。

大会の本命をハッキリさせて他は練習の一環の調整レースとして割り切る

「それでも大会にいっぱい出たいんだけど」…という市民ランナーもたくさんいますよね。勝負レースと決めている大会がもし雨風がひどい事になったら、本命レース前に病気になったら、仕事でキャンセルせざるを得ない状況になったら…と思うと保険としてその前後にレースを入れてしまうのもわかります。本命のレースが体調や仕事の都合でＤＮＳになる場合、日程的に近いレースに本命をコンバートできるという利点もあります。

もちろん勝負のレース以外は申し込んでいたとしても走らずＤＮＳ、もしくは途中でＤＮＦして、あくまで練習の一環のペース走として位置付ける方法もあります。走り出して調子が悪い場合も、負荷をかけ過ぎないように調整レースとして切り替えて、DNFも頭に入れるのもアリです。悪天候過ぎるなら天気理由でDNSもありだと思います。

しかし実際には当日体調が悪いと思っても、スタートしたらすごく調子が良く、自己ベストを更新してしまったという話も聞きます。その場合ちょうどいい具合に疲労が抜けており、前半を様子見で抑えてスタートできたために、後半に足を温存する事につながった可能性があります。また**バイオリズムの絶好調期にハマり、休養をあまり取らずに無茶な練習をしても壊れずに、大会もぶっ続けにガチ走りができる場合もあります。ただそれを続けるとある時に一気に不調の波が襲ってきます。**

もちろん市民ランナーがどう大会に出場するかは本人の自由です。それが市民ランナーの特権なのですから。実業団選手のようにクビを言い渡されるわけでもありません。しかしあわよくばを期待して自己制御が利かずに無理をしてしまう場合も多いと思います。計画性と冷静さは大切です。とにかく第一優先は故障しない事。年間を通じて練習を継続できたランナーが強くなれるのですから。

年2回の本命レースを念頭に置いた年間練習スケジュールの組み立て方

本書では勝負レースとなるフルマラソン大会を1年に2回としてメニューを構築しています。市民ランナーの場合、それが仕事やプライベートを考えると適切と思うからです。といっても1年を通してランニングは継続してマラソンシーズンに突入するメニューです。

第1レースの流れとしては9月に本格的にマラソンの練習を開始し、3ヵ月みっちりやって11月末にレースがあると仮定した練習スケジュールです。もちろん皆さんの目指すマラソン大会に合わせてアレンジしてください。季節性に合わせて暑い夏場はレストを多くして、徐々に涼しくなるのに合わせて強度を高めていっています。

第2レースの流れは年末から本格的に練習を開始し、春の声が聞こえる3月末にレースの流れの設定です。第2レースまでは第1レースまでの準備期間に比べ短いですが、冬場は夏のように熱中症や脱水症状の心配もなく心肺機能にも楽、長い距離を踏むにはもってこいの季節です。さらに1回レースを経験してマラソン脚もできあがっているので調子は上がりやすいです。

勝負レースをシーズン中は2本にして、調整レースという名目で**市民ランナーは時間とお金と疲労回復が許すなら5㎞、10㎞、ハーフマラソンなど勝負レースのテーパリングに時期を合わせて、大会はたくさん参加するべきだと思います**。それぐらい大会を走るというのは単なる練習とは違います。前日からの準備、スタート前の緊張、補給や給水。経験値も単なる練習を大きく上回ります。いわば飛躍的な前進を期待できるのです。

また普段の練習とは環境が違う有料練習会に参加するのもよいでしょう。大会ほど参加費が高くなく敷居も低いうえに、タイムごとにペーサーが用意されている場合も多いです。本命の大会前にも大いに有効活用しましょう。

スタミナ重視といえども年間通してだらだら走るのはジャンクマイルズでしかない

マラソン練習はレペテーション、ショートインターバル、ロングインターバル、ペース走、ロング走と色々な練習があり、距離の組み合わせも無限大にあります。それらの要素を過不足なく1年中毎週、毎月取り入れるのは無理です。しかしマラソンシーズン、準マラソンシーズン、オフシーズンと分ける事によって練習メニューを組みやすくなります。

まずスタミナからアプローチする方法と、スピードからアプローチする方法について考えてみましょう。**私は距離を踏むスタミナのみのアプローチにはどちらかというと否定的です、特に中高年世代にとっては。**ランナーの間で広く浸透している野口みずきさんの「走った距離は裏切らない」。野口さんはスピード練習をしていなかったのでしょうか？　そんな事はないですよね。彼女も五輪に出るための練習の主軸はスピード持久走だったはずです。1㎞7～8分かかるゆっくりジョグやゆっくりロング走をどんなにやったとしても、それらは所詮ジャンクマイルズです。

しかも**多くの市民ランナーはインターバルもペース走もジョグも同じようなスピードで練習しがちです。それらの練習で重要な要素であるスピードの緩急がつけられないのです。マラソンの最も大切な要素は長く「速く」走る事なのです。**

スピードがないままに距離走を行い、コンパクトなフォームに固まってから、大会直前になって短時

間でスピードを高めようというのはとても厳しい話です。野口さんの言葉も正しくは「ある程度の速さで走った距離は裏切らない」だと思います。

秋口までにしっかりスピード持久力を高めロング走に移行する

春夏にスピードをトラック競技で鍛えて、秋になり涼しくなったらマラソン練習に切り替えてロング走を増やしていくのは実業団、大学駅伝部共通です。私もそれを支持します。市民ランナーも夏までにトラック等でスピードを磨き、秋になったらウインドスプリント以外はスピードを封印して、マラソンのレーススピードに合わせたペース走とロング走メインに変えていくのが良いと思います。

夏場を過ごすにも猛暑の時期に負荷をかけて長い距離を走り込むより、短い距離でスピードを高めてから、マラソンシーズンに入った方が基礎力も高められます。最初から距離走中心にすると、本番レースまでに練習がダレてしまい、スタミナはついたがスピードがついてこないままシーズンインしてしまう結果となります。

まずは秋口までにしっかりスピードを高めましょう。しかし肝心な事は、我々はあくまでマラソンランナーであるという事です。あまりにスピード練習のみに注力し過ぎず、マラソンに向けて距離を踏む事も忘れないようにしましょう。

【4月の練習】

大学生の陸上部は駅伝などロードシーズンに3月で終わりを告げ、4月からトラックシーズンへと突入していきます。トラックシーズンとは、その名の通り1500m、3000m障害、5000m、10000mなどトラック種目が活動のメインになります。練習もトラックで好タイムを出すためにスピード練習が増えていきます。

我々市民ランナーも3月までに目標となる春マラソンが終わりオフシーズンに入ります。いい結果を出せた人もいるでしょうし、うまく実らなかった人もいるでしょう。

4月はフルマラソンで記録が出やすい気温10~15度から外れ、どんどん上昇していきます。もちろん4月以降もマラソン大会はありますが、20度を超える日も出てくるので、ベストパフォーマンスを出す事は難しくなっていきます。無理に大会予定は入れずにのんびりと走る事をお薦めします。

半年以降の秋や冬に向けてマラソンの練習を開始するわけですが、慌ててスタートダッシュを決めてはいけません。前年度によい結果が出せた人はさらなる高みを目指してイケイケどんどん、悪かった人は焦るあまりにさらに強度の高い練習に取り組みがちです。もちろん春のマラソンを終えたばかりですから、これまでの練習も相まって好調を維持している場合も多いと思います。

しかし人間のバイオリズムはそうそうまくはできていません。調子が良い時期もあれば悪い時期も必ず来ます。まずはマラソンのために走り込んできたカラダをリフレッシュする期間を取りましょう。春まで緊張した大会が続いて、交感神経が優位になり続けている場合もあります。わざと少し調子を落としてあげるのです。

「**心臓持久力トレーニングへの生理学的アプローチ**」[※]という研究です。

トレーニングのスケジュールが適切ではないとパフォーマンスにマイナスの結果が生じます。そして長距離ランナーの練習のし過ぎによる心肺機能の低下は、心臓の自律神経調節の交感神経と副交感神経の不均衡、血圧や筋肉の活動に悪影響をもたらします。

安静時でも交感神経優位になって身体的ストレス状態になってしまっている、長距離選手22名に対して12週間のトレーニングの介入を行いました。

・トレーニング強度を下げて各ランナーの心拍数で管理し、80%の長時間のゆっくりとしたトレーニングを増やした。

・総トレーニングの20%は、VO2maxの70%以上の心拍数の強度でインターバルトレーニングを行った。

・呼吸法と積極的休息の指導。

・耐久性を向上させるため、体幹と足をターゲットとした筋トレを行った。

・栄養補給、水分と電解質補給、睡眠を含めた回復に積極的に介入した。

結果は、

・体重とBMIは12週間のトレーニング期間中に有意な変化はなかった。

・心臓の自律神経調節が、交感神経の緊張状態から副交感神経が優位な状態に変わった。

※ https://www.ej-sport.org/index.php/sport/article/view/97

・VO2maxは7%低下したがLTは10%向上した。
・10000mタイムは平均3%速くなった。

ただ休息を増やし寝転んでたくさん栄養を摂ったというわけではなく、体重管理はしっかりと行われたようです。練習量を減らしたというより、距離はそのままで強度を落としたと言っていいでしょう。**交感神経の優位な状態を副交感神経の優位な状態にすれば、VO2maxは低下してもパフォーマンスは向上します。**

したがって副交感神経優位に心臓自律神経を調節する事は、より高いVO2maxレベルを達成するよりも優れていると結論付けられます。休んだ方がタイムが上がったというのはとても興味深い結果です。ランナーは少しでも練習を休むと、成長が止まってしまうのではないかという恐怖を持ってしまいがちです。年がら年中激しいインターバルとペース走を繰り返して、どこか痛みを抱えながら我慢して走り続け、カラダも精神もボロボロというランナーも少なからずいます。そのようなランナーにはバイオリズムの山と谷を是非意識してもらいたいと思います。

特に故障を抱えているランナーは2〜3週間ほど走るのを控えてもいいくらいです。せっかく鍛えた脚力やVO2maxが落ちてしまう？　安心してください。一度鍛えた脚力や心肺能力は脳がその器のサイズを覚えているので練習を再開すればすぐに戻ります。

本命の大会からもまた離れているこの時期にしっかりと故障箇所を直しましょう。特にハムストリングスやアキレス腱の怪我は長引く傾向があるので気をつけましょう。

サブスリーを目指すようなランナーでも、4月は有酸素ゾーンでも一番低いZONE1ジョグで走りましょう。季節的には気候もいいので距離は踏んでもかまいません。峠走やトレイルランニングに行くのもいいでしょう。ただロング走も20km程度に留めるように、ポイント練習も短めに絞って、あくまで体を休める時期にしてください。

4月の具体的な練習スケジュール例は下の表の通りです。なぜウインドスプリントや坂道走を取り入れるかというと、ただだらだらと走るより、短い距離を速く走った方がカラダがシャキッとして疲労が抜ける場合があるからです。登り坂は地面を押す股関節筋群力を養成します。平坦な道でジョグばかりやっていると、地面を押せないトボトボジョグになっている可能性があります。坂で絶対スピード、脚筋力向上を図ります。

そしてこのような練習をすると走りのバランスも良くなる場合が多いのです。マラソンシーズンが終わるとコンパクトなフォームに固まっている場合もあります。坂道トレーニングやウインドスプリントを繰り返し、大きなストライドでダイナミックなフォームを作り直しましょう。

4月の練習スケジュール例

月曜日	有酸素ジョグ 10 ～ 14km（ZONE1　5：30 ～ 6：00/km）
火曜日	有酸素ジョグ 10 ～ 14km（ZONE1　5：30 ～ 6：00/km）
水曜日	坂道ウインドスプリント（80 ～ 120m）× 10 本
木曜日	有酸素ジョグ 10 ～ 14km（ZONE1　5：30 ～ 6：00/km）
金曜日	有酸素ジョグ 10 ～ 14km（ZONE1　5：30 ～ 6：00/km）
土曜日	ウインドスプリント（80 ～ 120m）× 10 本 + 有酸素ジョグ 5km（ZONE1　5：30 ～ 6：00/km）
日曜日	ロング走（21km or 120分）（ZONE1　5：30 ～ 6：00/km） 途中で 1 km TT

ZONE１～８の速度域は73ページを参照

そして週に1回はゆっくりハーフほどの長い距離も踏みます。ここでゆっくりでもしっかり距離を踏んでいると精神的疲労耐性が培われて、秋口に入ってからのロング走が楽になります。しっかりと脚作りをしつつスピードの基礎力を獲得していく月です。ロング走の次の日は疲労が溜まっているなと思ったら休んでも大丈夫ですが、走れるなら走っておきたいです。有酸素ジョグが億劫なら50〜100mの短いウインドスプリントを6〜8本つないで短く終わらせてもいいでしょう。もちろん数日おきにオフ日を入れてもかまいません。

【5月の練習】

「今年はサブスリーに向けて頑張るぞ!」と考えている人は5〜9月はひたすら5000〜10000mの記録を上げる事に集中します。スピード持久力を磨くのです。フルマラソンに必要な能力はずばりスピード持久力。ゆっくりとしたスピードは有酸素運動ですが、徐々に速度を上げていくと無酸素運動に切り替わるOBLA閾値ポイントがあります。その強度に慣れておくとレースペースを楽に感じるようになります。OBLAのレベルを上げるためには5000〜10000mのタイム向上が試金石なのです。

サブスリーのレースペースは1000mが4分15秒。5000mは21分15秒、10000mは42分30秒です。しかし重要なのはその時間内でどれだけ余裕が持てるか。つまり5000mを一生懸命走って21分15秒ではなく、少なくとも20分を切って1分15秒の余裕を作らないとダメです。19分を切って走れる人は実に2分15秒の余裕を持てます。余裕を持てるという事はがむしゃらに走る必要がないのでREも高まります。そして5000mはVO2maxを上げるのに打ってつけの距離です。

マラソンの本格的な練習を実施する準備段階として**5月はまず5000mのタイムを上げる事を目標の練習をしましょう**。よく誤解されるのは5000mの練習法です。ひたすら5000mTTを繰り返すのは非効率。これもまた短い距離を、レースペースより速く走るインターバルが重要なメニューになります。そのうち5月は無酸素領域で走るスピードを鍛えていきます。スピード持久力を鍛える前段階としてまず1000mにつながる、さらに短い200~400mのスピードを磨いていきます。

具体例としては上の表をご覧ください。

本来、無酸素領域を鍛える練習は速度を上げるだけ上げて、回数ももっと少なくレペテーション的にレストを5分ほど取って完全回復して走る場合が多いのですが、スタミナも同時に鍛えられるように本数多めにしています。そのぶんタイムは幅を持たせています。表の

5月練習メニュー例

ショートインターバル	ZONE	サブスリー目標の設定タイム
200m×15本（レスト60~90秒）	ZONE8	41秒~45秒
300m×12本（レスト75~105秒）	ZONE8	62秒~67秒
400m×10本（レスト90~120秒）	ZONE8	82秒~90秒

本数を減らしてレストを長めに取って良い

タイム別レペテーション表

マラソン目標タイム	VDOT	200m	300m	400m
4時間00分	38	54秒	81秒	1分48秒
3時間45分	41	51秒	77秒	1分42秒
3時間30分	45	47秒	71秒	94秒
3時間15分	49	44秒	66秒	88秒
3時間00分	54	41秒	62秒	82秒
2時間50分	57	39秒	59秒	79秒
2時間40分	62	36秒	54秒	73秒
2時間30分	66	34秒	51秒	69秒

タイムは上限がレペテーション、下限がインターバル寄りです。完全にレペテーションとしてやるなら本数は半分から3分の2程度に減らしましょう。

陸上トラックでやると距離がわかりやすいです。緩走区間を長く取るのはだらだらして嫌だという方でも最低200m取り、ゆっくりジョグで十分に回復させてから、次の急走へとつなげてください。

この練習はむやみにレストを短くして崩れたフォームになるのは避けてください。フォームが崩れてしまうほどタイムを追った、無茶苦茶な練習はするべきではありません。スピード練習は故障するリスクがつきまといます。たいていの故障は悪いフォームに起因します。フォームが崩れ、スピードの負荷に脚が耐えられなくなって怪我は起きます。

ポイントは、

①1本1本ダイナミックなフォームで最初から最後まで終始ペースをキープする。

②1本1本しっかり走り切るようレストはしっかりと休む。

5月の練習スケジュール例

月曜日	有酸素ジョグ10～14km（ZONE1　5：30～6：00/km）
火曜日	有酸素ジョグ10～14km（ZONE1　5：30～6：00/km）
水曜日	400m×10本（ZONE8　3：25～3：40/km　その場レストかリカバリージョグ200m）
木曜日	有酸素ジョグ10～14km（ZONE1　5：30～6：00/km）
金曜日	有酸素ジョグ10～14km（ZONE1　5：30～6：00/km）
土曜日	200m×15本（ZONE8　3：25～3：40/km　その場レストかリカバリージョグ200m）
日曜日	ロング走（21km or 120分）（ZONE1　5：30～6：00/km）途中で1kmTT

この2点です。この短いインターバル兼レペテーションは時間も早く終わる練習なので、時間があるようでしたらその後に3～5kmほど、ゆっくりでかまわないのでZONE1の有酸素ジョグを追加してください。

そして他の日は解糖系スピードを鍛えるのにも、土台となるスタミナ養成が重要なので、低強度のZONE1の有酸素ジョグで距離を踏んでください。つまり5月は自身のレースペースからは一番遠い極端に速いスピードと極端に遅いスピードを組み合わせて走る事になります。このZONE1の有酸素ジョグですが決して疲労回復の捨て駒練習ではなく、必要かつ重要なトレーニングであるという認識を持つ事です。

5月の具体的な練習スケジュール例は、右ページ下の表の通りです。

スピード練習主体の月ですがあくまでマラソンランナーである事は忘れずに、日曜にはゆるいロング走を入れます(途中どこでもよいので1kmTT推奨)。疲労耐性とスピードをどちらも身につけます。月の最後に5000mTTをやってみて今後の練習の基準タイムにしましょう。

【6月の練習】

梅雨の季節に入りました。雨がちで湿気も多くなりジメジメした季節になります。30度近くになる日もあるでしょう。しかし本格的な夏になると、強烈な陽射しと凄まじい気温の上昇でランニング自体が辛くなります。まだ気持ちよく走れる季節なんだ、雨に濡れて走るのも気持ちいいものだと前向

6月の練習スケジュール例

月曜日	有酸素ジョグ10～14km（ZONE1　5：30～6：00/km）
火曜日	有酸素ジョグ10～14km（ZONE1　5：30～6：00/km）
水曜日	800m×6本 or 600m×8本（ZONE7～8　3：25～3：55/km）
木曜日	有酸素ジョグ10～14km（ZONE1　5：30～6：00/km）
金曜日	有酸素ジョグ10～14km（ZONE1　5：30～6：00/km）
土曜日	レースペース走6～8km（ZONE5　4：05～4：20/km）
日曜日	ロング走（21km or 120分）（ZONE1　5：30～6：00/km） 途中で1km TT

きに考えて、引き続き5000mのスピードを磨いていきましょう。

6月の具体的な練習スケジュール例は、上の表をご覧ください。

5月は200mと400mでしたが、距離を伸ばし600mと800mで行います。暑い中でも800mだとパフォーマンスにさほど影響はありません。

インターバルの目標のペース設定は下の表をご覧ください。こちらも上限はレペテーション寄りです。1本の距離も長くなりますが、後半失速せずなるべく余裕を持って走るようにしてください。

土曜日のレースペース走については、翌月のOBLA走に向けてスピード持久力養成のために行うので距離は短めでOKです。他の日はZONE1の有酸素ジョグでつなぎます。短いインターバルは早く終えるトレーニ

6月練習メニュー例

ショートインターバル	ZONE	サブスリー目標の設定タイム
600m×8本（レスト2分～2分30秒）	ZONE7～8	2：04～2：13
800m×6本（レスト2分30秒～3分）	ZONE7～8	2：46～2：58

本数を減らしてレストを長めに取って良い

ングとはいえ負荷がかかるので、ジョグはゆっくりでかまいません。

月末に5000mTTをやってみましょう。気温の上昇でペースが下がるのが当たり前なので、5月のタイムより落ちる場合もあると思いますが、暑熱順化の一環と前向きに考えて、現状維持ならパフォーマンスは上がっていると考えても良いでしょう。

【7月の練習】

梅雨が明けていよいよ暑い夏が始まりました。特にここ最近の日本の猛暑はランニングには耐え難いものがあります。夏場の練習は早朝やるのがお薦めです。5時台〜7時台の太陽はまだ高くなく1日の最低気温の時間帯です。いつも夕方から夜に練習している人は、朝起きがけ一発目に強度の高いトレーニングはしたくないと思うかもしれませんが、慣れてしまえば苦ではなくなります。

陽射しも強い日中に走る時は熱中症に気をつけましょう。夕方以降は陽射しはありませんが、地表の放射熱がありまだまだ暑いです。室内の冷房が備わったトレッドミルで走るのもいいと思います。昼間以降は冷房の効いたジムで走るなどで距離を踏む工夫をしましょう。

中長距離を主軸に走る学生はホクレンディスタンスという大会のために北海道に飛びます。実業団の有力選手も参加するレベルの高いレースです。最近は北海道の夏も

7月練習メニュー例（暑さのためレスト長め）

VO2max インターバル	ZONE	サブスリー目標の設定タイム
1000m×5〜7本（レスト3〜5分）	ZONE7	3：40〜3：55
1200m×4〜6本（レスト4〜6分）	ZONE7	4：25〜4：45

有酸素性能力向上ではなく、スピード持久力の強化が目的のためレストは長めで良い

7月の練習スケジュール例

月曜日	有酸素ジョグ 10 〜 14km（ZONE1　5：30 〜 6：00/km）
火曜日	有酸素ジョグ 10 〜 14km（ZONE1　5：30 〜 6：00/km）
水曜日	OBLA ペース走 6 〜 8km（ZONE6　3：55 〜 4：05/km）
木曜日	有酸素ジョグ 10 〜 14km（ZONE1　5：30 〜 6：00/km ）
金曜日	有酸素ジョグ 10 〜 14km（ZONE1　5：30 〜 6：00/km）
土曜日	VO2maxインターバル 1000m × 5 〜 7 本（ZONE7　3：40 〜 3：55/km）
日曜日	ロング走（21km or 120 分）（ZONE1　5：30 〜 6：00/km）

猛暑の場合、冷房の効いた環境でトレッドミルを走るのも可

暑いですが、自己ベストを更新する選手も多い大会です。**市民ランナーの我々も暑さに負けず今月は5000mの総仕上げを行います。**マラソンのスピードの余裕度、つまりVO2maxの上限を7月末までに決定します。様々なメニューがありますが、具体的にはVO2maxインターバルを行います。

VO2maxインターバルは、夏場でも1200mまではパフォーマンスの低下をほとんど感じませんが、強度が高いため、レストを長めに設定して余裕を持たせています。1500m以上になると、サブスリーペースでは1本あたり5分以上かかり、VO2maxへの十分な刺激が難しくなるため、実施しません。

7月の具体的な練習スケジュール例は上の表の通りです。月末に5000mTTをやってみましょう。何しろ夏真っ盛りなのでVO2maxも下がり、ペースが落ちるのが当たり前です。6月のタイムより落ちる場合もあると思いますが、現状維持ならパフォーマンスは上がっていると考えても良いでしょう。

一言でサブスリーランナーと言っても5000mのタイムはスタミナ型とスピード型でまちまちです。5000mを18分40秒で走れたからと言ってサブスリーは約束されたものではなく、20分を切れずともサブスリーができてしまうランナーもいます。そういう意味で指標として突き詰めて考える必要はなく、夏場7月末のサブスリーの合格ラインは5000mを19分30秒、最低ラインは20分30秒切りと考えてください。

【8月の練習】

暑いしまだまだマラソンシーズンではないから…と夏場に走り込まないのはいけません。夏を制する者は秋冬のレースを制するのです。10月11月のフルマラソンの季節はもうすぐです。秋のマラソン練習に耐え得る足の土台とスピード持久力を最大限に鍛えていきます。

とはいえ近年の夏の暑さを甘く見てはいけません。夏場は長距離走で記録が出にくく、五輪でもマラソンは世界記録を狙うレースというより、メダルや順位を重視した展開になりがちです。そのため、速いペースでのロング走は練習メニューとして不向きです。夏に無理して速めのロングペース走を繰り返すと、疲労が蓄積し、慢性疲労に陥って秋冬のレースまでに回復できず、悪影響を及ぼす事があります。暑いからといって全く走らないのも問題です。重要なのは疲労を溜めないよう注意しながらも、継続して練習を行う事です。寒い時期に比べて同じ運動強度でも心拍数が高くなるため、ロング走ではペースを極端に落とし、距離を稼ぐ事が求められます。

8月の練習スケジュール例

月曜日	有酸素ジョグ 10 ～ 14km（ZONE1　5：30 ～ 6：00/km）
火曜日	有酸素ジョグ 10 ～ 14km（ZONE1　5：30 ～ 6：00/km）
水曜日	2000m × 3本（ZONE6　3：55 ～ 4：05/km）
木曜日	有酸素ジョグ 10 ～ 14km（ZONE1　5：30 ～ 6：00/km）
金曜日	有酸素ジョグ 10 ～ 14km（ZONE1　5：30 ～ 6：00/km）
土曜日	OBLAインターバル 3000m × 2本（ZONE6　3：55 ～ 4：05/km）など
日曜日	ロング走（21km or 120分）木陰の多い起伏走がGOOD（ZONE1　5：30 ～ 6：00/km）

猛暑の場合、冷房の効いた環境でトレッドミルを走るのも可

しかし夏にも利点があります。夏の暑い時期に練習すると暑熱順化により、筋肉の放熱能力が高まるので、秋口になり涼しくなった時に体が熱くなりづらくなります。もう1つは筋肉が温まりやすく柔軟性も確保されるので故障しにくく、スピードに特化した練習を行いやすいのです。

つまり夏場には質の高い練習は短時間で終わる事が大切。夏場にスピードを鍛えておくと秋以降の気温が下がった時にかなり楽に走れるようになります。

とはいえ熱中症の危険が伴うので質は下げざるを得ません。スピードはやや落ちます。激しい負荷のトレーニングは中核体温が上がり脱水状態

8月練習メニュー例（暑さのためレスト長め）

ロングインターバル	ZONE	サブスリー目標の設定ペース
2000m×3本（レスト3～5分）	ZONE6	3：55 ～ 4：05/km
3000m×2本（レスト4～6分）	ZONE6	3：55 ～ 4：05/km
3000m（レスト3～5分）-2000m-（レスト2～4分）-1000m	ZONE6	（3000m＝）4：00/km （2000m＝）3：55/km （1000m＝）3：50/km
4000m（レスト5～7分）-2000m	ZONE6	（4000m＝）4：00 ～ 4：05/km （2000m＝）3：55 ～ 4：00/km

になりやすくなります。暑い時にペースが落ちてしまうのは当たり前。負荷は落として身体の負担を減らしてでも走り続ける事が大切です。

夏場といえば合宿のシーズンでもあります。夏期休暇を利用して涼しいところへ、合宿と称して走り込みに行くのもでしょう。イベントとして大いに楽しみ走りましょう。通常メニューとしては7月のＶＯ２ｍａｘ重視から8月はＬＴ値の底上げにシフトしていきます。

具体的な練習メニュー例、練習スケジュール例は右のページの通りです。

水土とポイント練習を入れていますが、いずれも短く終える事ができます。２０００ｍ以上の距離をスピードを維持して粘る練習をしてＬＴの底上げを図ります。ただＯＢＬＡ領域のみにするとＶＯ２ｍａｘが下がってしまう傾向があるので、月に2度はＶＯ２ｍａｘインターバルを行います。そして8月末の早朝に１０００ｍのＴＴを行います。

8月あたりからＢＭＩの数値が高い人は21以下にするように計画的に徐々に体重を減らすといいでしょう。

【9月の練習】

近年の9月はまだ残暑厳しくランニングには厳しい時期といえます。しかし秋のマラソンは3ヵ月後に迫ってきました。本格的なマラソン練習のスタートです。しかし故障や怪我は練習距離やペースを急激に上げた時に起きやすいので気をつけましょう。

9月の練習スケジュール例

月曜日	有酸素ジョグ 10 ～ 14㎞（ZONE2　5：05 ～ 5：30/㎞）
火曜日	有酸素ジョグ 10 ～ 14㎞（ZONE2　5：05 ～ 5：30/㎞）
水曜日	OBLA ペース走 6 ～ 8㎞（ZONE6　3：55 ～ 4：05/㎞）
木曜日	有酸素ジョグ 10 ～ 14㎞（ZONE2　5：05 ～ 5：30/㎞）
金曜日	有酸素ジョグ 10 ～ 14㎞（ZONE2　5：05 ～ 5：30/㎞）
土曜日	有酸素ジョグ 8 ～ 10㎞（ZONE2　5：05 ～ 5：30/km） ＋ウインドスプリント（50m × 4 ～ 6 本）
日曜日	ロング走 21㎞（ZONE3　4：40 ～ 5：05/km）+1㎞× 3 本 インターバル（ZONE6　3：55 ～ 4：05/km）

猛暑の場合、冷房の効いた環境でトレッドミルを走るのも可

具体的な練習スケジュール例は上の表をご覧ください。

10㎞走のスピードの底上げを図ります。OBLA走をメインにして、ピンポイントでVO2maxインターバルを入れます。OBLA走に関しては6000～8000m（ZONE6 3分55秒～4分5秒／㎞）を基本とし、スタミナに不安がある場合はレースペースで10000～12000m（ZONE5 4分5秒～4分20秒／㎞）を走ると良いと思います。

OBLA、もしくはレースペース走の設定は下の表の通りとします。**まだペースを上げた30㎞ロング走はやるべきではありません。**日曜のロング走は21～25㎞有酸素ジョグ（4分40秒～5分5秒／㎞）をやり終えてから、1㎞×3本のOBLAインターバル（ZONE6 3分55秒～4分5秒／㎞）に挑戦します。ZONE6の速度域ではありますがロング走の疲

9月練習メニュー例

ペース走の距離	ZONE	サブスリー目標の設定ペース
6000m	ZONE6	3：55 ～ 4：00/㎞
8000m	ZONE6	4：00 ～ 4：05/㎞
10000m	ZONE5	4：05 ～ 4：10/㎞
12000m	ZONE5	4：10 ～ 4：20/㎞

労により、おそらく体感的にはZONE7になるでしょう。疲労で足が固まり、動きが悪くなっているところにわざと速い動きで負荷をかけてあげるのです（レスト2分）。マラソン後半にガクンと落ち込み癖がある人は特に効果が期待できます。

模擬テストとして9月末に10kmのTTにチャレンジしてみましょう。OBLAペースで押し切れたら合格です。気温にもよりますが、合格ラインは4分／kmで40分切りです。39分を切れたら調整を相当間違えない限り、サブスリーは手に掴んだと思いましょう。もしダメでも凹む事はありません。大会1週間前にもう一度追試ができます。そこまでLT値の底上げを頑張りましょう。

【10月の練習】

本命の秋のマラソンまであと2ヵ月となり、一番走る強度と距離が増える月です。涼しくなって走るのが楽になり、ペースも自然と速くなるでしょう。しかし負荷をかけ過ぎた激しい練習を積み重ねる事は、程々の練習を継続する事よりも結果として劣ります。故障には用心し、注意深く練習強度を高めていきましょう。マラソンに向けて長い距離をより速く走る事が重要になってきます。

28〜30kmのロング走も月頭から開始しますが、設定速度はマラソンの自己ベスト、もしくは目標タイムの10%〜15%遅いペース（ZONE3）とします。

10月練習メニュー例

マラソンのレースペース	ZONE	30km走設定ペース
4：00/km（2時間50分）	ZONE3	4：24〜4：48/km
4：15/km（3時間）	ZONE3	4：40〜5：06/km
4：30/km（3時間10分）	ZONE3	4：57〜5：24/km
5：00/km（3時間30分）	ZONE3	5：30〜6：00/km

レースペース別の30kmロング走の設定ペース

10月の練習スケジュール例

月曜日	有酸素ジョグ10～14km（ZONE3　4：40～5：05/km）
火曜日	有酸素ジョグ10～14km（ZONE3　4：40～5：05/km）
水曜日	レースペースインターバル1km×8～12本（ZONE5　4：05～4：20/km）
木曜日	有酸素ジョグ10～14km（ZONE3　4：40～5：05/km）
金曜日	有酸素ジョグ10～14km（ZONE3　4：40～5：05/km）
土曜日	（1分急走＋1分緩走）×10本（合計20分）ZONE7
日曜日	ロング走28～30km（ZONE3　4：40～5：05/km）

4～8月に取り組んできたZONE1でのロング走は、筋肉やメンタルに負荷はかかるものの、心肺に十分な負荷を与えるにはZONE3まで上げる必要があります。またカーディアック・ドリフトを発生させるためにZONE3まで負荷を高める事が不可欠です。

目標レースペースの－5～－10秒で行うインターバルを導入します。サブスリーの場合は4分5～10秒／kmで8～12本行い、ペース感覚に磨きをかけていきます。

時計を見ずとも余裕を持ってそのペースで走れるようにします。

スピード練習はこの時期になるとVO2maxの底上げは期待できず維持するのみで大丈夫。（1分急走＋1分緩走）×10本（20分）やリディアード先生が提唱する50／50シャープナーを2kmほど行い、刺激を入れるだけで十分です。これらのペースは厳密である必要はなく疾走感があれば、感覚的なもので問題ありません。

具体的な練習スケジュール例は上の表をご覧ください。

11月練習メニュー例

距離	サブスリー目標の設定タイム	%レースペース換算
5週間前 30㎞	4:40 ~ 5:05/㎞	レースペースの約10 ~ 15%遅いペース
4週間前 30 ~ 35㎞	4:40 ~ 5:05/㎞	レースペースの約10 ~ 15%遅いペース
3週間前 28 ~ 30㎞	4:20 ~ 4:40/㎞	レースペースの約2 ~ 10%遅いペース
2週間前 14 ~ 21㎞	4:05 ~ 4:10/㎞	レースペースの約5 ~ 2%速いペース
1週間前 10 ~ 14㎞	3:55 ~ 4:00/㎞	10㎞ TTとして4分切りチャレンジがお薦め

主にテーパリングの設定。1週間前はレースペース12~16㎞走でもOK

【11月の練習】

本命レースまで1ヵ月を切りました。暑い夏場を乗り越えて体調を維持してしっかりと練習ができた人はうまく調整していけば大きな成果を上げる事ができます。今さらスピードが足りないからと慌ててVO2maxインターバルをやっても、たかが知れてますし本番前の故障を誘発するだけです。なるべく本番のレースペースに近い練習をメインに、ピンポイントでスピードの刺激を入れてあげるだけで良いのです。

具体的な練習スケジュール例は下の表をご覧ください。

体重もレースに向けてある程度絞れてきているといいと思います。レー

11月の練習スケジュール例

月曜日	有酸素ジョグ10 ~ 14㎞（ZONE3　4：40 ~ 5：05/㎞）
火曜日	有酸素ジョグ10 ~ 14㎞（ZONE3　4：40 ~ 5：05/㎞）
水曜日	レースペース走10 ~ 12㎞（ZONE5　4：05 ~ 4：20/㎞）
木曜日	有酸素ジョグ10㎞（ZONE3　4：40 ~ 5：05/㎞）
金曜日	有酸素ジョグ10㎞（ZONE3　4：40 ~ 5：05/㎞）
土曜日	（1分急走＋1分緩走）×10本（合計20分）ZONE7
日曜日	ロング走14 ~ 35㎞（ZONE4　4：20 ~ 4：40/㎞）

ス日に合わせてテーパリングを行い、徐々に距離を減らし疲労を抜いていきますが、練習を休み過ぎては有酸素性能力、持久力を落とします。練習の質を落とさず量を減らし、走る感覚をシャープかつフレッシュにしていきます。**少なくとも2週間前までは練習量を落とさずこなしましょう。**※**1ヵ月前からテーパリングすると休養し過ぎて筋力含め走力が落ちてしまいます。**

練習量を減らし過ぎると体重のコントロールも難しくなります。気持ちもカラダもゆるみ過ぎてキレが悪くなってしまいます。逆に不安解消のために走り過ぎてしまう事もありがちです。今さらじたばたしてもしょうがないので、今までやってきた練習を信じて腹を括りましょう。

レースに向けて走行距離を減らしていく過程で調子がいいと感じても、練習のペースを上げてはいけません。調子よく走れ過ぎたために大会前にピークを早めてしまう可能性もあります。

レース週の過ごし方に関しては次章にて詳述します。

【12月の練習】

秋のレース結果はどうだったでしょうか。「勝負は時の運」と申しますがどんなに準備してもうまくいかないのがマラソンです。自己ベスト更新、サブスリー達成、さらに高みを目指すにしても、もしくは望む結果が得られなかったとしても焦らないでください。

大会が終了したらまずはしっかり休養して、次のレースに向けて英気を養いましょう。大会直後の足へのダメージは誰もが経験する事です。まずこれは乳酸ではありません。レース中に生成される乳

※エリウド・キプチョゲ選手はベルリンマラソン2017において5週前190㎞、4週前177㎞、3週前192㎞、2週前182㎞とハードな練習を持続させて、テーパリングは1週間のみとなっている

酸は2～3時間で分解されて体内から消失します。ゆえにダウンジョグやお風呂に浸かる事により、血行を良くして疲労物質を早く流そうとする試みはあまり意味がありません。

遅発性筋肉痛の正体は筋肉の微細な損傷です。マラソンを走った直後、階段を下り始めた時に強烈な足のこわばりに気づく人も多いかもしれません。帰宅時にはよろよろとした歩きしかできなくなり、「こんな状態でよく走ったものだ」と驚かされます。主に大腿四頭筋や大臀筋、ハムストリングス、ふくらはぎ、前脛の筋肉にきます。

この筋肉痛は遅発性であり痛みのピークまで1～2日かかります。そして少なくとも4～5日影響が続きます。その間はしっかりと栄養を摂り、カラダを休ませましょう。無理に走らず何かカラダを動かしたいのなら歩きましょう。

フルマラソンは身体に大きなストレスをかけるため免疫性の疲労感、だるさ、風邪や感染症にかかりやすくなるなどの症状が見られます。また消化器系や肝機能、腎機能が一時的に低下する事もあります。十分な休養と栄養を確保しましょう。

第1レースが終わると師走とも言われる12月を迎えます。スピード練習を控え一旦オフモードでもいいくらいです。エリートランナーですらもそうしています。気持ちと肉体の張り詰めた感覚を解きほぐします。春からずっと練習を積んできたマラソン脚と心肺機能はそう簡単に衰えません。

人間のカラダは一定の上り調子で成長するものではなく、上がり下がりのバイオリズムが存在します。第1レースが納得のいくものではなかった、もしくは思った以上の成績が残せたからといって、この時期にさらにハードな練習を課してしまうとかえって調子を崩し、重要な第2レース前にバイオリズムが上がらなくなる可能性もあります。

しかし何もしないで休養するのはいけません。忘年会シーズンで体重も気になる季節です。最低限の走力維持とカロリー消費に勤しみます。冬場は寒くて走り出すまでは辛いですが、心肺への負担が軽く一度カラダが温まれば快適に走れる季節です。

ただ気をつけなくてはいけないのが冬場は厚手のウェアを着込みがちで、気づかぬ間にフォームが小さく固まる場合があります。腕を振れず上半身が動かしにくくなり、スピードが出せない原因にもつながります。もちろん薄手のウェアで暖房の効いたジムのトレッドミルで走ってもOKです。

オフの間は第1レースを省みて足りないなと実感したカラダのパーツの筋トレやストレッチ、ドリルなどを重点的にやりましょう。特に中高年は背中周り、肩周辺が猫背で固まりがちです。普段のランニングだけでは可動域は確保できません。入念にストレッチしましょう。

12月の練習スケジュール例は下の表をご覧ください。

練習は徐々に再開します。むやみに焦る事は故障を引き起

12月の練習スケジュール例

月曜日	有酸素ジョグ 10 ～ 14km（ZONE1　5：30 ～ 6：00/km）
火曜日	有酸素ジョグ 10 ～ 14km（ZONE1　5：30 ～ 6：00/km）
水曜日	レースペースインターバル 1000m × 8 ～ 12本（ZONE5　4：05 ～ 4：20/km）
木曜日	有酸素ジョグ 10 ～ 14km（ZONE1　5：30 ～ 6：00/km）
金曜日	有酸素ジョグ 10 ～ 14km（ZONE1　5：30 ～ 6：00/km）
土曜日	（1分急走＋1 分緩走）× 20本（合計40分）
日曜日	ロング走（21km or 120分）（ZONE1　5：30 ～ 6：00/km）

1月の練習スケジュール例

月曜日	有酸素ジョグ10～14km（ZONE2　5：05～5：30/km）
火曜日	有酸素ジョグ10～14km（ZONE2　5：05～5：30/km）
水曜日	OBLAペース走6～8km（ZONE6　3：55～4：05/km）or レースペース10000～12000m（ZONE5　4：05～4：20/km）
木曜日	有酸素ジョグ10～14km（ZONE2　5：05～5：30/km）
金曜日	有酸素ジョグ10～14km（ZONE2　5：05～5：30/km）
土曜日	有酸素ジョグ8～10km（ZONE2　5：05～5：30/km）
日曜日	ロング走21km（ZONE3　4：40～5：05/km） +1km×3本（ZONE6　3：55～4：05/km）

こし春のレースを棒に振る事にもつながってしまいます。そして12月中旬になるあたりからスピード練習を入れてダイナミックな動きを思い出させてあげます。年末年始で練習に割ける時間が多く取れる人は走り込みのチャンスです。そこまでスピードを上げなくてもよいので、1週間で100kmほど稼げると良いでしょう。

【1月の練習】

新春になり気持ちも引き締めてマラソン練習をスタートさせましょう。いつまでも正月気分ではいられません。マラソンシーズン真っただ中で春のマラソンはすぐそこに迫っています。冬場の寒い時期はロング走の身体への負担も軽いので毎週取り入れてよいでしょう。

基本スケジュールですが上の表をご参照ください。

1本マラソンを経験しているので、21km走った後に1km×3本インターバルを入れる事で、VO2maxはすぐに上限まで戻ります。平日のポイント練習に関しては、

ＯＢＬＡ閾値走６０００～８０００ｍとレースペースの１２０００ｍを隔週で繰り返します。スピードにやや不安がある場合には、ＯＢＬＡ走６０００～８０００ｍ（ＺＯＮＥ６　３分55秒～４分５秒／km）を気持ち多めに、スタミナに不安がある場合はレースペース走１００００～１２０００ｍ（ＺＯＮＥ５　４分５秒～４分20秒／km）を増やせばいいと思います。

模擬テストとして９月末と同じく10kmのＴＴにチャレンジしてみましょう。４分／kmで10kmを目指しますが、９月の時期より気温が低く39分切りを狙いたいところです。もし切れたら大会でサブスリーである４分15秒／kmのペース維持はもう十分可能のはず。あとはロング走を繰り返し疲労耐性を高めましょう。もし39分からこぼれても、大会１週間前にもう一度追試があります。それまでＬＴ値の底上げを頑張りましょう。

【2月の練習】

３月末のレースがターゲットだとこの月が一番練習のボリュームが大きくなります。

故障には用心しながら練習強度を高めましょう。寒い時期は筋肉や関節が冷えやすく、怪我をしやすいためウォームアップが大切です。家で軽いストレッチやジャンプなどカラダをほぐして温める運動を行ってから外に出ましょう。さらに入念にアップジョグをしてから練習に入りましょう。長い距離をより速く走る事が重要になってきます。

寒い時期なので外に出るまでは気が重いですが、一旦走り出してしまえばカラダは温まり、心肺へ

2月の練習スケジュール例

月曜日	有酸素ジョグ 10 ～ 14km（ZONE3　4：40 ～ 5：05/km）
火曜日	有酸素ジョグ 10 ～ 14km（ZONE3　4：40 ～ 5：05/km）
水曜日	レースペース走 12 ～ 16km　(ZONE5　4：05 ～ 4：10/km)
木曜日	有酸素ジョグ 10 ～ 14km（ZONE3　4：40 ～ 5：05/km）
金曜日	有酸素ジョグ 10 ～ 14km（ZONE3　4：40 ～ 5：05/km）
土曜日	有酸素ジョグ 10 ～ 14km（ZONE3　4：40 ～ 5：05/km）
日曜日	ロング走 28 ～ 30km（ZONE3　4：40 ～ 5：05/km）

の負荷は優しく走りやすいはずです。ＺＯＮＥ3のロング走を開始しますが、調子が良いと感じるなら、まだ暑かった9月～10月より5秒～10秒／km上げてもいいと思います。

基本スケジュールですが、上の表をご参照ください。

ポイント練習はレースペース走を選択します。目標のレースペースから5～10秒上げてスピード持久力に磨きをかけていきます。サブスリーの場合、4分5秒～4分10秒／kmです。時計を見ずとも余裕を持って、ペース感覚に磨きをかけていきます。

練習の多くはほぼレースペースに近い速度域（ＺＯＮＥ3～5）で行い、スピードの刺激は（1分急走＋1分緩走）×10本や50／50シャープナーを2kmほど走ります。いずれもダイナミックな動きで筋肉と心肺に負荷をかけますが、これらのペースは厳密である必要はなく、感覚的なもので大丈夫です。

【3月の練習】

月末に今季最後のレースがある月です。秋のレースの疲労

3月の練習スケジュール例

月曜日	有酸素ジョグ 10km（ZONE3　4：40～5：05/km）
火曜日	有酸素ジョグ 10km（ZONE3　4：40～5：05/km）
水曜日	レースペース走 10～12km（ZONE5　4：05～4：20/km）
木曜日	有酸素ジョグ 10km（ZONE3　4：40～5：05/km）
金曜日	有酸素ジョグ 10km（ZONE3　4：40～5：05/km）
土曜日	50/50シャープナー（2km程度）
日曜日	ロング走 14～35km（ZONE4　4：20～4：40/km）

が取れて体調を維持してしっかりと練習をできた人は秋のレースの結果を上回る大きな成果を上げる事ができます。

なるべく本番に近いレースペースの練習をメインにして、徐々にテーパリングを行い、疲労を抜いていきます。テーパリングは、ピークパフォーマンスを発揮するための重要なプロセスです。

今さらスピードが足りないからと、この時期に慌ててVO2maxインターバル1km×7本といったかなりキツい練習をやってもたかが知れていますし、本番前の故障を誘発するだけです。体重もレースに向けて絞れているといいと思います。

具体的な練習スケジュール例は上の通りです。

シーズン終わりの大切なレースです。ここまで完璧にやり遂げられたら、100％サブスリーは約束されたものだと思って自信を持ってレースに臨んでください。1年にわたる練習の成果を出す時です。大会1週間前のスケジュールと過ごし方は次章にて詳述します。

レース32週～29週前（4月）

日	曜日	予定
1	月	有酸素ジョグ 10 ～ 14㎞（ZONE1　5:30 ～ 6:00/㎞）
2	火	有酸素ジョグ 10 ～ 14㎞（ZONE1　5:30 ～ 6:00/㎞）
3	水	坂道ウインドスプリント（80 ～ 120m）× 10 本
4	木	有酸素ジョグ 10 ～ 14㎞（ZONE1　5:30 ～ 6:00/㎞）
5	金	有酸素ジョグ 10 ～ 14㎞（ZONE1　5:30 ～ 6:00/㎞）
6	土	ウインドスプリント（80～120m）×10本＋有酸素ジョグ 5㎞（ZONE1　5:30～6:00/km）
7	日	ロング走(21㎞ or 120分　ZONE1　5:30 ～ 6:00/㎞)、途中で 1㎞ TT
8	月	有酸素ジョグ 10 ～ 14㎞（ZONE1　5:30 ～ 6:00/㎞）
9	火	有酸素ジョグ 10 ～ 14㎞（ZONE1　5:30 ～ 6:00/㎞）
10	水	坂道ウインドスプリント（80 ～ 120m）× 10 本
11	木	有酸素ジョグ 10 ～ 14㎞（ZONE1　5:30 ～ 6:00/㎞）
12	金	有酸素ジョグ 10 ～ 14㎞（ZONE1　5:30 ～ 6:00/㎞）
13	土	（1分急走＋1分緩走）× 20 本（40 分）
14	日	ロング走(21㎞ or120分　ZONE1　5:30 ～ 6:00/㎞)、途中で 1㎞ TT
15	月	有酸素ジョグ 10 ～ 14㎞（ZONE1　5:30 ～ 6:00/㎞）
16	火	有酸素ジョグ 10 ～ 14㎞（ZONE1　5:30 ～ 6:00/㎞）
17	水	坂道ウインドスプリント（80 ～ 120m）× 10 本
18	木	有酸素ジョグ 10 ～ 14㎞（ZONE1　5:30 ～ 6:00/㎞）
19	金	有酸素ジョグ 10 ～ 14㎞（ZONE1　5:30 ～ 6:00/㎞）
20	土	ウインドスプリント(80～120m)×10本＋有酸素ジョグ 5㎞(ZONE1　5:30～6:00/㎞)
21	日	ロング走(21㎞ or120分　ZONE1　5:30 ～ 6:00/㎞)、途中で 1㎞ TT
22	月	有酸素ジョグ 10 ～ 14㎞（ZONE1　5:30 ～ 6:00/㎞）
23	火	有酸素ジョグ 10 ～ 14㎞（ZONE1　5:30 ～ 6:00/㎞）
24	水	坂道ウインドスプリント（80 ～ 120m）× 10 本
25	木	有酸素ジョグ 10 ～ 14㎞（ZONE1　5:30 ～ 6:00/㎞）
26	金	有酸素ジョグ 10 ～ 14㎞（ZONE1　5:30 ～ 6:00/㎞）
27	土	（1分急走＋1分緩走）× 20 本（40 分）
28	日	ロング走(21㎞ or 120 分 ZONE1　5:30 ～ 6:00/㎞)、途中で 1㎞ TT

※4週28日を一区切りとしていますので、暦の1ヵ月（30、31日）とズレが生じます。レース週から4週間ごとに区切って確認をしてください
※有酸素ジョグ（ZONE1　5:30～6:00/㎞)はこの範囲内でビルドアップ走もOK
※日曜はロング走の代わりに峠走やトレイルランニングを楽しむのも可

レース28週～25週前（5月）

日	曜日	予定
1	月	有酸素ジョグ 10～14㎞（ZONE1　5:30～6:00/㎞）
2	火	有酸素ジョグ 10～14㎞（ZONE1　5:30～6:00/㎞）
3	水	ショートインターバル 400m×10本（ZONE8　3:25～3:40/㎞）
4	木	有酸素ジョグ 10～14㎞（ZONE1　5:30～6:00/㎞）
5	金	有酸素ジョグ 10～14㎞（ZONE1　5:30～6:00/㎞）
6	土	ショートインターバル 200m×15本（ZONE8　3:25～3:40/㎞）
7	日	ロング走 (21㎞ or 120分)（ZONE1　5:30～6:00/㎞）、途中で1㎞TT
8	月	有酸素ジョグ 10～14㎞（ZONE1　5:30～6:00/㎞）
9	火	有酸素ジョグ 10～14㎞（ZONE1　5:30～6:00/㎞）
10	水	ショートインターバル 400m×10本（ZONE8　3:25～3:40/㎞）
11	木	有酸素ジョグ 10～14㎞（ZONE1　5:30～6:00/㎞）
12	金	有酸素ジョグ 10～14㎞（ZONE1　5:30～6:00/㎞）
13	土	ショートインターバル 200m×15本（ZONE8　3:25～3:40/㎞）
14	日	ロング走 (21㎞ or 120分)（ZONE1　5:30～6:00/㎞）、途中で1㎞TT
15	月	有酸素ジョグ 10～14㎞（ZONE1　5:30～6:00/㎞）
16	火	有酸素ジョグ 10～14㎞（ZONE1　5:30～6:00/㎞）
17	水	ショートインターバル 400m×10本（ZONE8　3:25～3:40/㎞）
18	木	有酸素ジョグ 10～14㎞（ZONE1　5:30～6:00/㎞）
19	金	有酸素ジョグ 10～14㎞（ZONE1　5:30～6:00/㎞）
20	土	ショートインターバル 200m×15本（ZONE8　3:25～3:40/㎞）
21	日	ロング走 (21㎞ or 120分)（ZONE1　5:30～6:00/㎞）、途中で1㎞TT
22	月	有酸素ジョグ 10～14㎞（ZONE1　5:30～6:00/㎞）
23	火	有酸素ジョグ 10～14㎞（ZONE1　5:30～6:00/㎞）
24	水	ショートインターバル 400m×10本（ZONE8　3:25～3:40/㎞）
25	木	有酸素ジョグ 10～14㎞（ZONE1　5:30～6:00/㎞）
26	金	有酸素ジョグ 10～14㎞（ZONE1　5:30～6:00/㎞）
27	土	ショートインターバル 200m×15本（ZONE8　3:25～3:40/㎞）
28	日	ロング走 (21㎞ or 120分)（ZONE1　5:30～6:00/㎞）、途中で1㎞TT

※有酸素ジョグ（ZONE1　5:30～6:00/㎞)はこの範囲内でビルドアップ走もOK

レース24週～21週前（6月）

日	曜日	予定
1	月	有酸素ジョグ 10 ～ 14㎞（ZONE1　5:30 ～ 6:00/㎞）
2	火	有酸素ジョグ 10 ～ 14㎞（ZONE1　5:30 ～ 6:00/㎞）
3	水	VO2maxインターバル 800 m× 6 本（レスト 200 m）（ZONE7　3:40 ～ 3:55/㎞）
4	木	有酸素ジョグ 10 ～ 14㎞（ZONE1　5:30 ～ 6:00/㎞）
5	金	有酸素ジョグ 10 ～ 14㎞（ZONE1　5:30 ～ 6:00/㎞）
6	土	レースペース走 6 ～ 8㎞（ZONE5　4:05 ～ 4:20/㎞）
7	日	ロング走 (21㎞ or 120 分)（ZONE1　5:30 ～ 6:00/㎞）、途中で 1㎞ TT
8	月	有酸素ジョグ 10 ～ 14㎞（ZONE1　5:30 ～ 6:00/㎞）
9	火	有酸素ジョグ 10 ～ 14㎞（ZONE1　5:30 ～ 6:00/㎞）
10	水	VO2maxインターバル 600 m× 8 本（レスト 200 m）（ZONE7　3:40 ～ 3:55/㎞）
11	木	有酸素ジョグ 10 ～ 14㎞（ZONE1　5:30 ～ 6:00/㎞）
12	金	有酸素ジョグ 10 ～ 14㎞（ZONE1　5:30 ～ 6:00/㎞）
13	土	レースペース走 6 ～ 8㎞（ZONE5　4:05 ～ 4:20/㎞）
14	日	ロング走 (21㎞ or 120 分)（ZONE1　5:30 ～ 6:00/㎞）、途中で 1㎞ TT
15	月	有酸素ジョグ 10 ～ 14㎞（ZONE1　5:30 ～ 6:00/㎞）
16	火	有酸素ジョグ 10 ～ 14㎞（ZONE1　5:30 ～ 6:00/㎞）
17	水	VO2maxインターバル 800 m× 6 本（レスト 200 m）（ZONE7　3:40 ～ 3:55/㎞）
18	木	有酸素ジョグ 10 ～ 14㎞（ZONE1　5:30 ～ 6:00/㎞）
19	金	有酸素ジョグ 10 ～ 14㎞（ZONE1　5:30 ～ 6:00/㎞）
20	土	レースペース走 6 ～ 8㎞（ZONE5　4:05 ～ 4:20/㎞）
21	日	ロング走 (21㎞ or 120 分)（ZONE1　5:30 ～ 6:00/㎞）、途中で 1㎞ TT
22	月	有酸素ジョグ 10 ～ 14㎞（ZONE1　5:30 ～ 6:00/㎞）
23	火	有酸素ジョグ 10 ～ 14㎞（ZONE1　5:30 ～ 6:00/㎞）
24	水	VO2maxインターバル 600 m× 8 本（レスト 200 m）（ZONE7　3:40 ～ 3:55/㎞）
25	木	有酸素ジョグ 10 ～ 14㎞（ZONE1　5:30 ～ 6:00/㎞）
26	金	有酸素ジョグ 10 ～ 14㎞（ZONE1　5:30 ～ 6:00/㎞）
27	土	有酸素ジョグ8～ 10㎞（ZONE1　5:30 ～ 6:00/㎞）
28	日	有酸素ジョグ 2㎞（ZONE1）＋5000mTT（19分30秒切り目標） ＋有酸素ジョグ 3㎞（ZONE1 ）※大きめの負荷現状確認

※レースペース走は翌月のOBLA走のスピード持久力養成として行うので距離は短め
※有酸素ジョグ（ZONE1　5:30~6:00/㎞)はこの範囲内でビルドアップ走もOK

レース20週～ 17週前（7月）

日	曜日	予定
1	月	有酸素ジョグ 10 ～ 14㎞（ZONE1　5:30 ～ 6:00/㎞）
2	火	有酸素ジョグ 10 ～ 14㎞（ZONE1　5:30 ～ 6:00/㎞）
3	水	OBLAペース走 6～8㎞（ZONE6　3:55 ～ 4:05/㎞）
4	木	有酸素ジョグ 10 ～ 14㎞（ZONE1　5:30 ～ 6:00/㎞）
5	金	有酸素ジョグ 10 ～ 14㎞（ZONE1　5:30 ～ 6:00/㎞）
6	土	VO2max インターバル 1000m × 5 ～ 7 本（ZONE7　3:40 ～ 3:55/㎞）
7	日	ロング走（21㎞ or 120 分）（ZONE1　5:30 ～ 6:00/㎞）
8	月	有酸素ジョグ 10 ～ 14㎞（ZONE1　5:30 ～ 6:00/㎞）
9	火	有酸素ジョグ 10 ～ 14㎞（ZONE1　5:30 ～ 6:00/㎞）
10	水	OBLAペース走 6～8㎞（ZONE6　3:55 ～ 4:05/㎞）
11	木	有酸素ジョグ 10 ～ 14㎞（ZONE1　5:30 ～ 6:00/㎞）
12	金	有酸素ジョグ 10 ～ 14㎞（ZONE1　5:30 ～ 6:00/㎞）
13	土	VO2max インターバル 1200m × 4 ～ 6 本（ZONE7　3:40 ～ 3:55/㎞）
14	日	ロング走（21㎞ or 120 分）（ZONE1　5:30 ～ 6:00/㎞）
15	月	有酸素ジョグ 10 ～ 14㎞（ZONE1　5:30 ～ 6:00/㎞）
16	火	有酸素ジョグ 10 ～ 14㎞（ZONE1　5:30 ～ 6:00/㎞）
17	水	OBLAペース走 6～8㎞（ZONE6　3:55 ～ 4:05/㎞）
18	木	有酸素ジョグ 10 ～ 14㎞（ZONE1　5:30 ～ 6:00/㎞）
19	金	有酸素ジョグ 10 ～ 14㎞（ZONE1　5:30 ～ 6:00/㎞）
20	土	VO2max インターバル 1000m × 5 ～ 7 本（ZONE7　3:40 ～ 3:55/㎞）
21	日	ロング走（21㎞ or 120 分）（ZONE1　5:30 ～ 6:00/㎞）
22	月	有酸素ジョグ 10 ～ 14㎞（ZONE1　5:30 ～ 6:00/㎞）
23	火	有酸素ジョグ 10 ～ 14㎞（ZONE1　5:30 ～ 6:00/㎞）
24	水	OBLAペース走 6～8㎞（ZONE6　3:55 ～ 4:05/㎞）
25	木	有酸素ジョグ 10 ～ 14㎞（ZONE1　5:30 ～ 6:00/㎞）
26	金	有酸素ジョグ 10 ～ 14㎞（ZONE1　5:30 ～ 6:00/㎞）
27	土	有酸素ジョグ 8 ～ 10㎞（ZONE1　5:30 ～ 6:00/㎞）
28	日	有酸素ジョグ 2000m（ZONE1）＋5000mTT（19分30秒切り目標） ＋有酸素ジョグ 3000m（ZONE1）

※7月は暑いのでレストを長めに取りましょう。効果は変わりません。その代わり急走のペースは落とさずしっかり走ります。OBLA走も２分割まではOK。猛暑の場合はジムや体育館のトレッドミルで走ってもOKです

※有酸素ジョグ（ZONE1　5:30～6:00/㎞)はこの範囲内でビルドアップ走もOK

レース16週～13週前（8月）

日	曜日	予定
1	月	有酸素ジョグ 10 ～ 14㎞（ZONE1　5:30 ～ 6:00/㎞）
2	火	有酸素ジョグ 10 ～ 14㎞（ZONE1　5:30 ～ 6:00/㎞）
3	水	OBLAペース走 6 ～ 8㎞ (ZONE6　3:55 ～ 4:05/㎞)
4	木	有酸素ジョグ 10 ～ 14㎞（ZONE1　5:30 ～ 6:00/㎞）
5	金	有酸素ジョグ 10 ～ 14㎞（ZONE1　5:30 ～ 6:00/㎞）
6	土	OBLA インターバル 2000 m× 3 本（ZONE6　3:55 ～ 4:05/㎞）
7	日	ロング走 (21㎞ or 120分) 木陰の多い起伏走が GOOD（ZONE1　5:30 ～ 6:00/㎞）
8	月	有酸素ジョグ 10 ～ 14㎞（ZONE1　5:30 ～ 6:00/㎞）
9	火	有酸素ジョグ 10 ～ 14㎞（ZONE1　5:30 ～ 6:00/㎞）
10	水	OBLAインターバル 4000m - 2000 m（ZONE6　4:00 → 3:55/㎞）
11	木	有酸素ジョグ 10 ～ 14㎞（ZONE1　5:30 ～ 6:00/㎞）
12	金	有酸素ジョグ 10 ～ 14㎞（ZONE1　5:30 ～ 6:00/㎞）
13	土	VO2maxインターバル 1000m×5 本（ZONE7　3:40 ～ 3:55/㎞）
14	日	ロング走 (21㎞ or 120分) 木陰の多い起伏走が GOOD（ZONE1　5:30 ～ 6:00/㎞）
15	月	有酸素ジョグ 10 ～ 14㎞（ZONE1　5:30 ～ 6:00/㎞）
16	火	有酸素ジョグ 10 ～ 14㎞（ZONE1　5:30 ～ 6:00/㎞）
17	水	OBLAインターバル 3000 m（レスト 4 分）- 2000 m（レスト 3 分）- 1000 m（ZONE6　4:00 → 3:55 → 3:50/㎞）
18	木	有酸素ジョグ 10 ～ 14㎞（ZONE1　5:30 ～ 6:00/㎞）
19	金	有酸素ジョグ 10 ～ 14㎞（ZONE1　5:30 ～ 6:00/㎞）
20	土	OBLAペース走 6 ～ 8㎞ (ZONE6　3:55 ～ 4:05/㎞)
21	日	ロング走 (21㎞ or 120分) 木陰の多い起伏走が GOOD（ZONE1　5:30 ～ 6:00/㎞）
22	月	有酸素ジョグ 10 ～ 14㎞（ZONE1　5:30 ～ 6:00/㎞）
23	火	有酸素ジョグ 10 ～ 14㎞（ZONE1　5:30 ～ 6:00/㎞）
24	水	VO2maxインターバル 1000m × 5 本 (ZONE7　3:40 ～ 3:55/㎞)
25	木	有酸素ジョグ 10 ～ 14㎞（ZONE1　5:30 ～ 6:00/㎞）
26	金	有酸素ジョグ 10 ～ 14㎞（ZONE1　5:30 ～ 6:00/㎞）
27	土	有酸素ジョグ 8 ～ 10㎞（ZONE1　5:30 ～ 6:00/㎞）
28	日	10000mTT（現状確認）＋有酸素ジョグ 10㎞（ZONE1　5:30 ～ 6:00/㎞）

※8月も暑いのでレストを長めに取りましょう。効果は変わりません。その代わり急走のペースは落とさずしっかり走ります。OBLA走も2分割までOK。猛暑の場合はジムや体育館のトレッドミルで走ってもOK
※有酸素ジョグ（ZONE1　5:30～6:00/㎞)はこの範囲内でビルドアップ走もOK

レース12週～9週前（9月）

日	曜日	予定
1	月	有酸素ジョグ10～14km（ZONE2　5:05～5:30/km
2	火	有酸素ジョグ10～14km（ZONE2　5:05～5:30/km）
3	水	OBLAペース走6～8km（ZONE6　3:55～4:05/km）
4	木	有酸素ジョグ10～14km（ZONE2　5:05～5:30/km）
5	金	有酸素ジョグ10～14km（ZONE2　5:05～5:30/km
6	土	有酸素ジョグ8～10km（ZONE1　5:30～6:00/km） ＋ウインドスプリント（50m×4～6本）
7	日	ロング走21km（ZONE3　4:40～5:05/km）＋インターバル1km×3本（ZONE6）
8	月	有酸素ジョグ10～14km（ZONE2　5:05～5:30/km）
9	火	有酸素ジョグ10～14km（ZONE2　5:05～5:30/km）
10	水	OBLAペース走6～8km（ZONE6　3:55～4:05/km）
11	木	有酸素ジョグ10～14km（ZONE2　5:05～5:30/km）
12	金	有酸素ジョグ10～14km（ZONE2　5:05～5:30/km）
13	土	有酸素ジョグ8～10km（ZONE1　5:30～6:00/km） ＋ウインドスプリント（50m×4～6本）
14	日	ロング走21km（ZONE3　4:40～5:05/km）＋インターバル1km×3本（ZONE6）
15	月	有酸素ジョグ10～14km（ZONE2　5:05～5:30/km）
16	火	有酸素ジョグ10～14km（ZONE2　5:05～5:30/km）
17	水	OBLAペース走6～8km（ZONE6　3:55～4:05/km）
18	木	有酸素ジョグ10～14km（ZONE2　5:05～5:30/km）
19	金	有酸素ジョグ10～14km（ZONE2　5:05～5:30/km）
20	土	有酸素ジョグ8～10km（ZONE1　5:30～6:00/km） ＋ウインドスプリント（50m×4～6本）
21	日	ロング走25km（ZONE3　4:40～5:05/km）＋インターバル1km×3本（ZONE6）
22	月	有酸素ジョグ10～14km（ZONE2　5:05～5:30/km）
23	火	有酸素ジョグ10～14km（ZONE2　5:05～5:30/km）
24	水	OBLAペース走6～8km（ZONE6　3:55～4:05/km）
25	木	有酸素ジョグ10～14km（ZONE2　5:05～5:30/km）
26	金	有酸素ジョグ10～14km（ZONE2　5:05～5:30/km）
27	土	有酸素ジョグ8～10km（ZONE1　5:30～6:00/km） ＋ウインドスプリント（50m×4～6本）
28	日	10000mTT（39～40分切り目標） ＋有酸素ジョグ5km（ZONE2　5:05～5:30/km）

※残暑の場合はジムや体育館のトレッドミルで走ってもOKです
※有酸素ジョグ（ZONE2　5:05～5:30/km)はこの範囲内でビルドアップ走もOK

レース8週～5週前（10月）

日	曜日	予定
1	月	有酸素ジョグ 10 ～ 14㎞（ZONE2　5:05 ～ 5:30/㎞）
2	火	有酸素ジョグ 10 ～ 14㎞（ZONE2　5:05 ～ 5:30/㎞）
3	水	レースペースインターバル 1㎞× 8 ～ 12 本（4:05 ～ 4:10/㎞）
4	木	有酸素ジョグ 10 ～ 14㎞（ZONE2　5:05 ～ 5:30/㎞）
5	金	有酸素ジョグ 10 ～ 14㎞（ZONE2　5:05 ～ 5:30/㎞）
6	土	有酸素ジョグ 8 ～ 10㎞（ZONE2　5:05 ～ 5:30/㎞）
7	日	ロング走 28 ～ 30㎞（ZONE3　4:40 ～ 5:05/㎞）
8	月	有酸素ジョグ 10 ～ 14㎞（ZONE2　5:05 ～ 5:30/㎞）
9	火	有酸素ジョグ 10 ～ 14㎞（ZONE2　5:05 ～ 5:30/㎞）
10	水	レースペースインターバル 1㎞× 8 ～ 12 本（4:05 ～ 4:10/㎞）
11	木	有酸素ジョグ 10 ～ 14㎞（ZONE2　5:05 ～ 5:30/㎞）
12	金	有酸素ジョグ 10 ～ 14㎞（ZONE2　5:05 ～ 5:30/㎞）
13	土	有酸素ジョグ 8 ～ 10㎞（ZONE2　5:05 ～ 5:30/㎞）
14	日	ロング走 28 ～ 30㎞（ZONE3　4:40 ～ 5:05/㎞）
15	月	有酸素ジョグ 10 ～ 14㎞（ZONE3　4:40 ～ 5:05/㎞）
16	火	有酸素ジョグ 10 ～ 14㎞（ZONE3　4:40 ～ 5:05/㎞）
17	水	レースペースインターバル 8 ～ 12㎞（ZONE5　4:05 ～ 4:20/㎞）
18	木	有酸素ジョグ 10 ～ 14㎞（ZONE3　4:40 ～ 5:05/㎞）
19	金	有酸素ジョグ 10 ～ 14㎞（ZONE3　4:40 ～ 5:05/㎞）
20	土	（1分急走＋ 1分緩走）× 15 本 (30 分)
21	日	ロング走 28 ～ 30㎞（ZONE3　4:40 ～ 5:05/㎞）
22	月	有酸素ジョグ 10 ～ 14㎞（ZONE3　4:40 ～ 5:05/㎞）
23	火	有酸素ジョグ 10 ～ 14㎞（ZONE3　4:40 ～ 5:05/㎞）
24	水	レースペースインターバル 8 ～ 12㎞（ZONE5　4:05 ～ 4:20/㎞）
25	木	有酸素ジョグ 10 ～ 14㎞（ZONE3　4:40 ～ 5:05/㎞）
26	金	有酸素ジョグ 10 ～ 14㎞（ZONE3　4:40 ～ 5:05/㎞）
27	土	50/50シャープナー 2㎞ ＋有酸素ジョグ5㎞（ZONE1　5:30 ～ 6:00/㎞）
28	日	ロング走 30 ～ 35㎞（ZONE3　4:40 ～ 5:05/㎞）

※有酸素ジョグ（ZONE2　5:05～5:30/㎞、ZONE3　4:40～5:05/㎞)はこの範囲内でビルドアップ走もOK

4週前〜レース週（11月）

日	曜日	予定
1	月	有酸素ジョグ 10 〜 14㎞（ZONE3　4:40 〜 5:05/㎞）
2	火	有酸素ジョグ 10 〜 14㎞（ZONE3　4:40 〜 5:05/㎞）
3	水	レースペース走 10 〜 12㎞　(ZONE5　4:05 〜 4:20/㎞)
4	木	有酸素ジョグ 10 〜 14㎞（ZONE3　4:40 〜 5:05/㎞）
5	金	有酸素ジョグ 10 〜 14㎞（ZONE3　4:40 〜 5:05/㎞）
6	土	（1分急走＋ 1分緩走）× 15本 (30分）ZONE7
7	日	ロング走 28 〜 30㎞（ZONE4　4:20 〜 4:40/㎞)
8	月	有酸素ジョグ 10 〜 14㎞（ZONE3　4:40 〜 5:05/㎞）
9	火	有酸素ジョグ 10 〜 14㎞（ZONE3　4:40 〜 5:05/㎞）
10	水	レースペース走 10 〜 12㎞ (ZONE5　4:05 〜 4:20/㎞)
11	木	有酸素ジョグ 10 〜 14㎞（ZONE3　4:40 〜 5:05/㎞）
12	金	有酸素ジョグ 10 〜 14㎞（ZONE3　4:40 〜 5:05/㎞）
13	土	50m/50mシャープナー 2㎞ ＋有酸素ジョグ5㎞（ZONE1　5:30 〜 6:00/㎞）
14	日	レースペース走 14 〜 21㎞ (ZONE5　4:05 〜 4:20/㎞)
15	月	有酸素ジョグ 40分（ZONE1　5:30 〜 6:30/㎞）
16	火	有酸素ジョグ 10 〜 14㎞（ZONE1　5:30 〜 6:30/㎞）
17	水	レースペース走 10 〜 12㎞ (ZONE5　4:05 〜 4:20/㎞)
18	木	有酸素ジョグ 10 〜 14㎞（ZONE3　4:40 〜 5:05/㎞）
19	金	有酸素ジョグ 10 〜 14㎞（ZONE2　5:05 〜 5:30/㎞）
20	土	有酸素ジョグ 30 分（ZONE1　5:30 〜 6:00/㎞）
21	日	OBLA ペース走 10 〜 14㎞（ZONE6　3:55 〜 4:05/㎞) or レースペース走 12 〜 16㎞（ZONE5　4:05 〜 4:20/㎞)
22	月	有酸素ジョグ 8㎞（ZONE1　5:30 〜 6:00/㎞）
23	火	有酸素ジョグ 7㎞（ZONE1　5:30 〜 6:00/㎞）
24	水	レースペースインターバル（4:10/㎞）1㎞× 3 本 ＋有酸素ジョグ 3㎞（ZONE1　5:30 〜 6:00/㎞）
25	木	有酸素ジョグ 5㎞（ZONE1　5:30 〜 6:00/㎞）
26	金	有酸素ジョグ 4㎞（ZONE1　5:30 〜 6:00/㎞）
27	土	有酸素ジョグ 2㎞（ZONE1　5:30 〜 6:00/㎞） ＋軽いウインドスプリント 50m × 4 〜 6 本 (ZONE6 程度)
28	日	**レース当日**

※有酸素ジョグ（ZONE3　4:40〜5:05/㎞）はこの範囲でビルドアップ走もOK

レース16週〜13週前（12月）

日	曜日	予定
1	月	休養日
2	火	休養日（軽いウォーキング）
3	水	休養日（軽いウォーキング）
4	木	休養日（軽いウォーキング）
5	金	有酸素ジョグ８～10㎞（ZONE1　5:30～6:00/㎞）
6	土	有酸素ジョグ10～12㎞（ZONE1　5:30～6:00/㎞）
7	日	有酸素ジョグ10～12㎞（ZONE1　5:30～6:00/㎞）
8	月	有酸素ジョグ10～12㎞（ZONE1　5:30～6:00/㎞）
9	火	有酸素ジョグ10～14㎞（ZONE1　5:30～6:00/㎞）
10	水	レースペースインターバル1000m×８～12本（ZONE5　4:05～4:20/㎞）
11	木	有酸素ジョグ10～14㎞（ZONE1　5:30～6:00/㎞）
12	金	有酸素ジョグ10～14㎞（ZONE1　5:30～6:00/㎞）
13	土	有酸素ジョグ10～14㎞（ZONE1　5:30～6:00/㎞）
14	日	ロング走(21㎞ or 120分)（ZONE1　5:30～6:00/㎞）
15	月	有酸素ジョグ10～14㎞（ZONE1　5:30～6:00/㎞）
16	火	有酸素ジョグ10～14㎞（ZONE1　5:30～6:00/㎞）
17	水	VO2maxインターバル1000m×５本（ZONE7　3:40～3:55/㎞）
18	木	有酸素ジョグ10～14㎞（ZONE1　5:30～6:00/㎞）
19	金	有酸素ジョグ10～14㎞（ZONE1　5:30～6:00/㎞）
20	土	有酸素ジョグ10～14㎞（ZONE1　5:30～6:00/㎞）
21	日	ロング走(21㎞ or 120分)（ZONE1　5:30～6:00/㎞）
22	月	有酸素ジョグ10～14㎞（ZONE1　5:30～6:00/㎞）
23	火	有酸素ジョグ10～14㎞（ZONE1　5:30～6:00/㎞）
24	水	VO2maxインターバル1000m×５本（ZONE7　3:40～3:55/㎞）
25	木	有酸素ジョグ10～14㎞（ZONE1　5:30～6:00/㎞）
26	金	有酸素ジョグ10～14㎞（ZONE1　5:30～6:00/㎞）
27	土	有酸素ジョグ10～14㎞（ZONE1　5:30～6:00/㎞）
28	日	ロング走(30㎞ or 120分)（ZONE1　5:30～6:00/㎞）

※2本目のマラソン練習は夏場の猛暑がなく距離を踏みやすいので、１本目の大会の疲労が回復してきたら有酸素ジョグの距離を増やしていきましょう。年末年始のお休みは時間が許す限り走り込めると良いでしょう
※有酸素ジョグ（ZONE1　5:30～6:00/㎞)はこの範囲内でビルドアップ走もOK
※年末年始に時間がある場合は普段より距離を伸ばしロング走を踏むようにする

レース12週～9週前（1月）

日	曜日	予定
1	月	有酸素ジョグ 10～14㎞（ZONE2　5:05～5:30/㎞）
2	火	有酸素ジョグ 10～14㎞（ZONE2　5:05～5:30/㎞）
3	水	レースペース走 10～12㎞（ZONE5　4:05～4:20/㎞）
4	木	有酸素ジョグ 10～14㎞（ZONE2　5:05～5:30/㎞）
5	金	有酸素ジョグ 10～14㎞（ZONE2　5:05～5:30/㎞）
6	土	有酸素ジョグ 8～10㎞（ZONE2　5:05～5:30/㎞）
7	日	ロング走 21㎞（ZONE3　4:40～5:05/㎞）＋インターバル 1㎞×３本（ZONE6）
8	月	有酸素ジョグ 10～14㎞（ZONE2　5:05～5:30/㎞）
9	火	有酸素ジョグ 10～14㎞（ZONE2　5:05～5:30/㎞）
10	水	OBLA ペース走 6～8㎞（ZONE6　3:55～4:05/㎞）
11	木	有酸素ジョグ 10～14㎞（ZONE2　5:05～5:30/㎞）
12	金	有酸素ジョグ 10～14㎞（ZONE2　5:05～5:30/㎞）
13	土	有酸素ジョグ 10～14㎞（ZONE2　5:05～5:30/㎞）
14	日	ロング走 21㎞（ZONE3　4:40～5:05/㎞）＋インターバル 1㎞×３本（ZONE6）
15	月	有酸素ジョグ 10～14㎞（ZONE2　5:05～5:30/㎞）
16	火	有酸素ジョグ 10～14㎞（ZONE2　5:05～5:30/㎞）
17	水	レースペース走 10～12㎞（ZONE5　4:05～4:20/㎞）
18	木	有酸素ジョグ 10～14㎞（ZONE2　5:05～5:30/㎞）
19	金	有酸素ジョグ 10～14㎞（ZONE2　5:05～5:30/㎞）
20	土	有酸素ジョグ 8～10㎞（ZONE2　5:05～5:30/㎞）
21	日	ロング走 25㎞（ZONE3　4:40～5:05/㎞）＋インターバル 1㎞×３本（ZONE6）
22	月	有酸素ジョグ 10～14㎞（ZONE2　5:05～5:30/㎞）
23	火	有酸素ジョグ 10～14㎞（ZONE2　5:05～5:30/㎞）
24	水	OBLA ペース走 6～8㎞（ZONE6　3:55～4:05/㎞）
25	木	有酸素ジョグ 10～14㎞（ZONE2　5:05～5:30/㎞）
26	金	有酸素ジョグ 10～14㎞（ZONE2　5:05～5:30/㎞）
27	土	有酸素ジョグ8～10㎞（ZONE1　5:30～6:00/㎞）
28	日	10000mTT（39～40分切り目標） ＋有酸素ジョグ 5㎞（ZONE2　5:05～5:30/㎞）

※有酸素ジョグ（ZONE2　5:05～5:30/㎞)はこの範囲内でビルドアップ走もOK

レース8週～5週前（2月）

日	曜日	予定
1	月	有酸素ジョグ 10 ～ 14㎞（ZONE2　5:05 ～ 5:30/㎞）
2	火	有酸素ジョグ 10 ～ 14㎞（ZONE2　5:05 ～ 5:30/㎞）
3	水	レースペース走 10 ～ 12㎞（ZONE5　4:05 ～ 4:20/㎞）
4	木	有酸素ジョグ 10 ～ 14㎞（ZONE2　5:05 ～ 5:30/㎞）
5	金	有酸素ジョグ 10 ～ 14㎞（ZONE2　5:05 ～ 5:30/㎞）
6	土	（1分急走＋1分緩走）× 15 本（30分）
7	日	ロング走 28 ～ 30㎞（ZONE3　4:40 ～ 5:05/㎞）
8	月	有酸素ジョグ 10 ～ 14㎞（ZONE2　5:05 ～ 5:30/㎞）
9	火	有酸素ジョグ 10 ～ 14㎞（ZONE2　5:05 ～ 5:30/㎞）
10	水	レースペースインターバル 8 ～ 12㎞（ZONE5　4:05 ～ 4:20/㎞）
11	木	有酸素ジョグ 10 ～ 14㎞（ZONE2　5:05 ～ 5:30/㎞）
12	金	有酸素ジョグ 10 ～ 14㎞（ZONE3　4:40 ～ 5:05/㎞）
13	土	50/50シャープナー 2㎞＋有酸素ジョグ5㎞（ZONE1　5:30 ～ 6:00/㎞）
14	日	ロング走 28 ～ 30㎞（ZONE3　4:40 ～ 5:05/㎞）
15	月	有酸素ジョグ 10 ～ 14㎞（ZONE3　4:40 ～ 5:05/㎞）
16	火	有酸素ジョグ 10 ～ 14㎞（ZONE3　4:40 ～ 5:05/㎞）
17	水	レースペースインターバル 8 ～ 12㎞（ZONE5　4:05 ～ 4:20/㎞）
18	木	有酸素ジョグ 10 ～ 14㎞（ZONE3　4:40 ～ 5:05/㎞）
19	金	有酸素ジョグ 10 ～ 14㎞（ZONE3　4:40 ～ 5:05/㎞）
20	土	（1分急走＋1分緩走）× 15 本（30 分）
21	日	ロング走 28 ～ 30㎞（ZONE3　4:40 ～ 5:05/㎞）
22	月	有酸素ジョグ 10 ～ 14㎞（ZONE3　4:40 ～ 5:05/㎞）
23	火	有酸素ジョグ 10 ～ 14㎞（ZONE3　4:40 ～ 5:05/㎞）
24	水	レースペースインターバル 8 ～ 12㎞（ZONE5　4:05 ～ 4:20/㎞）
25	木	有酸素ジョグ 10 ～ 14㎞（ZONE3　4:40 ～ 5:05/㎞）
26	金	有酸素ジョグ 10 ～ 14㎞（ZONE3　4:40 ～ 5:05/㎞）
27	土	50/50シャープナー 2㎞＋有酸素ジョグ5㎞（ZONE1　5:30 ～ 6:00/㎞）
28	日	ロング走 30 ～ 35㎞（ZONE3　4:40 ～ 5:05/㎞）

※有酸素ジョグ（ZONE2　5:05～5:30/㎞)はこの範囲内でビルドアップ走もOK

4週前～レース週（3月）

日	曜日	予定
1	月	有酸素ジョグ 10～14㎞（ZONE3　4:40～5:05/㎞）
2	火	有酸素ジョグ 10～14㎞（ZONE3　4:40～5:05/㎞）
3	水	レースペース走 10～12㎞（ZONE5　4:05～4:20/㎞）
4	木	有酸素ジョグ 10㎞（ZONE3　4:40～5:05/㎞）
5	金	有酸素ジョグ 10㎞（ZONE3　4:40～5:05/㎞）
6	土	（1分急走＋1分緩走）×15本（30分）ZONE7
7	日	ロング走 28～30㎞（ZONE4　4:20～4:40/㎞）
8	月	有酸素ジョグ 10㎞（ZONE3　4:40～5:05/㎞）
9	火	有酸素ジョグ 10㎞（ZONE3　4:40～5:05/㎞）
10	水	レースペース走 10～12㎞（ZONE5　4:05～4:20/㎞）
11	木	有酸素ジョグ 10㎞（ZONE3　4:40～5:05/㎞）
12	金	有酸素ジョグ 10㎞（ZONE3　4:40～5:05/㎞）
13	土	50/50 シャープナー 2㎞＋有酸素ジョグ5㎞（ZONE1　5:30～6:00/㎞）
14	日	レースペース走 14～21㎞（ZONE5　4:05～4:20/㎞）
15	月	有酸素ジョグ 10㎞（ZONE3　4:40～5:05/㎞）
16	火	有酸素ジョグ 10㎞（ZONE3　4:40～5:05/㎞）
17	水	レースペース走 10～12㎞（ZONE5　4:05～4:20/㎞）
18	木	有酸素ジョグ 10㎞（ZONE3　4:40～5:05/㎞）
19	金	有酸素ジョグ 10㎞（ZONE3　4:40～5:05/㎞）
20	土	有酸素ジョグ 30分（ZONE1　5:30～6:00/㎞）
21	日	OBLAペース走 10～14㎞（ZONE6　3:55～4:05/㎞）or レースペース走 12～16㎞（ZONE5　4:05～4:20/㎞）
22	月	有酸素ジョグ 8㎞（ZONE1　5:30～6:00/㎞）
23	火	有酸素ジョグ 7㎞（ZONE1　5:30～6:00/㎞）
24	水	レースペースインターバル（4:10/㎞）1㎞×3本 ＋有酸素ジョグ 3㎞（ZONE1　5:30～6:00/㎞）
25	木	有酸素ジョグ 5㎞（ZONE1　5:30～6:00/㎞）
26	金	有酸素ジョグ 4㎞（ZONE1　5:30～6:00/㎞）
27	土	有酸素ジョグ 2㎞（ZONE1　5:30～6:00/㎞） ＋軽いウインドスプリント 50m×4～6本（ZONE6 程度）
28	日	**レース当日**

※有酸素ジョグ（ZONE3　4:40～5:05/㎞）はこの範囲でビルドアップ走もOK

第13章

レースは1週間前から始まっている

本命レースの1週間前の過ごし方

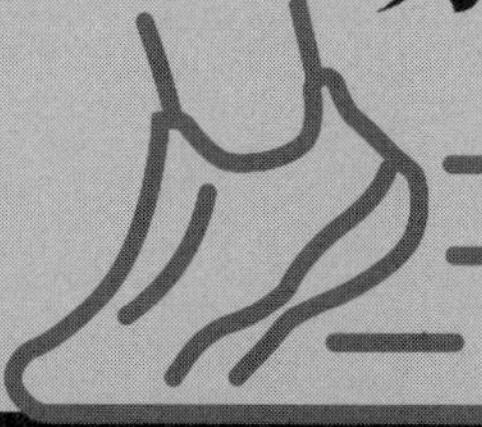

「挫折は過程、最後に成功すれば、挫折は過程に変わる。
だから成功するまで諦めないだけ」

ワールドカップ3大会連続ゴールを決め、
FIFA選出の「マン・オブ・ザ・マッチ」において日本人最多の4回受賞。
ACミランやCSKAモスクワなどのビッグクラブでプレイしたサッカー選手
本田圭佑の言葉

日頃ルーティンを守る生活をしている人ほど変化を感じ取る事ができる

練習と本番は違います。日々の練習と違いマラソン大会に臨むにあたって、それが自己ベスト記録への挑戦と考えれば考えるほど、大きなプレッシャーが心身にのしかかってきます。**テレビのマラソン大会の中継でもその日のために準備してきた実業団選手たちが、怪我のためにＤＮＳしたり不調で失速していく模様を目にした人も多いはず。実質プロといえる実業団ランナーですらコンディションを大会当日に合わせるのは難しいのです。**

この章は今まで地道に練習を積み重ねてきた事を、大会で１００％思う存分発揮できるようにするために実戦的な内容になります。今までの内容を噛み砕きながら、あらためて大会直前にも読んでみてください。

さて数ヵ月の地道なマラソン練習にも耐え、いよいよマラソン大会が近づいてきました。緊張もあるでしょう。大会の1週間前からは練習も特別なものになります。この1週間はとても大切です。今まで練習してきた事を台無しにしないためにも、1週間前から当日までの体調管理に気をつけましょう。

なるべく基本ルーティンに忠実に過ごし、イレギュラーなイベントを入れないようにします。暴飲暴食を避け、余分な水分を摂らないようにしてカラダを冷やさないようにしましょう。冬場は腹周り、腰周りは温めるようにして腹巻を使うのもお薦めです。喉が弱い人は日常からマスクを着けるのもいいでしょう。いつもと違う何か特別な事はするべきではありませんが、普段から信頼している整体や鍼灸などで整えてもらうのもアリでしょう。

レース前は誰でも緊張や不安を感じるものだと割り切ろう

レースが近づいてくると何かと焦ってしまったり不安になるものです。「まだ走り込みが足りないんじゃないだろうか?」とか「インターバルをしないとスピードが落ちてしまうんじゃないだろうか?」とあれもやろう、これもやろうとしてしまうのです。今までやってきた練習に自信がないために休むのが不安なのです。

それで大会ギリギリまで追い込んでやってしまう。**大会前になって何か詰め込もうとネットで見た新しい事に挑戦したり、高負荷のトレーニングを課す事は、何の意味も持たないばかりか調子を崩して大会当日に重たいだけの足になってしまう事につながります**。また調子が悪い時に慌てて練習量を増やしたり、よりスピードを上げようとするとますます調子を悪くします。

あなたは今までサブスリー達成のために月に何百kmと走り込みを重ねてきたと思います。練習のピークを無事通過して脚も仕上がってます。最終確認のためのペース走でも実力通りに走れました。この実力はもはやガクンと落ちない代わり、急激に上がる奇跡も起きません。レースの１週間前までの練習でほぼ大会で発揮される実力は確定しています。あとは体調を維持するだけでいいのです。長期にわたる練習の日々を思い起こし**「これだけ準備してきたんだから絶対大丈夫」**と思い、安定した日々を送るだけでいいのです。

日々の練習前にはストレッチや動き作りを行い、筋肉の柔軟性と関節の可動域を向上させます。そして十分な睡眠を取り、バランスの取れた食事を摂る事で、疲労の回復とエネルギーレベルの充実をサポートします。

刺激走はスタートを意識してレースペース1㎞を3本のみでいい

1週間前は距離を短くした有酸素ジョグに焦点を当てる事が重要です。人によって疲労の抜け方は異なるので、こうするべきと一概には言えませんが、若い人は早く抜ける、中高年は長くかかる傾向があります。7〜10分／㎞でゆっくりだらだら長く走るのではなく、無理なく有酸素ジョグ（ZONE1）でシャキッと短い距離を走り、練習を終えるようにします。そちらの方が筋肉や関節を活性化させつつ疲労を軽減します。

軽いジョグだけでもいいのですが、1週間あったら何らかの刺激を入れたくなるのも人情です。水曜日にレースペース（ZONE5）で走る確認をします。気持ち的にも肉体的にもエネルギーを削ぎ落とすのではなく、大会に向けて溜め込むという意識を持ち走りましょう。**1㎞×3本のインターバ**

ルです。本番スタートをイメージ（ここ大事）して「よーいドン！」でテンションを上げてレースペースで走ります。時計は後で確認しましょう。

これはスピード練習ではなく、大会でスタートした途端にスピードを上げ過ぎ、序盤でエネルギーを無駄遣いしないようにする、いわば自己抑制トレーニングです。インターバル後半も「ここでラストスパートしたらピークが来てしまう」と自重して抑えるべきです。だからレースペース以上は出してはいけません。時計を見ずに放っておいてもレースペース（サブスリー目標の場合4分10秒／km）で走れるか確認しておきましょう。

ちなみに実業団だけでなく、市民ランナーでもやる人が多い前日や前々日のレースペース以上の高強度で行う刺激走ですが、日本特有の習わしです。ケニアやエチオピア、欧米など世界の潮流ではシェイクアウトランと呼ばれる軽いジョグと、50mから100mほどのリズムを掴むのみのウインドスプリ

レース1週間前の練習スケジュール

日曜日	OBLAペース走10～14km（ZONE6 3：55～4：05/km スピード寄り） or レースペース走12～16km（ZONE5 4：05～4：20/km スタミナ寄り）
月曜日	有酸素ジョグ8km（ZONE1 5：30～6：00/km）
火曜日	有酸素ジョグ7km（ZONE1 5：30～6：00/km）
水曜日	レースペースインターバル（サブスリー目標の場合4：10/km） 1km×3本＋有酸素ジョグ3km（ZONE1 5：30～6：00/km）
木曜日	有酸素ジョグ5km（ZONE1 5：30～6：00/km）
金曜日	有酸素ジョグ4km（ZONE1 5：30～6：00/km）
土曜日	有酸素ジョグ2km（ZONE1 5：30～6：00/km） ＋軽いウインドスプリント50m×4～6本（ZONE6）
日曜日	レース本番

ウインドスプリントはスピードというよりカラダのキレを忘れないためと疲労を早く抜いてシャキッとさせる目的で行う

ントのみです。海外選手は日本人選手の刺激走を見て「何でマラソン前日にそんな消耗する事やるの?」と不思議がる選手が多いようです。

刺激走は言わば諸刃の剣です。速く走れば神経系に対しての刺激が入ります。そして速く走れているという確認と精神的な支柱になります。しかし前日に1kmや2km刺激を入れたところでレースペースが上がるわけではありません。そして筋肉は大会前に間違いなく損傷を受けます。レース後半の足攣りのトリガーにもなり得ます。そこら辺をよく天秤にかけて刺激走はやるようにしましょう。

有酸素ジョグは速くなりがちだがバネを溜めるためにわざとゆっくりで

テーパリングで練習量が減り、そのぶん有酸素ジョグのペースも放っておくと勝手に上がっていくでしょう。でも速くても5分30秒/km（ZONE1の上限）程度に留めましょう。速すぎるとレースに向けてバネを溜める事ができなくなります。といっても休み過ぎてもいけません。完全休養を薦める人もいますが、私は反対です。調子が上向きになり過ぎてレース前にピークが来るか、足が軽くなり過ぎます。瀬古利彦さんは練習を落とし過ぎると足が「バネっちゃう」と表現しています。

好調なら特に休養日を設けなくてもいいと思います。今まで毎日走っていたランナーが、いきなり休養日を取ると途端に身体が重たくなったり、痛みを感じる箇所が出てきたというケースがよくあります。前日でも軽く走った方がいいと思います。ちょっと重さを残したというか、しっかり地に足がついている状態でフルマラソンに臨むのがベストです。

またマラソン大会のスタートは午前中が多いので、夕方以降に練習を行ってきた人は時差ボケではありませんが、最後の1週間は午前中に練習時間をシフトする工夫をしましょう。

マラソンコース動画のイメージトレーニングは重要

大会の公式ページには当日のコースを紹介した動画が掲載されています。またユーチューブにはランナーがカメラをつけて走った過去の大会動画もあります。空いた時間にコースの景色、建物の様子、道の雰囲気をよく見てどう走るかシミュレーションをしてみましょう。

フルマラソンはあとどれだけ走ればいいのか茫漠な気持ちになり、集中力が途切れてしまう事もあります。そんな時に建物や山の景色などランドマークを見つけると「あと何kmだ！」と理解できてテンションが上がるものです。特に確認しておきたいのはゴール数キロ前からの風景。「この地点まで来ればゴールが近い」と具体的にイメージでき、集中力を高める事ができます。遠方の大会は試走ができない事も多いものです。ぜひ動画は何度か見返して活用してください。

ＧＰＳウォッチもマラソンランナーの強い味方です。今走っているペースや距離、ピッチや時間も教えてくれます。インターバルトレーニングやペース走の頼もしい相棒になってくれます。簡易的なＶＯ２ｍａｘやＬＴ値も提示してくれて練習のモチベーションになります。それらから算出されたマラソンの予測タイムも提示してくれます。決して価格的に安いものではありませんが、入手して損はありません。

しかし今のところ完全に信頼すべきものではありません。高層ビルなど建物、木々、山、トンネルなどの物理的な障害物によってGPS信号が遮られるマルチパス効果で正確な位置情報を得られず、マラソン大会ではずいぶんと距離がズレてしまう事があります。

思い通りの練習ができずに大会当日を迎えてしまった場合

レースが近づいてきたのに急に仕事が忙しくなってしまった、天候が不順で走れない日が続いてしまった、故障が長引いてしまって、または風邪をひいてしまい思い通りの練習ができなかった、などレース直前の調整がうまくいかない事もあるでしょう。でも焦りは禁物です。休養になったとプラスに考えましょう。そして実際にいい感じに疲労が抜けて思わぬ好結果を生む事も珍しくありません。気持ちは前向きにいきましょう。

練習の一環と割り切った大会参加もアリです。その場合は完走が目的ではありません。次を見据えれば無理に走り、ダメージを残してゴールしてもしょうがありません。ハーフや30kmなど距離走にして、荷物を置いたスタート地点に戻りやすいところで、リタイアする事もプランに入れましょう。

DNFはレース中に勇気を持って判断しなければならない事もあります。その場合、失敗ではなく学びの機会と考え、ペース配分や栄養摂取の戦略を見直すチャンスと捉えましょう。レース中に何がうまくいかなかったのか、どの部分を改善するべきかを分析する事で、次のレースに向けてより良い準備ができます。

大会当日にストレスを溜めないよう前日になるべく準備しておく

当日に持っていくものは前日までにバッグの前に並べて準備しておきます。当日、忘れ物に慌ててストレスを溜めないようにしましょう。大会事務局から送られてきたゼッケンやタグは、あらかじめウェアやシューズに付けておきます。行き帰りのシューズと勝負シューズは分けましょう。

当日着るものでずいぶんタイムは変わってきます。ぜひウェアにこだわってください。なるべく自分の気持ちが上がるウェアを身に着けましょう。といってもファッション優先ではありません。モチベーションを上げる事も大切ですが、何より軽く通気性が良く快適に走れるウェアでなくてはなりません。

サブスリーを狙うレベルだとノースリーブの薄手で速乾性のランニングウェアがお薦めです。Tシャツと比べると肩は露出している方が、間違いなく腕振りがやりやすくスピードに乗りやすいです。腕を上げ下げを1回やったくらいではその違いに気づかないかもしれません。フルマラソンは走る間、左右の腕は何万回と振る事になるのです。首元も締まっているより開いている方が腕を動かしやすいです。

持ち物チェックリスト

- □ レースウェア（ビブスをつけておく、当日着込んでも行っても OK）
- □ 本番用シューズ（行き帰り用のシューズと分ける）
- □ 計測チップ（前日に取り付ける）
- □ GPSウォッチ（前日までに充電）
- □ 帽子（希望者のみ）
- □ サングラス（希望者のみ）
- □ 待機レインウェア（捨ててもよいもの）
- □ 手袋（捨ててもよいもの）
- □ 手荷物預け用のビニール袋
- □ 手荷物預け用の荷札
- □ タオル
- □ 着替え一式
- □ レジャーシート
- □ ビニール袋（ゴミや使用済みウェアを入れるために複数あると便利）
- □ 保険証
- □ ワセリン
- □ テーピングテープ
- □ レース前補給食
- □ レース前の給水
- □ スマホ
- □ 財布

寒暖の感じ方は人それぞれですが、たいてい走っている間、特に前半は体感的に熱くなる事が多いです。着ているものがカラダを覆う面積が大きいほど、熱がこもります。上半身を覆っている部分が減るだけでカラダが感じる熱さは全く変わります。

帽子をかぶったばっかりに頭や顔が火照ってしまう事があります。体感温度を決めるウェアの選択は重要です。ランニングパンツもなるべく足にまとわりつかず、股関節や膝関節が動かしやすい軽量なものを選びましょう。

自己ベスト更新には厚底カーボンシューズが必須条件？

「カーボンファイバープレート内蔵厚底ランニングシューズによるランニングエコノミーへの影響」[※]という研究です。

※ https://www.jstage.jst.go.jp/article/running/34/1.2/34_1/_pdf/-char/ja

シューズの選択が長距離走パフォーマンスに重要なREに影響する事が知られています。

・シューズの質量が100g増加するごとにREは1%程度低下

・中足指節関節の可動域を制限し、縦方向の曲げ剛性をカーボンプレートによって高めるとREが1%程度向上

・シューズのミッドソールの反発性が高く、かつ柔らかいとREが1%程度向上

ナイキはこれらの研究の成果として、これらの機能を兼ね備えたカーボンプレート内蔵のヴェイパーフライ4%を開発し、従来の薄底シューズと比べてREが4%改善する事を実証しました。

この研究では長距離学生エリート選手10名を対象に実施した結果、厚底シューズは薄底シューズに比べてVO2max、接地時間、ピッチ、最高地面反力は優位差はありませんでした。

明確に違いがあったのはREです。厚底シューズはヴェイパーフライ4%後継モデル、ヴェイパーフライNEXT%が使用され、実に5.7%のREが改善されました。

この5.7%のREの改善はフルマラソンの場合、パフォーマンスが4.8%程度向上する可能性があり、理論上では今まで薄底シューズで3時間のランナーが2時間51分24秒とタイムを更新して、なんとサブエガ一歩手前まで

シューズの違いはREに出る

	ヴェイパーフライ	ストリーク	
VO2max	72.9 ± 5.0	72.1 ± 5.1	優位差なし
RE	1.04 ± 0.05	1.11 ± 0.06	優位に関係
接地時間	0.143 ± 0.010	0.137 ± 0.012	優位差なし
ピッチ	3.32 ± 0.09	3.30 ± 0.05	優位差なし
最高地面反力	35.1 ± 5.4	33.6 ± 5.8	優位差なし

記録を伸ばせる計算です。

一方この研究で厚底シューズを履いてＲＥが低下したランナーも認められました。エリート選手といえども厚底シューズの実力を引き出せなかったという事実は、市民ランナーにも恩恵を得られない層が確実に存在する事を示しています。

恩恵が大きい厚底シューズだがランニング障害も増える傾向にある

「**男性長距離走選手の厚底シューズの着用がランニング障害に及ぼす影響**」※という研究です。

高校、大学、実業団で全国レベルの男性長距離走選手４４５名を対象に調査した結果、厚底シューズ着用経験者は４０８名（91・7％）になり、２週間以上ランニングを中断あるいは制限したランニング障害の既往は２９８名（73・0％）でした。厚底シューズの着用により臀部、股関節、大腿、膝関節、下腿、アキレス腱、足関節、足部の障害の発生が有意に増大しており、特に股関節の障害発生数の増加が目立ちました。

学生を指導する駅伝監督やコーチの現場の言葉を裏付ける形です。厚底シューズはＲＥを向上させてパフォーマンスもアップしますが、今までの実力以上のスピードが出せるようになるぶん、楽に走れるだけではなく、それなりに負荷がかかる事は間違いありません。

現在はエリート選手だけでなく、４～５時間かかるランナーにも厚底シューズは恩恵がある事がわかっています。昔は薄底シューズは軽量だから速かったのですが、軽く反発のある素材のミッドソールが

※ https://www.rinspo.jp/journal/2020/files/30-3/758-763.pdf

開発されて厚底でも十分軽くなり、薄底を使う意味がなくなったのです。

厚底シューズを履くと、軽さの代償として我慢していた薄底シューズの着地衝撃による足裏の痛み、ふくらはぎの疲労度の軽減につながります。一方で**厚底シューズは骨盤周りの坐骨神経痛や恥骨、仙骨の疲労骨折などこれまでなかったような故障を引き起こす可能性があります**。特に薄底シューズから慣れない厚底シューズへの移行期に危険性が増大します。概して厚底シューズはソフトな着地衝撃で、すぐにダメージがわかりにくい傾向があります。

厚底シューズを履き続けて甘やかされてしまった足も懸念材料です。過度な使用はアーチが崩れやすく、安定性の低さがオーバープロネーション（過剰回内）を引き起こします。縦ブレはカーボンによって固定されますが横ブレが大きいのです。

特にトラックなど同じ方向にばかり回る練習を続けていると、足の歪みが大きくなり故障につながる場合があります。意識的なフォアフット着地もよくありません。足先を過剰に気にするあまり、膝や股関節の動きが不自然になり故障を誘います。また次第に足部の衝撃吸収機能を損なう事によって、足底筋膜炎やアキレス腱炎など痛みの原因になるとも言われています。

普段のジョグにおけるシューズの履き分け、足の機能性を維持するエクササイズ、未舗装の土の道やゴムチップ舗装など様々な路面選択に気を配り、過剰にかかっている負荷を分散させる事が重要です。

カーボローディングはドカ食い祭りにならないように気をつける

伝統的なカーボローディングは、1週間前に15～20㎞程度の距離走を行い、体内のグリコーゲン濃度を落とし、さらに2～3日ほど炭水化物を意識的に減らして、体内のグリコーゲンを枯渇させるように仕向けます。飢餓状態と勘違いした脳は、食べ物の吸収効率を上げる指令を出します。そこで大会2～3日前から炭水化物を一気に増やす事により、普段よりスタミナを充填して大会に臨む事ができるのです。

一般的なガイドラインは、体重1kgあたり7～12gの炭水化物を摂取する事です。これにより、筋肉や肝臓のグリコーゲンの貯蔵が最大限になるとされています。カーボローディングの際には、主に単純な炭水化物（トウモロコシ、小麦、米など穀物から作ったパスタ、パン、ご飯、うどん）を摂取する事が推奨されます。これらの食品は、長時間のエネルギー供給に適しています。

同時に、炭水化物といえども食物繊維の摂取を制限する必要があります。そして脂肪もです。これらの栄養素は、胃腸の動きを遅くし、満腹感を引き起こす可能性があります。

また炭水化物を効果的に利用するためには、適切な水分摂取も重要です。グリコーゲン1gに対して約3～4㎖が必要です。筋肉中にグリコーゲンと共に保水して筋肉の動きをしなやかにします。カーボローディング期間中は水分をしっかりと摂りましょう。

カーボローディングは多くの市民ランナーでもトライしていますが効果は個人によって異なります。適切な摂取量を見極める事は難しい場合があります。過度に食べ過ぎると消化不良や体重増加のリスクがあります。

現在では食事量が同じでも練習のテーパリングをする事で、同じ程度まで体内のグリコーゲンを増やせるのが運動生理学では常識になっています。ゆえにテーパリングしているのに炭水化物量を増やしたらカロリー過多になってしまう可能性があります。1週間前にはテーパリングの最終段階に入り、トレーニング量をさらに減らす事で、カラダは筋肉の回復とエネルギーの貯蔵を最大化します。

やり方としては普段のトレーニングを半分にするだけでよいのです。これは質より量を減らすようにします。つまりペース走は同じ速度を維持して10㎞やっていたものを5㎞にする。インターバルは同じ速度で8本やっていたら4本にするなどです。キレは維持したままで疲労が抜け、グリコーゲンを貯蔵できます。

結論としてはカーボローディングをやりたい人は、マラソン大会に向けてのイベント感覚程度に考えた方がいいでしょう。大切なのは普段からカラダに入れるべき栄養素を過不足なく取り込む事です。

大会前日の食事と睡眠の気をつけるべき点を考える

前日も大量に食べたりせず普段の食事量のままでいいですが、エネルギーに変換されやすい炭水化物の比率を最大限に高めましょう。前日の夕食で炭水化物を多く摂る事で、体内のグリコーゲンの蓄積が進みます。夕食でしっかりとエネルギーを補充しないと、朝食だけでは十分なグリコーゲンを確保できないため、レース中にエネルギー枯渇を起こす可能性が高まります。食べたものが体内でエネルギーとして使えるようになるには、食事が口に入ってから胃で消化され始め、炭水化物やたんぱく質が徐々に分解されるまでが1~2時間。食べ物が小腸に届き栄養素が吸収されて血流に入ります。炭水化物がエネルギー源として利用され始めるのはこの時点からで、食後2~4時間になります。前日の夕食はそのプロセスに十分な時間を与える事ができ、レース当日の朝には体内にグリコーゲンが充填され準備万端になります。

食べるべきものは単純な炭水化物を中心としたあっさりした食事です。肉は食べても筋肉の修復や維持に役立ちますがエネルギーとしてはさほど変換されません。焼肉やカツ丼などゲン担ぎとして好みのものを食べるのもアリですが、その場合も炭水化物の比率を高めましょう。

避けるべき食事は揚げ物やカレー※、焼肉のような脂質が多いもの。脂質の多い食品は体内での消化が遅く、吸収するのにも時間がかかります。マラソンはカラダが上下に長時間揺さぶられるために胃

※川内優輝選手が大会前日の勝負飯としてカレーを好んで食べることが知られている。栄養学的に他選手に当てはまるわけではないが、個人のライフスタイルや嗜好に合わせたアプローチの一例である

腸にも負担がかかります。内臓への負担を軽くするためにも、前日は脂っこい食事は避けましょう。

同じ意味で腸に溜まりやすい食物繊維が多く含まれる食材も大会前は控えるようにしましょう。繊維が胃腸で水分を吸収し体重を重たくします、特に芋類、根菜類（ごぼう・レンコンなど）は消化が悪く、摂り過ぎて腸内にガスが溜まると、走っている最中におならが気になってしまいます。

遠方で行われるマラソン大会に参加するなら前日は移動日となります。精神的にも肉体的にもなるべく疲労を溜めないように時間的に余裕を持った行動をしましょう。食事はご当地グルメに舌鼓を打ってもいいですが、生もの、脂っこいもの、食べ慣れていないものを避け、消化の良いものを選びましょう。もちろん記録をガチで狙う場合、前日はコンビニなどで買ったおにぎりでサッと済ますのもよいと思います。

前日は食事が済んだらさっさと布団に潜り寝ましょう。もし可能ならなるべく早く寝て早起きしましょう。7～8時間寝る事が理想ですが、気持ちが高ぶって眠れない時は、とにかく身体を休めるんだと割り切って目をつぶって過ごしましょう。**緊張や不安でどうしても眠れない方は、睡眠導入剤を検討してもいいと思います。**眩暈《めまい》やフラつき、パフォーマンスへの影響が気になるかもしれませんが、現在は短時間で効果が出て入眠でき、数時間後にはもう体内に残らないタイプもあります。継続してずっと飲み続けるならまだしも、1～2回の使用程度なら健康被害が起きる可能性は極めて低いです。

お酒は強い人と弱い人がいる。残念ながらダメージは平等ではない

一方、カラダの負担を低減する意味で大会前1～2週間は断酒をする事をお薦めします。できないのならばせめて深酒を慎みましょう。残念ながらお酒は強い人と弱い人に分かれます。カラダへのダメージは平等ではないのです。強い人は大会前後にどんなに飲んでも肝臓が処理してくれますが、弱い人がそれをやると確実に影響が出ます。もちろん自分は酒に強いと思っている人にもダメージは徐々に蓄積、進行します。深酒は全身のあらゆる臓器、毛細血管に至るまで深刻な損傷を引き起こします。

久しぶりに会った全国のラン仲間と地方遠征の大会前夜に怪気炎を上げるなどはもってのほかです。今まで積み重ねてきた練習が水泡に帰すかもしれません。やるなら大会後の祝杯にしましょう、…と言いたいところですが、これもまた42・195㎞という長い距離を自分の限界スピードで走った後は脳、筋肉、臓器に大きなダメージを受けています。

アルコールの摂取は、体内の炎症の回復に悪影響を与える事が知られています。筋肉の再生を妨げ、筋力低下や筋肉の痛みや損傷のリスクを高めます。カラダは労ってあげましょう。やるならお酒はほどほどにカラダに優しい食事会にしましょう。

さて、次章はいよいよマラソン大会当日です！

第14章

勝つために準備しようという意思が重要

本番レースの地図を完璧に描け

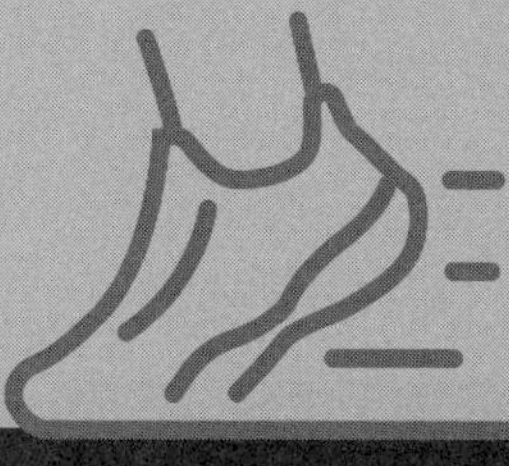

「重要な事は、勝ちたいという気持ちではない。そんなものは皆持っている。勝つために準備しようという意思が重要なのだ」

"It's not the will to win that matters. Everyone has that. It's the will to prepare to win that matters."

カレッジフットボールディビジョンの通算323勝、および全米チャンピオン7回は歴代1位。史上最高のヘッドコーチの1人として知られている

ベア・ブライアントの言葉

レース当日の朝食は脂質を多めに摂ると糖質利用が抑制される可能性

さてフルマラソン本番当日です。初サブスリーを達成するために厳しい練習を積んできた研鑽が報われる日が来たのです。早く起床して余裕を持った行動をします。そして大会3時間前には朝食を済ませましょう。

運動前後の高脂質食と高糖質食のグリコーゲン変化量

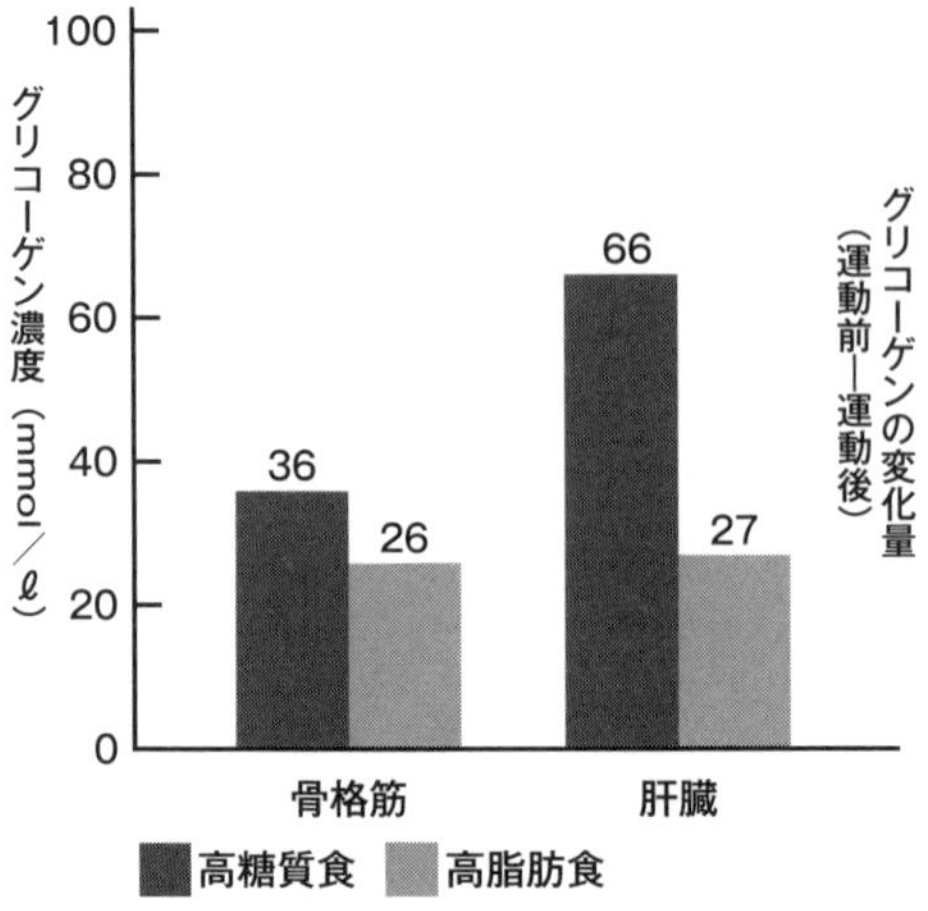

フルマラソンの前には糖質の多い食事をして、筋グリコーゲンを最大に蓄える事で後半のバテを防ごうとするのが一般的です。

※「**中鎖脂肪酸の単回摂取が運動中の脂質代謝および持久性運動能力に及ぼす影響**」という研究です。**糖質の多い食事より脂肪の多い食事は運動中のグリコーゲン利用が抑えられる傾向がありました。運動中のグリコーゲン利用度低下は持久運動にとって望ましいため、運動前に脂質の多い食事をする事は**

マラソン大会当日の食事スケジュール

3時間前（朝食）	白飯（玄米は×） パン 餅 カステラ など
1時間～30分前	エナジージェル カステラ カフェイン（サプリメント） ブドウ糖タブレット 経口補水液 など
レース中	スポーツ飲料 水 一口バナナ 一口ようかん など

※https://kaken.nii.ac.jp/ja/grant/KAKENHI-PROJECT-21K17576/
この研究は1回の摂取に着目している。ファットアダプテーションという数日から数週間の高脂質食摂取は運動中の糖質利用は抑制されるものの体重と体脂肪が増加傾向があり、持久運動のパフォーマンスは高まった、変化なし、低下したと一致した見解は得られていない

有効である事が示唆されました。運動前に1回のみ脂質の多い食事をすると、一時的に遊離脂肪酸がエネルギー源として使われるようになり、エネルギー貯蔵を増やす事はできないが、エネルギーの使い方が変わる（燃費が向上する）事が指摘されています。

しかし裏を返せば脂肪を利用する能力が高まった代償として、糖質を利用する能力が下がってしまった可能性もあり、さらなる研究が必要と思われます。また脂質摂取は体質的に合う合わないがあるのでロング走などで事前に試しましょう。

基本的には朝食は素早くエネルギーになる単純炭水化物を多めに摂りましょう。私は餅やおにぎりなどの朝食を食べてからも、大会が遠距離の場合、あんパンを小さくむしって食べたりバナナやエナジージェルなどで補給しつつ大会会場に向かう事が多いです。

足のマメ防止、故障箇所の再発予防、乳首の擦れ防止のためにテーピングをする人は、会場入りしてからだとバタバタして雑になりがちなので、出発前に行う事をお薦めします。テーピングした箇所以外に擦れ防止や雨の時の撥水のために股下、内腿、脇下、乳首、足の裏、足指にワセリンを入念に塗り込みます。

スタート前のトイレ問題は早めの会場入りで対処する

何ヵ月も練習を積み重ねてきたとしても、スタート前のトイレ行列に巻き込まれて、良いスタート位置が確保できずに泣いてしまう事もあります。そのぶんなるべく早く会場入りすればいいのです。空いているうちにトイレを済ませましょう。順番としてはトイレ→着替え→荷物預け→アップ→ダメ押しのトイレ→整列という一連の流れをイメージしておくと良いでしょう。

緊張でトイレが近くなる人は家で1回、駅で1回、そして大会会場で1回などトイレのスケジュールを考えて余裕を持った行動をとりましょう。特に大会会場のトイレはスタート時刻が近くなるほど混み合います。運営側からすると数を確保したと考えていても、参加人数からしたら少ない場合もあります。動線が悪く1箇所のトイレに集中してしまう場合もあります。そのために立ち小便するランナーが多発する大会もあります。もちろん良くない行為ですが、そもそもスタート時のトイレ不足に問題があります。

出し切ったと思っても、緊張からすぐに尿意を感じてしまう人もいますが、「1回出したら少なくとも3～5時間は我慢できる」と思い込むのも良いかもしれません。実際その通りで私自身、スタート直後に尿意を感じたものの、我慢しているうちに忘れてしまい、そのままゴールした後も帰宅するまでトイレに行かなかった事が何度もあります。

お腹がゆるい人は事前に対処を考えておく

大の方ですがこちらのコントロールも重要です。起床して朝食を摂ったあたりで催すといいですが、普段は快便の人でも緊張で出なくなる事もあります。そうなると体重がやや重たいまま走らねばなりません。それだけならまだマシ。困るのは運動し始めると腸の動きも活発になってしまう事です。

大会で本番スタートしてから便意を催したら意識も上の空になってしまいペース維持も難しくなります。その場合は我慢するより早めのピットインをお薦めします。マラソン大会ではコース傍《わき》に簡易トイレが設置されているのが一般的です。およそ1分ほどでトイレを出ると設定します。タイム的にはビハインドですが人間の尊厳を守りましょう。

私は数日前から食事で食物繊維の量を減らし、大会の朝は少し早く起きて朝食の後に家の周辺で軽いジョグをして腸の動きを促すようにしています。大会中に尿意便意を催す事は、ランナーにとってストレスとなり、パフォーマンスにも悪影響を与えますので、事前に対策を立てる事が大切です。

ウォーミングアップの方法は各自のやり方でいいが…

会場に着いてからの私のウォーミングアップはスロージョグで500m～2kmほどカラダを温めてからストレッチ、筋肉の刺激入れ、軽くドリルを行います。

静的ストレッチはやり過ぎると筋肉が伸びてパフォーマンスが落ちると言われますが、15分もすれば影響はありません。首肩周りや股関節周りを特に入念にやりましょう。私は筋肉の刺激入れは普段の練習と同じく腕立て伏せ、前後開脚したレッグランジ（いずれも軽く10回程度）をやっています。間違い

なく動きが良くなります。その後に何本かウインドスプリントで流して終了。そして整列に向かいます。

このように各々のルーティンでかまいませんが、要は一旦脈拍を上げてカラダの血流をある程度高めておく事です。汗だくになるまでやる必要はありません。

本来ならレース直前にアップを済ませスタートに備えるべきですが、大きな市民マラソン大会はスタート地点に移動して列ブロックに並び1時間以上待機する場合もあります。心拍も下がるからアップは意味がないと言われる事もありますが、一旦カラダを動かして活性を高めておくだけで違います。座って待機する場合は、リラックスしてシューズ紐をゆるめて、足の血行を保ちましょう。

カフェインは多くの研究によってパフォーマンスの向上が認められている

コーヒーなどに含まれているカフェインを摂取する事により、「グリコーゲンの消費を抑える」「脂質代謝を亢進させる」「運動可能時間を延長させる」「筋肉痛を10％軽減させる」「脂肪燃焼効果を30％向上させる」「平均3％パフォーマンスを向上させる」「不快感や倦怠感を減少させる」など、マラソンに多くの有益な効果がある事がわかっています。※

私は大会1時間〜30分前にカフェインを摂取します。体重1kgあたり3〜6mg摂取する事が推奨されています。体重60kgで180〜360mgなので、コーヒーだと3〜6杯ほど飲まなくてはいけません。私はカフェインのサプリメントを飲んでいます。

※The Metabolic and Performance Effects of Caffeine Compared to Coffee during Endurance Exercise
https://journals.plos.org/plosone/article?id=10.1371/journal.pone.0059561

しかし度を過ぎた多量摂取はパフォーマンスを上げるどころか吐き気、動悸、不整脈、情緒不安定、利尿作用など副作用が出やすくなります。そもそもカフェインは弱い人がおり、特にマラソン後半で摂取すると疲労の度合いで適量でも強く副作用が出てしまう場合もあります。ロング走などで自分に合うか試してから本番に臨みましょう。

大会当日に一番気にすべきは気温、風、天気のコンディション

とにもかくにも一番気にすべきは大会当日の天気のコンディションです。当日の気温も大切ですが、前日に対してどれだけ上昇、もしくは下降するかも問題になります。人間は気温に慣れる動物です。例えば25度は夏場の室内の冷房温度では「寒い」と感じる人もいると思いますが、冬場に外気温で25度あったら暑くてたまりません。前日との急激な寒暖差に注意しましょう。スタート時の気温は5度以下は寒すぎで、10～15度くらいがベストだと思います。20度以上あると好タイムは狙いにくくなるでしょう。

気温と同じく、いやそれ以上にコンディションに気をつけなくてはいけないのは風です。強風の向かい風はどんなに前のランナーを風除けに使っても、かなりペースを乱されスタミナを奪われます。その代わり、追い風だと背中を押してくれるのでペースも楽に上がりますが、調子に乗るとフォームが前のめりになり、足腰にダメージが来る事もあります。ランネットの大会レポを読んで、強風に晒

される大会を回避するランナーも多いです。

天気のベストは曇天。陽射しが強いのも体力を削られます。温かい時期の少々の雨なら体を冷やしてくれて、走りやすく感じる事もありますが、冬の雨は体温が上がらず、待機時から冷雨に晒されて凍えてしまう可能性もあります。大雨は罰ゲームの様相です。会場の着替えのスペースが雨を想定していなかったり、会場設営地も泥濘になったり、テントが雨漏りしたり悲惨な状況になる場合も多いです。ウェアもシューズも水で重たくなり体力を奪います。

どんなに当日に向けて半年前から練習してきたとしても天気には勝てません。強烈な陽射しと暑さ、そして強風と大雨に対してランナーは抗う事ができません。現実的な目標タイムを当日見直す必要も出てくるでしょう。そのため多くの市民ランナーは大会を1つに絞らず1～2週間ごとに入れて、本番レースの実戦練習、天気が悪ければDNSという選択肢を取る場合も多いのです。

長時間にわたるスタート待機の防寒対策はとても大切

大会が冬期に行われる場合、スタート時の待機はとても辛い時間帯です。午前の早い時間にスタートの場合、強風が吹きすさび気温が0～2度ほどしかない場合もあります。大会前で興奮してアドレナリンが出ているとはいえ、肌が多く露出したランシャツランパンだけで耐えられるものではありません。

100円ショップのレインウェアを着込むだけでもある程度の防寒になります。その場合、手首や足首にゴムがついているタイプだと保温効果が高いです（テープを巻いて加工してもOK）。さらにその下に私はいらなくなった衣服を着込んで防寒しています。レインウェアだけでは寒さを耐え凌げない事が多いからです。さらに手袋をして中に使い捨てカイロを携行するといいでしょう。

すべての大会ではありませんがスタート時、もしくはスタート直後にそれらを廃棄する大きなゴミ箱が設けられています。**ＳＮＳなどでスタート時に服を脱ぎ捨てている写真が出回り炎上する事がありますが、大会側が廃棄場所をきちんと設定していない場合がほとんどです。そもそも極寒の中でスタート前に1時間以上待たせる事に問題があります。**厳冬期のマラソン前にランシャツや素足のランパンで長時間耐え凌げという考えの方が理不尽ではないでしょうか。時間差スタートなど対策を考えるべきだと思います。

サブスリー達成のための極めて実戦的なタイム指標を考える

さぁ、号砲と共にスタートです！　マラソン競技はスタートの号砲が鳴ってやみくもに力いっぱい走った体力自慢が勝つ競技種目ではありません。何ヵ月もの間、地道に練習を重ねて着実に体力をつけて、大会当日に頭を使って今までの経験と実際の状況を鑑みて、冷静に計算して走った人間が勝つのです。だから弱者が勝てる可能性もあり面白いのです。

下の表は4分15秒／kmのイーブンペースで走った場合のサブスリーのラップ表になります。

表の通りイーブンペースで刻んでいけばサブスリー達成です。しかしこのままだと絵に描いた餅になる場合が多いです。あくまで理想値と思った方がいいでしょう。**多くの指導者、教則本は「イーブンペースを守れ」と言いますが、路面が均一でアップダウンもないトラックじゃあるまいし、そんな事ができたら苦労しません。**

サブスリーを狙う場合、4分15秒／kmで7kmを1つの単位として30分で通過を基準にすれば、それを×6本＝180分と考えればわかりやすいと思います。しかしフルマラソンというドラマは現実ではそんなに簡単なものではありません。GPSウォッチと100mおきににらめっこして、42・195kmずっと4分15秒／kmに囚われ過ぎてペース維持に努めると思った以上に体力を消耗します。

日本のマラソンはほぼ途中で坂道があり、アップダウンでペースが上がり下がりします。前半ずっと登り坂基調で、後半は下り坂基調のコースもあります。上り坂は遅くならざるを得ません。そのぶんある程度のマージンを平坦な部分で作っていかなくてはいけないのです。なるべく上り坂が少ない大会を選ぶのも大切です。

同じく追い風はややペースが速くなるし、向かい風ではどうしてもペースダウンします。Uターン

4分15秒/km イーブンペースマラソンタイム表

	スプリット	5kmラップ	1kmラップ
5km	21:15	21:15	4:15
10km	42:30	21:15	4:15
15km	1:03:45	21:15	4:15
20km	1:25:00	21:15	4:15
中間点	1:29:40		
25km	1:46:15	21:15	4:15
30km	2:07:30	21:15	4:15
35km	2:28:45	21:15	4:15
40km	2:50:00	21:15	4:15
GOAL	2:59:20	21:15	4:15

するような折り返しの地点ではやや減速してストップ&ゴーのような状況になるのは避けられません。後半は足攣りに悩まされるかもしれません。そして忘れてはならないのが負の感情の影響です。走っている状況に気持ち的に飽きが来たり、給水に失敗したり、ランナーに抜かれまくっていると感じたり、時計を見て「今日はもう無理かも…」と思った途端に、中だるみが起きてイーブンペースが刻めなくなる事があります。

後半の失速は当たり前だし恥ずべきでもないし恐れてもいけない

有森裕子さん、高橋尚子さんら五輪メダリストを育てた指導者、小出義雄監督の『30キロ過ぎで一番速く走るマラソン』というベストセラー本のタイトルや、高橋尚子さんがシドニー五輪でサングラスをポイと投げ捨てて、30㎞過ぎにペースアップした強烈な映像を覚えている人は多いかもしれません。確かにテレビのマラソン中継ではトップ選手が後半颯爽とスパートして他の選手を引き離してゴールする印象が強いですよね。

実際、世界大会で優勝するランナーや、現在の世界記録や日本記録を含め、多くの偉大な記録はネガティブスプリットで生まれています。しかしそれは大会が用意した公式ペーサーという存在があるからです。テレビ中継のある大きなマラソン大会の先頭集団はペーサーがイーブンペースを作って走ります。そのために集団は終始リラックスしながら走る事ができ、無駄なペースの上げ下げによる潰し合いを避ける事ができます。そして後半、ペーサーが外れた時に、余裕がある選手が溜めておいた力を一気に爆発させる事で良い記録が狙えるのです。

実際エリウド・キプチョゲ選手が2018年ベルリンマラソンにて世界新で2時間1分39秒で優勝した時のラップは、前半が1時間1分6秒、後半1時間0分33秒と見事なネガティブスプリットです。我々市民ランナーも「沿道の声援に応えながらマラソン後半を颯爽と駆け抜けたい」、「後半ガクンと落ちてしまって失敗レースになるのを防ぐにはどうすればいいのか?」と常に意識しています。その場合ほとんどの人が考えるのは「後半崩れるから前半をセーブしよう」という事です。いわゆるネガティブスプリット型を理想とした、ビルドアップ型のレースをしようと考えるのです。

ネガティブスプリットにこだわる事自体が足かせになる

スタートは抑え気味のゆったりペースで入り、中間点や30㎞過ぎあたりからペースを上げていく「ネガティブスプリット」という言葉が浸透したせいか、市民ランナーはみんな「ああ、また失速してしまった。自分は後半ペースが落ちている、まだまだ練習が足りないランナーなんだ」と強くコンプレックスを持っており、練習でも後半を強化しようと考えます。そして30㎞走や40㎞走などロング走を繰り返します。**もちろんロング走は大切です。しかしロング走を繰り返しているであろう、多くのランナーでも結局は失速するのです。**

コーチは「30㎞を過ぎてゆとりを感じたらペースアップしろ」と他人事のように言いますが、30㎞までほとんどのランナーは体力がかなり削られています。前半抑えたとしても後半にペースアップなんかできる足は残っておらず失速してしまいがちです。

しかしそんなコンプレックスを持ったランナーの記録を確認すると、実はそれほど落ち込んでいないのです。熟練ランナーの場合、なだらかにほんの5〜10秒ほど1㎞のラップが落ち込んでいる事がほとんどです。気にする必要はありません。だって実業団選手や世界のプロのトップランナーですら、その大部分が後半落ち込むのですから。

キプチョゲのその後の世界新タイムは後半失速している

キプチョゲ選手が2022年ベルリンマラソンで世界新記録の2時間1分9秒で、自らの2018年の記録をさらに30秒更新して優勝した時は全然ネガティブスプリットではありません。

下の表をご覧ください。前半は突っ込んで59分51秒で通過していますが、後半は1時間1分18秒で前半より1分27秒失速しています。後半は1㎞あたりおよそ4秒ずつ遅くなり、

キプチョゲ選手のタイムラップ

	スプリット	5㎞ラップ	1㎞ラップ
5km	14:14	14:14	2:51
10km	28:23	14:09	2:50
15km	42:33	14:10	2:50
20km	56:45	14:12	2:50
中間点	59:51		
25km	1:11:08	14:23	2:53
30km	1:25:40	14:32	2:54
35km	1:40:10	14:30	2:54
40km	1:54:53	14:43	2:57
GOAL	2:01:09	06:16	2:51

キプチョゲだって市民ランナーだって後半失速は当たり前

5kmラップも40km以降は前半に比べ30秒近く落ち込んでいます。世界王者ですら後半は失速しているのです。※**「スプリットタイムからみた市民マラソンレースの一考察」**という研究です。

2003年荒川市民マラソンの男性完走者の10kmタイムごとのデータをグラフ化したものです。ほとんどのランナーは後半ペースが落ちますが、速いランナーはペースダウンの幅が小さく、ほぼイーブンペースである事がわかります。遅いランナーほど前半からの落ち幅が大きく、疲労耐性がない傾向が読み取れます。表現を変えると遅いランナーほど極端にオーバーペースであり、前半を抑えるべきとなります。

現実的にはペーサーがいない多くの市民マラソン大会で、ネガティブスプリットでゴールできる選手は限られています。ネガティブスプリットのデメリットは、マラソン初心者やフルマラソンの経験が数回程度のランナーには難しい事が挙げられます。**自己ベストを出してネガティブスプリットでゴールできるのはサブスリー以上の**

マラソンにおける完走タイム別10kmごとのタイム推移

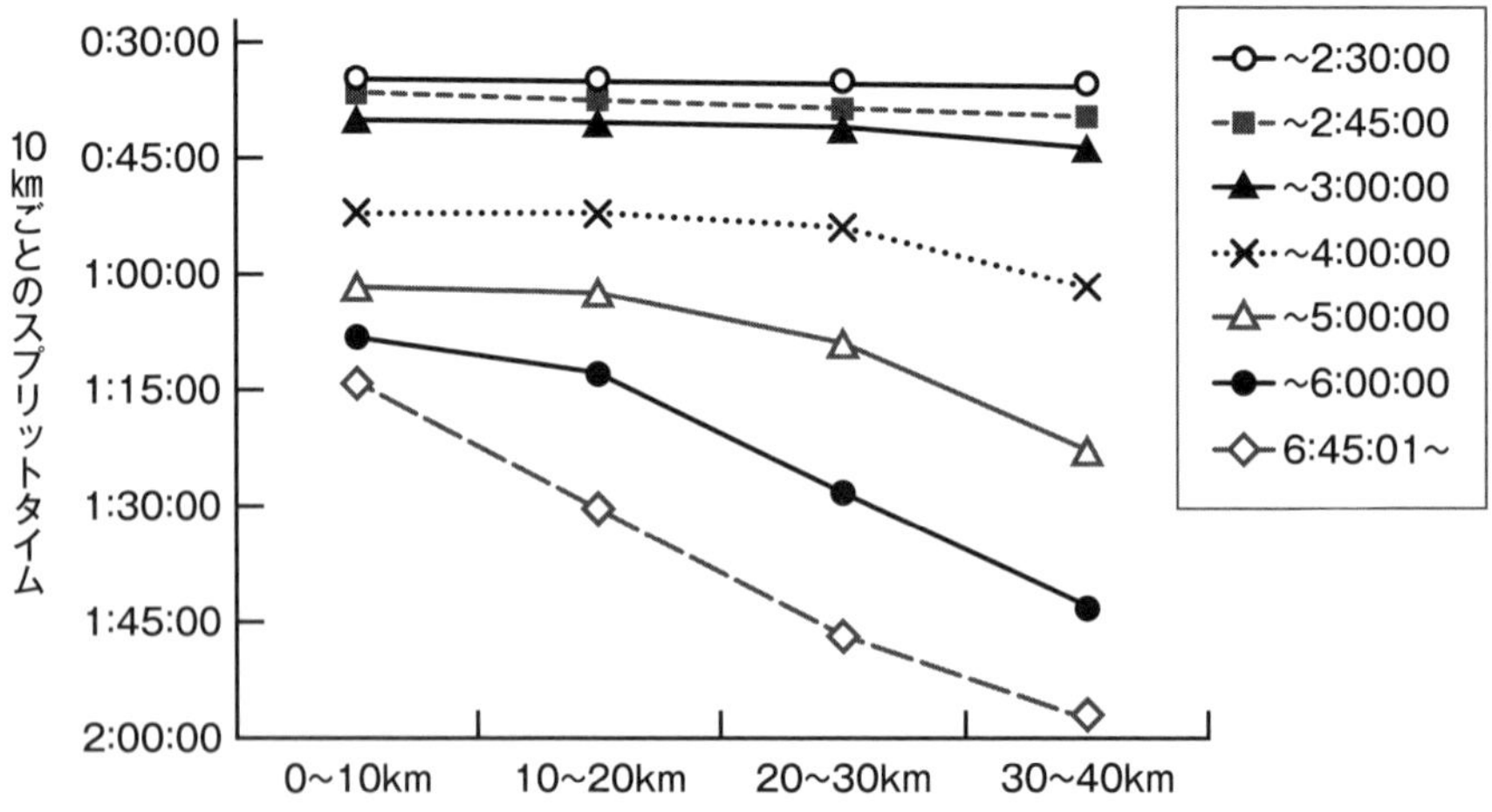

※ https://kougei.repo.nii.ac.jp/records/409

熟練ランナーでもわずかひと握り。9割以上のほとんどのランナーはポジティブスプリット、つまり後半失速型です。もう後半タイムはタレるもんだと腹をくくりましょう。

唯一できるのは**粘り倒してスピードの低下をなるべく急降下させないという事です。ロング走は後半も元気に走り抜けるための練習ではなくて、後半の落ち込みをどれだけなだらかに軟着陸させるかが本質です。市民ランナーにとってネガティブスプリットは理想の文言である事を理解しましょう。**

もちろん完走タイムは無視するのであれば、前半歩いて後半走ればネガティブスプリットは誰でも可能ですが、ある程度良いタイムを狙って、さらに自己ベストを狙って走るのであれば、ネガティブスプリットという設定にこだわる事自体が、逆にタイム達成の足かせとなり得ます。理想的なネガティブスプリットは自分にキプチョゲレベルに走力がついたなと感じたら試してみてください(笑)。

後半に調子のいいランナーにどんどん抜かされていく…のは実は錯覚?

速度による一定ペースと心拍数の一定ペースは違います。**心臓のポンプ機能の低下のためにカーディアック・ドリフトが起きるため、速度を一定ペースにしても、後半は呼吸も心拍数も上がり苦しくなって辛くなっていくのは当たり前なのです。**

ランナーは皆、生身の肉体です。鋼鉄でできたロボットじゃないんだから、**疲れて足が固まり少しずつスピードが遅くなっていくのは自然な生理現象です。**失速してしまうと気持ちが落ち込み、後半は自分だけがどんどん皆から追い越されているような錯覚に陥る事がありますが、実はその追い越しているランナーももっと速いランナーに追い越されているのです。

抜かれたランナーを後ろから見ると颯爽と走っているように見えますが、顔はくしゃくしゃになり息は荒くゼェハァしているのかもしれません。自己嫌悪に陥らず「自分はまだまだイケる」と己を鼓舞しましょう。それによって気持ちが切れず後半の落ち込みを抑える事にもつながります。

誰もがゴール直前ではもう終わりが見えているので速く走れるはず。まだその余分なエネルギーは残っているのです。それを30㎞以降にほんの1秒でもいいから、失速させないように粘るパワーに振り分けます。**1秒はサブスリーペース4分15秒／㎞だと、1㎞でたった4m弱だけ前に進めばいい話です。**

後半の落ち込みの半分ほどは気持ちの問題です。

脳は「こんなキツい事やめなさいよ、身体も痛いし辛いでしょう?」と必死にスピードを落とさせようとします。しかしそんな脳内甘言には騙されないでください。逆に脳に説教します。「今は何が辛い？　走れないほど足は痛い？　そうじゃない、全部気のせいだ」と。

前半にある程度の貯金を作るのが市民ランナーの正しいサブスリー攻略法

こう考えてみてはいかがでしょう。**42・195㎞をおしなべて同じ速度で走る4分15秒／㎞ペースをサブスリー当確ラインと考えるのではなく、前半で貯金を作って、後半の落ち込みは維持してなだらか**

極めて現実的な前半貯金型レース戦略タイム表

	スプリット	5kmラップ	1kmラップ
5km	21:05	21:05	最初の1kmは4:25、以降は 4:10/km
10km	41:55	20:50	速く走れても 4:10/kmで我慢
15km	1:02:45	20:50	先は長いから 4:10/km
20km	1:23:35	20:50	余裕を持って 4:10/kmを維持
中間点	1:28:05　中間点は 27 ～ 28 分あたりで通過がベスト		
25km	1:44:50	21:15	4:15/kmで 25kmまで貯金をしっかり
30km	2:06:30	21:40	4:20/km　ここから貯金を使い始める
35km	2:28:10	21:40	4:20/km　頑張って維持する勝負どころ
40km	2:50:15	22:05	4:25/km　5 秒だけ落としてキープ
GOAL	2:59:57	9:42	4:25/km を維持してサブスリー滑り込み！

5kmラップ表は白のテーピングに手書きして、手の甲や前腕に貼り付けておくとレース中でもチェック可能。

な下降を目指します。つまり私はサブスリーを達成するには、現実問題としておおよそ4分5～10秒／kmの間でハーフマラソンを押せる走力は欲しいと考えています。そしてそれには優れたペース配分が重要となってきます。上の表は後半の失速を踏まえた、極めて現実的な前半貯金型のレース戦略タイム表です。ハーフまでを4分5秒／km平均だと1時間26分9秒、これは少し速すぎ。4分10秒／km平均だと1時間27分54秒、よって1時間27～28分通過を目指しましょう。

一方で**前半の21.098kmで限界の力を出し切ってラップを刻む事は終盤の大失速につながります。マラソンにおいて30～35kmからの失速は当たり前、しかしハーフ地点からの失速は、明らかなオーバーペースです。**改善は割と簡単。レースでのペース配分を考える事でほぼ解決できます。自分がどのあたりから失速しているのか振り返ってみてください。

レース後に「ハーフまではサブスリーペースだったんだよ！」と悔やむ言葉を聞きますが、結局そこで失速したという事は前半限界ギリギリで走っていたという事です。**マラソンのミスはたいてい前半の速すぎるスピードが要因です。後半の痙攣に悩まされる人も前半に突っ込み過ぎなのです。ハーフ地点まで70〜80％くらいの力で無理なく、呼吸もそこまでキツくない感覚を維持しなくてはいけません。**そうでないと後半の大失速を招く状況になりかねません。前半で貯金を作ると言ってもあくまで30㎞までは心もカラダも余裕を持って走りましょう。

以下なぜこのようなタイムの設定になるかを解説していきます。

ストレスなしで走れる有利なスタート位置の確保は大切

スタートから1㎞は混雑もあるので4分25秒（グロスタイム）としますが、その後はハーフまで4分10秒／㎞で押していきます。え？　1㎞どころではなく5㎞くらい混雑する？　それはスタート位置が悪いです。

この点については、大会ごとにスタートのブロック基準が違うのですべてに当てはまるわけではありませんが、1つのアドバイスとして大きな大会の場合、陸連登録をしましょう。陸連ブロックは一般枠より優先されている場合があります。大きな陸上団体に加入してもいいですし、ラン友とチームを作って団体登録する事も可能です。登録費用は日本陸連1000円＋各都道府県陸協により異なるため、年2000〜4000円程度とバラつきがあります。ちなみに居住地と違うどこの県で登録してもかまいません。申込日は4月1日から来年の3月31日までですがその期間中でしたらいつ登録してもかまわず、例えば秋の大会前に申し込む事もできます。

多くの大会は直近2～3年ほどの記録とゴール申告タイムを鑑みて、スタートブロックを決定する事が多いので、実績を積み上げていく事も大切です。「1回もフルマラソン走った事はないけど自信があるんで、いきなり先頭のブロックでスタートさせてください」というのは聞いてもらえない事が多いです。

しかしゴール**自己申告タイムのみでブロックを決めてくれる大会もあります。ただこのような大会は自分より遅い人もたくさん前に並んでいる事も考えられます。**そしてブロックも1000人以上いる大会もあるので、トイレなど済ませたらなるべく早く並んで、ブロックの中でも前列でスタートできるようにしましょう。そうでないと後ろからスタートしてスキーのスラロームのような蛇行を強いられる事になり、スタート直後から余計なエネルギー消費をしてしまいます。

もちろん地方の大会は参加者も少ないため、渋滞も起きにくく記録を狙える事も多いですが、距離も曖昧で公認でない場合もあります。

前半5㎞の大きな貯金は後半30㎞以降に莫大な借金を払う

まず一番重要なのはスタート時に飛ばすのは厳禁という事です。一部のエリートランナーはスタート直前にアップを終えて心拍も下がらずにスタート地点に並べますが、そんなのはひと握り。ほとんどのランナーはスタート前に1時間近く待機を強いられます。

冬場のマラソン大会の場合、市民ランナーは待機列に整列して長時間待ち続けていたために、カラダが冷えて固まり筋温も下がって、心拍数も平静時まで落ちて身体の血流が悪くなっている事が多いです。

そこから「よーいドン！」でスタートしていきなり勢いよく走り出すと、心肺や筋肉にものすごく負荷がかかります。実際、最前列あたりのランナーは猛然とスパートするように走り出すケースが多いです。

スタートの号砲で気持ちのテンションは上がるとは思いますが、くれぐれも落ち着いて長旅へ出るようにしましょう。ランナー同士でぶつかったり、縁石に足を引っかけて捻挫しては元も子もありません。具体的には最初の2kmを4分／kmを切るスピードで入る事は慎んでください。

当たり前ですが練習よりいきなり速く走れるわけではなく、ハッと気づいたら最初の入りの1kmがすんなり3分50秒／kmだった…、というのは大会アドレナリンマジック。もうOBLA閾値を超えてVO2maxインターバルの速度域に入ってます。もちろんテーパリングで足の筋力はコンディションも最高、カーボローディングでエネルギーを満タンにしていますから、そのくらいでスタートするのも可能でしょう。

しかしこの負荷はスタート直後ではなくマラソン後半にものすごくダメージとなって表れます。**前半のキロあたり10〜20秒ペースを上げて走る事は、後半にいとも簡単に1〜2分／kmペースダウンの反動が来ます。**

前半「お、今日は最高に調子いいぞ、練習よりも全然軽い。よし、今日はこのまま行ける！」というのは大いなる勘違い。10～15km程度まではそれが続く場合もありますが、その後に大失速という現実を受け入れる事になります。**前半5kmの大きな貯金は後半30km以降に莫大な借金を払い続ける羽目に陥るのです。**レースペースから上げても5秒以内。この抑制が後半に生きてきます。15kmからハーフまで気持ちに余裕を持って4分10秒／km前後で淡々と走ります。

サブスリーを出した事がない人間がサブスリーを狙う場合、正攻法は前半である程度の貯金を作る事をお薦めしますが、極めて控えめな貯金にする事が肝要です。ほんの5秒落とすだけで後半の余裕度が全然変わります。ほとんどのレースのペース設定の失敗はガクンと落ちた後半の印象が強く「後半の落ち込みがダメダメだった。一からスタミナを鍛え直しだ」と考えがちですが、実はほとんどが前半5kmの飛ばし過ぎによるペース配分の失敗が遠因です。

ペーサーになるランナーを見つけようとして前半から右往左往するランナーもいますが、コバンザメしたランナーがきれいなラップを刻んでくれるかはわかりません。無駄に他のランナーにペースを合わせようとせず、追いかけたり追い抜いたりせず、頭の中もなるべく何も考えずに一定のペースを刻みます。自分はスピードもまだまだ出せるけど、抑え気味で走っていると感じられるレベルがいいです。まだまだ先は長いのですから。

後半からは前半の貯金を少しずつ切り崩していく

4分5秒〜4分10秒／kmあたりで無理なくハーフを通過すると、2〜3分ほどの余裕が生まれます。具体的に言うとハーフで1時間27〜28分通過が理想です。この時点で体力温存していると感じるなら ば「サブスリーに手をかけたな」とほくそ笑んでください。この貯金を後半で徐々に消化します。といっても楽していいのではなく後半も1時間27〜28分で走るイメージです。つまり単純に倍だと2時間54〜56分。4〜6分あると思って徐々に貯金を減らします。アクシデントなどを考え合わせるとある程度のマージンを作っておきましょう。その後20〜25kmまでは5秒失速して4分15秒／km。ここでようやくサブスリー本来の巡航速度になります。25〜35kmはさらに5秒失速して4分20秒／kmで走ってもOK。ここは踏ん張りどころです。失速をこのくらいに維持できれば、目の前の景色は開けます。35kmからゴールまで4分25秒／kmで駆け抜ければ、2時間59分52秒でゴールできる計算です。貯金にもよりますが、上手くハマれば必ずサブスリーを達成できるでしょう。

後半の落ち込みは白目を剥いてでも足が痛くても粘って粘って粘り切り、借金超過に持ち込まれないようにしましょう。35km以降、ペースが落ち込むのは当たり前と考えましょう。そこでがっかりしないで、気持ちが切れないようにして1秒でも削り出して前へ前へ重たい足を運び、後半苦しい中でも粘れるかどうかが市民ランナーにおけるサブスリー達成の本質です。

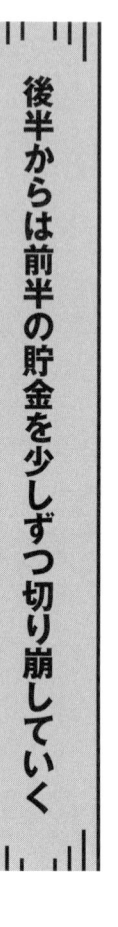

特にサブスリーを初めて達成するランナーは悲鳴を上げる肉体に鞭を打ち、諦める事なく、後半はもう自分の全力を出し続ける強い意志が必要になってきます。心とカラダの限界が試される。死に物狂いでサブスリーを掴みに行く。今まで何度もサブスリーを出しているのではなく、初めてサブスリーを出そうとする人間にとって苦しいのは当たり前なんです。

5㎞まで突っ込むなと言っておきながら正反対な事を書きますが「自己ベストの更新をするなら身の程知らずであれ」という事です。だって今までの自分の限界を超すのだから白目にもなります。「突っ込んで粘れ」と言いますが、1㎞全力で突っ込んで事切れるなら簡単。そうではなく21㎞を少しずつ突っ込むのはそう簡単な事ではありません。突っ込む度胸と粘り抜く強靭なメンタルが必要です。これは日々の長く退屈な泥臭いジョグと厳しいポイント練習でのみ培われます。「あんなに走り込んできたんだ」という自分を信じる心がエネルギーとなり、苦しい中でも粘り耐え忍ぶ力となるのです。

フルマラソンの中間点は21㎞ではなく28㎞と考える

42・195㎞のマラソンはラスト1㎞までは、鈍く重くのしかかる疲労やぶ厚いプレッシャーとの戦いです。そしてその戦いは果てしない途方もない距離に感じますが、自分の足で一歩一歩前に進む事で着実にゴールに近づいていきます。だから自分を信じて前に進むしかないのです。

ただ42・195㎞を1㎞ずつ数えて走っていては、途方もない距離に気持ち的にうんざりしてしまいます。前編42ページで書いたように、私が考えるフルマラソンは42・195㎞を7の倍数で区切っており、日々の有酸素ジョグも14㎞走るのが基本です。

だから私の場合は**大きな気持ちの区切り地点は28㎞地点と35㎞地点としています。つまりフルマラソンを3つの区分に分けます。28㎞は3分の2の距離。残りの14㎞を半分に分けます。つまり28㎞：7㎞：7㎞の比率です。28㎞までは眠って何も考えないで、淡々と走る感覚のパートです。**

ハーフ地点でのタイムは評価指標となりますが、それによって気合いを入れるとか焦ったところでしょうがありません。まだ半分しか走っておらず、カーディアック・ドリフトが起きると後半が辛く感じて距離が長く思えてしまいます。気持ち的に中間点は21・095㎞ではなく、28㎞を半分の距離と捉えるくらいがちょうどいいでしょう。

フルマラソンで大切なのは本当に精神的にも肉体的にも厳しくなる28㎞まで、何も考えずに淡々と余裕を持って刻んでいける体力と、そこから粘ってなるべくタイムを落ち込まないようにするという精神力が必要です。私はこの2つをいかに鍛えるかでしかないと考えています。

つまり28㎞前に音を上げて失速するようでは、28㎞からの後半14㎞を勝負する権利も与えられないという事です。例えプライベート、もしくは大会が用意したサブスリーのペーサーがいるとしても、28㎞までついていけずに離れてしまうようでは、サブスリーは話になりません。28㎞まで淡々と余裕を持ちつつ走れる力をつけましょう。というよりその能力を鍛えるだけでフルマラソンはある程度の記録が出せます。

どっちにせよ28㎞で足が売り切れていたり、呼吸が乱れまくったりしていてはダメなのです。中間点で力を使い果たしては良い結果は期待できません。

28kmからは落ちてくるストライドの代わりにピッチで勝負

28kmを過ぎると精神的な疲れと肉体的な苦痛がどんどん出てきます。そこでギアチェンジします。ギアチェンジとはピッチを上げる事です。28km走ってくると股関節筋群が固まり、足へのダメージで多少なりともストライドの減少が始まっています。それをピッチを上げる事によってカバーします。中盤まで190で来たら後半192まで上げる意識です。例え上がらなくてもいいんです。そう意識する事が大切です。

いいピッチを刻んでいる選手を見つけたら同期するように走ってみるのも良いでしょう。え？ 上げられない？ 何のためにロング走をやってきたのですか？ **ロング走は筋肉と心に疲労耐性をつけるためもありますが、ピッチを維持する練習でもあるのです。**

ピッチを上げたら「よおし、ここからが本当のマラソンだぞ！」と気持ちを鼓舞します。決してマイナスな考えを持ってはいけま

フルマラソンにおけるピッチ推移

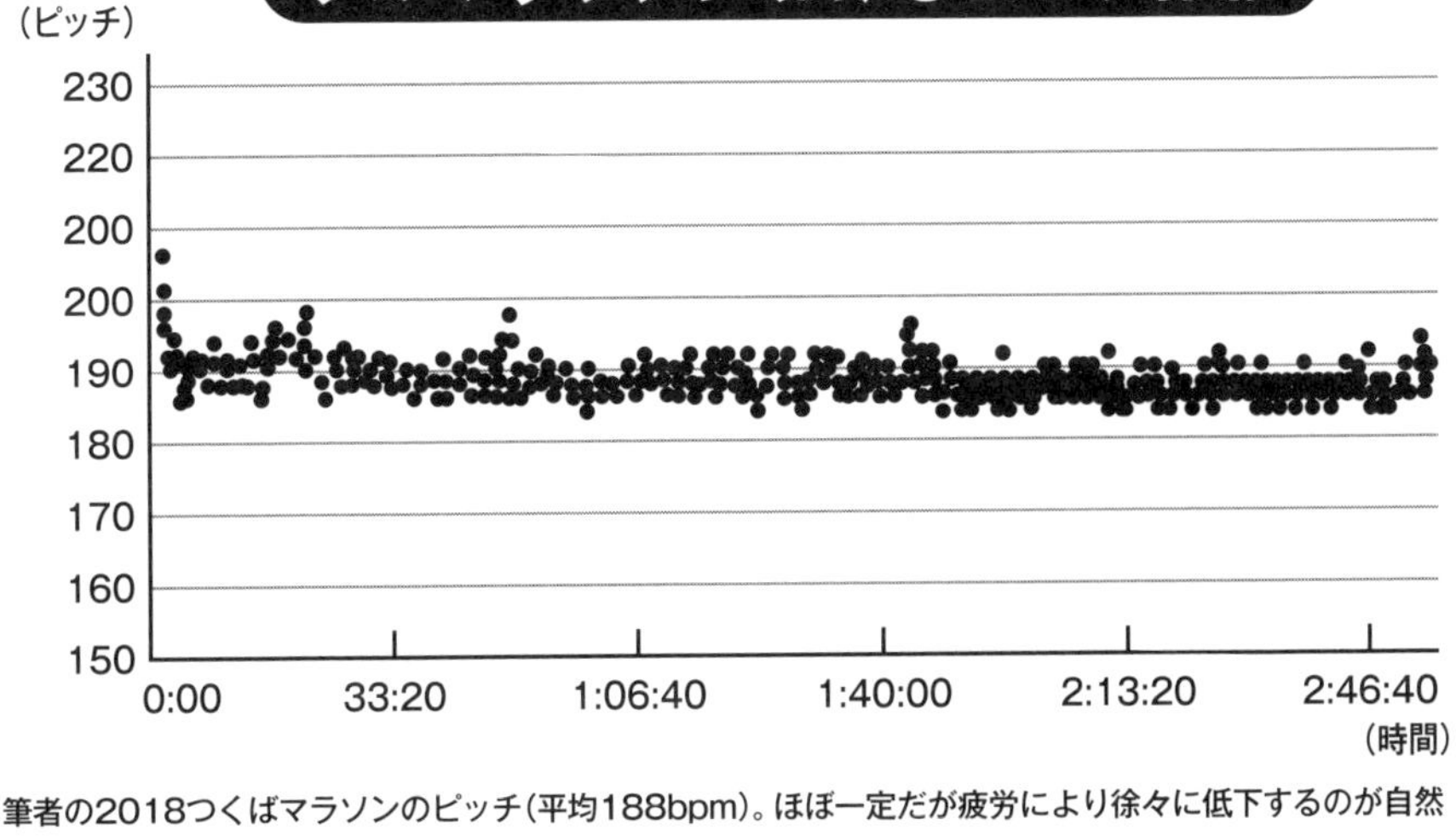

筆者の2018つくばマラソンのピッチ（平均188bpm）。ほぼ一定だが疲労により徐々に低下するのが自然

せん。感動的なゴールをイメージしてマラソンを楽しみましょう。「まだまだずいぶん距離があるな」と考えるのではなく「もう半分過ぎて残りはたったの14㎞。そのうちまず35㎞までの7㎞を丁寧に失速せずに走ろう！」と奮起します。前向きな気持ちになるだけで1㎞あたり1秒は確実に速くなります。

たった1秒、されど1秒。サブスリーをギリギリで達成できるかどうかの瀬戸際のランナーは、この1秒が最後に必ず効いてきます。後半のペースはあくまで一定を意識します。28㎞過ぎから一定ペースで行けるのは上げているのと同じだからです。

30㎞過ぎに一緒に走っているランナーはもはや仲間

徐々にペースダウンが始まる人も多いと思いますが、それをなるべくなだらかにして決してガクンと失速しないように頑張ります。調子が良さそうな一定のペースで走っていそうなランナーを見つけたら、なりふりかまわずコバンザメのように付いて風除けにして引っ張ってもらいましょう。

ハーフより前の段階で、勢いだけのランナーに付くと自分のペースをかき乱される要因になりますが、30㎞過ぎに同じ位置で走っているという事はスタートからほぼ一緒のペースという事です。もはや敵ではなく仲間、親友です。すごいスピードでぶち抜かれたり、逆にあまりに失速したランナーは付く対象にはならないですが、**背中が徐々に近づいてくるランナーがいると気持ちも前向きになって追っ**

ていけます。ランナーは「4分15秒のペースを維持せよ」と言われるより、目の前に具体的な目標（すなわちランナーの背中）があると頑張りやすいものです。

サブスリーのペーサーがいる集団を見つけたら、30㎞から40㎞まで苦しくても必ず集団の中にいるようにしてください。この10㎞をサブスリーの集団にいるという事はとても重要です。ハーフまでは足もそうキツくないので、サブスリーのペーサー集団の中にいるとかえって位置取りでストレスを感じる事もありますが、後半は同じ目的のために励ましの声をかけ合ったりする非常に頼もしい存在です。

ペーサーの背中を見ながらボーッと走るようにします。ピッチも合っていそうならシンクロさせるとそれだけで楽になります。喉もそんなに乾いておらず体調も変わりないなら、給水所に寄るタイムロスも減らしましょう。コース取りもよく考えて最短コースを。とにかく1秒でも取りこぼさないようにします。

35㎞の壁はペース設定が適切ではなく前半に突っ込み過ぎただけ

そして7㎞走ると35㎞付近に差しかかります。よく35㎞付近にマラソンの壁があると言いますが、それは突如、自分のカラダにわけがわからない異変が起きて走れなくなってしまうのではありません。マラソンの練習がちゃんとできていないか、ペース設定が適切ではなく突っ込み過ぎただけです。

失敗レースだとここまでに相当失速しているはずです。GPSウォッチを見れば、心拍数も落ちピッチも落ちて汗も引いているはずです。疲労の蓄積や気力の低下により、筋肉が十分に働かずカラダの熱を作り出せなくなっている状況なのです。周りを見ると歩き出しているランナーも見受けられると思います。「自分より先に走っていたのに歩くって何なんだ？」と思うかもしれませんが、彼らは無謀に突っ込んで力尽きた結果です。屍は越えていきましょう。

ストライドはさらに落ちているはずなので、ピッチをさらに上げるように意識します。キツいと、どんどんピッチは落ちてしまいます。もちろんストライドは落ちていく一方で、そうなると失速の悪循環から抜け出せなくなります。ペース維持できているならもう「成功レースに絶対してやるぞ！」と自分を鼓舞しましょう。沿道の声援も全部自分に声かけしてくれていると思いましょう。

大会に出まくっている人は後半の失速癖に気をつける

たくさん大会に参加しているランナーに多い傾向ですが、集中できずにずるずると毎度失速を繰り返すパターンがあります。心の中で「失速してもいいや」とどこかで思っていて簡単に諦めてしまうのです。これはものすごくもったいないです。

もちろんレース中に本当に故障して走れなくなったら、ＤＮＦも含めて検討してもいいとは思いますが、ペースが上がらない、もうダメかも、ライバルに置いて行かれたなどで気持ちが落ち込み、失速する場合があります。「本当にもうこれ以上力を出せないのか？」「残り１㎞だったら失速しないのではないか？」「心折れてジョグモードになって走り終わった後に後悔しないのか？」「何かしら失速する言い訳を考えて走っていないか？」。キツい時はこれらを絶えず自分に問いかけてみてください。そしてとりあえず「あと1kmだけ！」と頑張ってペースを維持してみましょう。その後に楽になる時間帯がふと訪れるかもしれません。

どんなに辛くても顔をぐしゃぐしゃにして一心不乱に走りましょう。あのキプチョゲ選手ですら垂れてくる鼻水を拭う事なく走っています。見た目なんて気にする事はありません。※

あとはたったの7km！ 普段のジョグより少ない距離と考える

30km＋12kmのイメージだと「あと12kmもあるのかぁ…」と気持ちが折れそうになりますが、35km分割設定なら残りはたったの7kmです。普段走っているジョグより全然短い距離ではないですか。このアドバンテージは大きいです。ここからは1秒でも疎かにしてはいけません。

肉体的には辛く股関節筋群もふくらはぎも重たくなっていると思います。そこらに座り込んで一息ついたらどんなに楽でしょうか。**息も絶え絶えでランニングフォームもぎこちない走りになっているかもしれませんが、どこか痛めたのではない場合は「失速する理由にはならない」とペースを刻み続けましょう。「グダグダな走りになっている」と自分は感じていても、意外とペースはそこまで落ちていない事も多いのです。ランニングフォームの崩れも傍目から見ればそう思えない程度だと思います。**

※オールスポーツのカメラマンが撮影しているところは笑顔で通過(笑)

アゴが上がっていないか、俯いていないか、上体が左右にブレていないか、骨盤は後傾していないか、足回しは前で捌けているかをチェックしましょう。力で走らずREを意識して消費をなるべく抑える事です。**基準は気持ちの辛さではなく、あくまでペースに置く事。**ダメだと思った時点でペースはいきなり落ちます。あと残りはたったの7kmです。1kmずつ大事に走ります。

ラストスパートとはスピードを上げる事ではなくスピードの低下を抑える事

40kmを通過しました。残り2kmになればよほどの事がない限り、ここでペースが落ちる事はありません。ここからは1秒でも削り出す気持ちで粘りましょう。そのためにはまずは残り2kmになったらハッキリと今までと走りを切り替える事が大切です。

これまでのペース重視の安定した走りから、スピード系統のバネのある走りに切り替えます。インターバル練習のラスト1本みたいな感覚を持てると良いです。もうインターバルは何十本、いや百本以上走ってきたでしょう？　慣れたもんでしょう？　もちろん40km走ってきているので足は重たくて痛くてそこまでスピードは上がらないと思います。でも痛いのがなんだというのです。本当に痛かったら走れないはずです。不格好かもしれません。でもそういう切り替え意識を持つ事で、2kmで5秒は確実に速くなります。

市民マラソンにとってラストスパートとは42km走って、ゴール手前195mで競ってスピードを上げ

る事ではなく、ゴール手前2・195㎞のスピードの低下を抑える事です。そしてそれは力みをなくしてリラックスし、ストライドを広げるのではなくピッチを上げる事によって可能になります。エリート選手でも最後の2・195㎞でピッチが落ち込む事がよくあります。足腰もかなりこわばり、痙攣との戦いに陥っているかもしれませんが、頑張って維持するようにしましょう。

ゴール前の195mを猛ダッシュしてゴールできたのならば、まだ余力があったんだと反省し、40㎞までの1㎞あたりのラップを1秒でも上げるようにしましょう。あくまで多くの市民ランナーはラストスパートで競い合うレースより、全体のペースメイキングを意識しましょう。

フルマラソンをサブスリー目標で走る時に気をつける事まとめ

- **スタートはテンションが上がるが絶対飛ばさない。**
- **5㎞まで飛ばさず4分5〜10秒／㎞で抑える。**
- **5㎞から4分10秒平均を刻んでハーフ地点まで淡々と。**
- **ハーフ地点を1時間27〜28分で通過する事が好ましい。**
- **28㎞までは4分15秒／㎞平均で持ちこたえる。**
- **25㎞〜28㎞で足がこわばってくるだろうが気のせい。**
- **28㎞からが本当のマラソン、35㎞まで4分25秒／㎞平均でこらえる。**

・35㎞〜40㎞は粘りどころ、1㎞ずつ1秒を削り出す。
・40㎞通過で2時間50分なら、4分30秒／㎞でも十分間に合う。
・残り2・195㎞は気持ちを切り替えラストスパート（絶対ペースを落とさない）。

補給は行き当たりばったりではなく自分ルールを作っておく

給水は大切です。しかしほとんどのマラソン大会は5㎞ごとに給水所があるので、喉の渇きで死ぬ事はありません。飲むなと言っているわけではなく、脅迫観念に囚われて給水所ごとに飲む必要はないという事です。

給水所は大きなマラソン大会の先頭を走るエリートランナーですら失敗したり、他の選手とぶつかって転ぶといったシーンがよく見られます。市民ランナーのボリュームゾーンが通過した後の給水所は紙コップが散乱して、路面も水浸しになって足元が滑りやすくなっている事が多いです。いきなり立ち止まったり、逆走して取りに戻るランナーもいます。私も横から突き飛ばされた事があります。それだけ給水所近辺は危険がつきまといます。

また給水に手こずってペースが崩れると、集団から離されてしまいメンタル的に来ます。実際マラソンのテレビ中継でも給水所を勝負どころとしてスパートを仕掛けられて、差が開いて雌雄を決するシーンがよくあります。私は給水所で落ち着いて取れるように数日前に公園に紙コップを持って行き、レースペースで走りパッと取る練習をします。給水所では紙コップをしっかり取ろうとして少しスピードを落としてしまうランナーが多いのですが、給水ごとにそれをやっていると大きなタイムロスになります。集団からも遅れがちになります。その数秒に泣く事になるかもしれません。まさに塵も積もれば山となるです。なるべくスピードを落とさず取れるようにしておきましょう。

1回2回の給水に失敗して、そのたびにガッカリする方が良くありません。「自分は1回の給水でも失敗するとエネルギーが枯渇する、いい結果が出せない」と思い込み失速したら元も子もありません。毎回、給水しなきゃいけないなんて事はありません。スルーも全然アリです。給水は軽い気付け薬、気分転換のイベントと割り切って楽しむぐらいの気持ちがいいかと思います。

ダニエルズ博士もこう言ってます。「私自身、マラソンのパーソナルベストが出たのはレース中に一度も水分を摂らなかった日だった。体重は2.3kg減った。全体重の3％が減ったわけだが、42・195kmの距離にしては大幅な減り方ではない」と。

すごく高価なエネルギー補給飲料だって効くのかどうかはわからない

マラソンは今やスポーツメーカーにとっての莫大なマーケットです。マラソン大会のスタート前は緊張もあり何かと飲食物を摂りがちです。「脱水症状になったらどうしよう、エネルギー枯渇に陥って動けなくなったら大変だ」と。それ「喉が渇く前にこまめに水分補給を」という栄養食品メーカーの宣伝戦略にまんまとハマっていませんか？

そもそも脱水やエネルギー不足に陥る事を恐れてか、ランナーはレース前もコース上でも無駄に飲み食いしている場合が多いのです。マラソンの補給食は大量にカロリーの高いものを食べる必要はなく、血糖値を上げるだけでいいのです。それには口の中がブドウ糖などの甘味を感じれば十分です。

エリウド・キプチョゲ選手の愛飲する腸内での吸収効率を高めた飲料だって、市民ランナーにとって高価だから「買ったからにはすごく効く」と思い込みたいだけなのかもしれません。

「**世界で最も熱狂的に話題になったマラソンスポーツドリンクの証拠と向かい合う**」[※]という研究です。

このスポーツ飲料はゲルで覆われた炭水化物が、胃ではカプセル化されて素早く腸に入り、そこでハイドロゲルが再液化して炭水化物を吸収できるようになるとされています。結果より速く、より多くのエネルギーを取り込む事ができるとされています。「しかし腸内で実際に起きている事をどうやって確認できますか？」とこの研究は疑問を呈しています。

実際に調べてみると、このスポーツ飲料は他の飲料に対して、運動能力など検出可能な違いはありませんでした。サイクリングでもランニングでも、一定のペースやインターバルでも、スプリントでのパワー出力などパフォーマンスにおいても、他の飲料との間に差はなかったのです。それは少量でも多量でも同様で、このハイドロゲルに明らかな利点はありませんでした。

多くの市民ランナーは、それらのエネルギー補給飲料を自分で携帯して走らなくてはいけません。そのぶん余計に腰周りにブラ下げて重たくなりますが、後半元気はつらつと走れると約束されたものではありません。

※ https://www.outsideonline.com/2404405/maurten-sports-drink-research

足が攣ったランナーは脱水症状や電解質の欠乏が起きているわけではない

フルマラソン後半に、ふくらはぎやハムストリングスなどの足攣りに悩まされている人も多いと思います。せっかくサブスリー圏内で走っていたのに途中から筋痙攣で失速、後半グダグダのレースになった経験のランナーもいるでしょう。筋疲労してくると、収縮させようとする筋紡錘とリラックスさせようとするゴルジ腱器官のバランスが崩れるのが筋痙攣の原因です。そして悩ましいのは規則性はなく不規則に突発的に起きる事です。

その原因には「脱水だ、塩分が足りない、いやマグネシウムだ、カリウムだ、ビタミンDだ、冬場の冷えだ、暑さだ、ストレッチ不足だ」など様々な説が飛び交っています。お守り代わりにこむら返りに効くといわれる芍薬甘草湯《しゃくやくかんぞうとう》という漢方薬をポケットに忍ばせているランナーもいる事でしょう。

しかし筋痙攣を経験したほとんどのアスリートは、レース当日に十分に準備対策をしているはずです。にもかかわらず足攣りは発生するのです。長距離ランナーにおいて筋痙攣は発生率が高いにもかかわらず、病因と危険因子は完全には解明されていないのです。

「※**長距離走は速すぎるペースと過去の筋損傷が筋痙攣の危険因子**」という研究です。

56kmのウルトラマラソンに参加した49人のランナーの調査です。ふくらはぎ、ハムストリングス、大腿四頭筋のレース前の筋肉痛を記録し、レース前のクレアチンキナーゼ活性を測定しました。クレアチ

ンキナーゼは筋肉が損傷すると、血液中に漏れ出してくる酵素です。49人のうち、20人のランナーに筋痙攣が起きました。筋痙攣は年齢、BMI、性別、過去のパフォーマンスタイム、実際のパフォーマンスタイム、レース前の主観的筋肉痛、およびレース前のトレーニング（期間と頻度）とは関連していませんでしたが、レース前のクレアチンキナーゼの値を調べると、筋痙攣を起こしたランナーはより高い傾向がありました。

筋痙攣を起こしたランナーはレース直前3日間にトレーニングを多めに行った傾向があったのです。筋痙攣が起きやすいランナーは用心深くテーパリングを行い、大会直近に強い刺激走を行うべきではないかもしれません。そして足攣りに苦しんでいるランナーは、マラソン後に調べると脱水症状や電解質（塩分やミネラル分）の欠乏は全くありませんでした。実は筋痙攣と脱水症状や電解質の欠乏に関しては小規模な研究ばかりで信頼足り得るものはありません。なぜこの説が広まったのか…、可能性として考えられるのは企業の宣伝戦略の成功によるものなのかもしれません。

筋痙攣に悩めるランナーも前半の突っ込み過ぎに気をつけろ

結果として筋痙攣を起こしやすい因子として高かったのは、

- **痙攣群はレース前半をより速く走っていた（練習ペースよりかなり速く突っ込んでいた）。**
- **過去の筋痙攣の経験頻度（筋痙攣の常態化、つまり癖になる）。**

※ https://www.researchgate.net/publication/50394755_Increased_running_speed_and_prerace_muscle_damage_as_risk_factors_for_exercise-associated_muscle_cramps_in_a_56_km_ultra-marathon_A_prospective_cohort_study

・痙攣群はレース前のクレアチンキナーゼ値が高かった（主観的に感じた筋肉痛には差がなかった）。
・痙攣群はレース前3日間のトレーニング量が多かった（テーパリングできていなかった）。

足攣りを訴えたランナー全員が過去に筋痙攣経験がありました。しかしこのレースでは無痙攣群も48％に足攣りの経験が過去にありました。しかし過去1年だと痙攣群は70％、無痙攣群は22％ほどでした。

痙攣が起きるのは筋肉が疲労している状態というのは確定的と言えます。筋痙攣が起きる一番の箇所といえばふくらはぎの腓腹筋、そして腿裏にあるハムストリングスでしょう。ハムストリングスも腓腹筋も速筋中心で、毛細血管やミトコンドリアが少なく、筋疲労に弱いという特徴があります。

足攣りに悩まされているランナーは、筋トレをトレーニングに組み込んでいる割合が低かったという研究もあります。マラソンの練習だけではなく高重量の筋トレや短い距離、または坂ダッシュなどを組み込み、ハムストリングスに瞬間的かつ強く新しい刺激を与えると効果があるかもしれません。ジョグの後にウインドスプリントをやると、カラダは速い動きを記憶して練習を終えます。積み重ねる事で必ず効果が表れてきます。

マラソンの足攣り対策についてまとめると**筋痙攣は前半で起きる事はまれなはずです。つまり足攣りは足の筋肉が疲労のピークに達した後半に起きるのです。水分補給や電解質補給を意識するよりも、大会直前の詰め込み練習をやらず、筋肉を新鮮な状態に保ちレースに臨み、後半に足攣りが起きるからといってレース後半にペースを落として慎重になるより、前半の突っ込み過ぎに気をつけるべきという事です。**

大会を振り返って備忘録を記録し確認し反省するのは大切な作業

経験は次へのステップになり得ますが、逆に経験を積めば積むほど「マラソンは怖いもの」という恐怖が先立つ結果になるかもしれません。しかし淡々と前を向いて進まなくてはいけないのがマラソン人生です。

そういった意味で大会前の日々の練習をやり切ったと達成感いっぱいだったとしても、どんな立派に見える練習メニューだったとしても、実際のレースの結果で評価しなくてはいけません。大会が終わったら「やれやれ疲れたなぁ。うまく行かなかったなぁ」「歳には勝てないなぁ」で終わらせずに、必ずランニング日誌に些細な事でもいいので書き起こしましょう。練習が上手くいってもレースそのものの戦略が失敗したら意味がありません。残念ながら練習で培った走力と、それを本番で十分に発揮できるかはまた違う要素が絡み合ってきます。用意周到にバランスよく準備を重ねてきたとしても、レース当日は言い訳ができないほど失速してしまったのなら、残念ながら何か戦略を間違えているのかもしれません。

その場合も必ず原因があります。その多くは故障していたにもかかわらず無理に練習を敢行していた、不安で走り込んでしまい、ちゃんとテーピングできずに大会に臨んでしまった、仕事や私生活で大きなストレスを抱えていたが放っておいた、体重をいまいち絞れなかった、睡眠時間が取れなかった、飲酒が過ぎたなど反省する事で次回につなげる事ができます。

また周りをよく見渡してみましょう。大会に参加しているランナーに比べ自分が劣っている事、疎かにしていた事はなかったかを確認しましょう。例えばスタート位置、ペース設定、後半の落ち込み対策、雨の日の対策、防寒対策、給水対策、足のマメ対策、持ち物など。マラソンの打ち上げで熟練の先輩ランナーに聞くのもいいでしょう。思わぬヒントが隠されているかもしれません。

自己ベストを目指して走る以上、我々は競技者です。競技者である以上、結果を出す事を目指さなくてはいけません。マラソンはその日の天気や湿度、体調にも大きく左右されるので、すべてが良い結果になるとは限りませんが、決して卑下せず過大な評価もせず分析をする事で、自分の気持ちにも整理がつき明日へのエネルギーとなります。

サブスリーを目指してGOOD LUCK!

あとがき

2022年『白熱！ みやすのんきのサブスリー教室 ランナー熱狂のマラソン実践トレーニング』の刊行から約2年。まずは本書の発売が大幅に遅れた事を陳謝いたします。書き上げた膨大な文章を前後編に分ける事を出版社から提案されたものの、さらに入れ込みたい内容が大幅に増え、後編『超実践！ みやすのんきのサブスリー教室 驚異の「ケニア式」マラソン練習法』はついに私のマラソン実用書史上最大の288ページに達しました。

お待たせした読者の皆さま、そして出版社の皆さまにも大変ご迷惑をおかけしましたが、多くのマラソンを愛するランナーにご満足いただける内容になったと確信しております。

これまでと同様に本書もマンガ家が書いているのにマンガは1ページもなく、イラストも少なく、難解な文章だらけです。現在はユーチューブなど動画配信やSNSの発展で、簡単にわかりやすい情報が手に入るようになりましたが、そのような時代にあえて本書のような分厚い本を手に取っていただけたわけですから、エンタメ性は排除して重厚感のあるハードな本に振り切りました。内容的にも読み応えは十分なはずです。

ただランニング用語やカラダの基礎知識がないと壁を感じるかもしれないと思い、後編では簡単ではありますが、巻末に用語の説明を設けました。

本書はケニア式トレーニング法に焦点を当てましたが、2018年に出版した拙著『誰も教えてくれなかったマラソンフォームの基本 遅く走り始めた人ほど大切な60のコツ』は「ケニア人の走りを学べ！」がキーワードで大変親和性の高い内容です。併せて読んでいただくとさらに理解が深まると思います。

前編に引き続き後編も、高田馬場にある編集プロダクションＰＡＤ《ピーエーディー》に作業をお願いしました。その迅速かつハイレベルな仕事ぶりにはいつも感服しております。もちろん原稿は私が書き上げましたが、本を作り込む作業に関して私一人の力は微々たるもの。本書の制作発売にかかわっていただいたすべての皆さまに深く感謝いたします。

特にＰＡＤの編集さんの山﨑さん、そして出版社カンゼンの滝川さんには大変お世話になりました。今回も度重なる加筆修正が山ほど生じ、ご迷惑をおかけしました。打ち合わせではいつもお二人がライブアイドルの推しメン話で盛り上がり、そちらの分野に疎い私はなかなかに蚊帳の外に置かれましたが、今となってはいい思い出です（笑）。

最後になりましたが、２年弱お待ちいただいていた読者の皆さまにこうして後編をお届けできる事を最大級の幸せと感じます。本書を手に取っていただいた全員に感謝いたします。そして今後この本が皆さまのマラソン人生にほんの少しでもお役に立てば大変光栄です。有難うございました。

２０２４年10月15日　みやすのんき

本文中に出てくるランニング用語の説明（50音～アルファベット順）

アーサー・リディアード：ニュージーランド出身のランニングコーチ。低強度で長く走る「有酸素トレーニング」の重要性を説いた。そのメソッドは世界中のコーチやランナーに影響を与え、現代のマラソンランニングや持久力トレーニングの基礎を築いた。

閾値走（いきちそう）：Tペース、OBLA（LT2）の速度域で走る事。ＺＯＮＥ６。

インターバル：高強度の運動（急走）と低強度の回復（緩走）を交互に繰り返す事で、持久力やスピード、心肺機能の向上を目指すトレーニング。マラソン練習としては主に８００～１２００ｍを５～８本と組み合わせる。本書では目的別にＺＯＮＥ６～７の速度域を推奨。

ウインドスプリント（＝流し）：50～１００ｍのスプリントを４～８本繰り返す。長距離ランナーにとってはインターバル前に速い動きに慣れさせるアップ、ロング走後に速く走る動きを神経系に思い出させるダウントレーニングとして有用である。

エキセントリック収縮：筋肉が力を発揮しながら引っ張られ伸長する運動。

カーディアック・ドリフト：長時間運動を続けていると、心拍数が徐々に増加する現象。体温上昇を冷やすために皮膚への血流の増加、汗をかく事による血液量の減少、筋肉が疲弊し酸素の需要が増えるため心拍数が徐々に上昇する。

グリコーゲン：体内で炭水化物を貯蔵するための形態でエネルギー源として重要な役割を果たす。肝臓と筋肉に多く蓄えられており、肝臓は血糖値を維持するためのエネルギー源として使われ、筋肉に蓄えられたグリコーゲンは運動時にその筋肉自体で使用される。

グロスタイム：スタート号砲が鳴ってからのタイム。公式記録として順位が決定される。

嫌気性（＝解糖系）：嫌気性運動は酸素を使わず、筋肉内のグリコーゲンを分解してエネルギーを供給する。酸素を利用する有酸素運動であるマラソンには相関がないように思われるが高強度の嫌気性トレーニングは心肺機能を強化し乳酸に対する耐性を高め、ペースが速くなった時や疲労が溜まってもパフォーマンスを維持しやすくなる。主に短距離走（１００ｍ、２００ｍ、４００ｍ）で鍛えられる。

コンセントリック収縮：筋肉が力を発揮しながら収縮する運動。

サブスリー：フルマラソンを3時間未満でゴールする事。もちろん2時間1分でも2時間30分でもサブスリーだが本書では3時間ギリギリをイメージしている。

ジャック・ダニエルズ：アメリカの著名なランニングコーチであり、スポーツ生理学者としてVO2maxの研究を通じ、「ＶＤＯＴ」という、ランナーのパフォーマンスを評価し最適なトレーニングペースを決定するための指標概念を導入した。

ショートインターバル：短時間で最大限のスピードを発揮するための筋肉と神経系を鍛える事が主眼。主に解糖系を利用するため無酸素性能力を向上させる。これにより乳酸耐性が高まり酸素供給が不十分な状況でもエネルギーを効率的に生成できるようになる。マラソン練習としては２００～６００ｍを８～15本と組み合わせる。本書では目的別にＺＯＮＥ７～８の速度域を推奨。

ストライド：1歩あたりの歩幅。無理にストライドを伸ばすと怪我の原因となる。

スピード：短距離での瞬発力や爆発力を発揮する能力。

スピード持久力：速いペースで長時間走る能力。心肺機能と筋肉の耐久性が重要で、持久力とスピードの両方が求められる。

スプリット：スタートからその地点までの累積タイム。

テーパリング：大会が近づくにつれて練習量や強度を徐々に減少させる事で、疲労を取り除き身体を回復させるプロセス。ピーキングの効果を最大化させるために行うが、強度はある程度維持される事が一般的。

ネガティブスプリット：レース後半を前半よりも速いペースで走る戦略。一部のエリートランナーのみが実践できる。

ネットタイム：スタートラインを越えてからのタイム。大規模大会では個々のランナーの実際のパフォーマンスを評価できる。

ピーキング：競技日に最高のパフォーマンスを発揮するためにトレーニングの強度や負荷を計画的に増やす事。マラソンの場合1～2ヵ月前に最高強度に到達する。

ピッチ：1分間に足が地面に接地する回数。よく練習したマラソンランナーは180～200歩／分が一般的。

ビルドアップ：ペースを徐々に上げていくトレーニング。ゆっくりとしたペースでスタートするためカラダへの負担が減り、怪我のリスクが軽減され、レースの後半にペースを上げる戦略をシミュレーションできる。

疲労耐性（＝持久係数）：一般的に10km走の記録を4.5～5.0倍するとフルマラソンの記録になり、ハーフマラソンの記録を2.1～2.4倍するとフルマラソンの記録になる。スピード型とスタミナ型に分けられる。

ファルトレク：スウェーデン語で「スピードプレイ」を意味するトレーニング方法で、スピードの変化を自由に取り入れる事が特徴で自然な環境で行われる事が多い。ランナーは地形や気分に応じてスピードを変え自由に速度を調整できる。ケニアの練習の定番メニュー。

ペーサー（＝ペースメーカー）：一定のペースを維持して走る事で他のランナーが目標タイムで完走できるようにサポートするランナー。

ペース走：一定のペースで走る事によりペース感覚の向上、そして継続する事で乳酸閾値（LT1やLT2）を高める事ができる。本書では目的別にZONE3～6の速度域を推奨。

ポジティブスプリット：レース後半になるにつれてペースが落ちていく戦略や現象。多くのランナーが経験する。

マラソンの壁：マラソンである一定の距離に達すると、急激に疲労感が襲いカラダが動かなくなるような状態になる。30km～35km前後で経験するランナーが多いとされる。

有酸素ジョグ：マラソンの練習の70～80％を占める重要なトレーニング。大まかに回復走、Eペース走として分類されるが、本書では目的別にZONE1～ZONE3に分けている。心肺機能の向上、脂肪燃焼、ストレス解消、代謝の促進など身体全体にわたる幅広いメリットを提供する。

ラップ：各区間や周回ごとの個別のタイム。例えば400mトラックでは1周ごとのタイム、マラソンでは5kmごとに区切ったタイムを指すのが一般的。

レナト・カノーヴァ：イタリア出身の著名なランニングコーチ。ケニアやエチオピアを中心に、数多くのエリートランナーを指導し、オリンピックや世界選手権で数々のメダルを獲得している。レースペースに近い速度と距離で行う「特異的トレーニング」の重要性を強調している。

レペテーション：短い距離を高強度で繰り返し走る練習法。200m、400mなどの比較的短い距離を高強度（ZONE8）で走る。インターバルとの違いは本数も少なめ、レストは完全に回復するための十分な休息（ジョギングや歩行）が取られる事。効果としてはスピード、無酸素性能力、筋力と神経系の強化である。

ロングインターバル：長めの距離をレースペースに近い速度で走る事で心肺機能、乳酸閾値、疲労耐性を強化する事が主眼。マラソン練習としては1500～3000mを2～4本と組み合わせる。本書では目的別にZONE5～6の速度域を推奨。

ロング走：ロングといってもLSDではなく、レース速度近くの一定ペースで走る練習。疲労耐性の向上にもなりレース当日のシミュレーションにもなる。週1回程度、徐々に距離を伸ばしながら取り入れるのが一般的。フルマラソンに向けた身体的・精神的な準備を整えるうえで欠かせない練習。本書では目的別にZONE3～4の速度域を推奨。

50／50（＝シャープナー）：アーサー・リディアードが提唱したインターバルの一種。50mずつダッシュとジョグを繰り返しトータル2km程走る。主に大会前の無酸素性能力、VO2maxの維持のために行う。

DNF：Did Not Finish。レースを開始したものの、何らかの理由で完走できなかった、途中棄権の事。

DNS：Did Not Start。レースにエントリーしていたもののスタートラインに立たなかった事を意味する。

Eペース：日々の有酸素ジョグの速度域。本書ではZONE1～3に適合。

Iペース：インターバルに使うVO2max向上の速度域。本書ではZONE7に適合。

LSD（＝ロング・スロー・ディスタンス）：極めて低強度で長い距離を走る事。

LT1：乳酸血中濃度が2mmol／ℓに達した点。遅筋線維の多さ、ミトコンドリア、酸化系酵素の活性度など末梢系の酸素利用能力に大きく依存する。LT1での運動は乳酸の蓄積を防ぐ能力を高め、LT2での運動時に乳酸の急激な蓄積を抑える事ができる。加齢による低下が少ない。

Mペース：実際のマラソンの速度域。本書ではZONE5に適合。

OBLA（＝LT2）：乳酸血中濃度4mmol／ℓに達した点。この時点を超えると無酸素運動が優勢になる。酸素が不足し乳酸を生成しながらエネルギーを供給する運動が優勢になり長時間持続するのは困難。毛細血管密度と毛細血管位置など末梢系の酸素利用能力に大きく依存する。トレーニングで向上した能力は加齢による低下が少ない。

Rペース：スピードと筋力向上のレペテーション速度域。本書ではZONE8に適合。

RE：ランニングエコノミー。走る効率性。ランニングフォームだけでなく筋力と柔軟性、心肺機能、体重と体組成、走行環境、経験と技術など多くの要因が絡んでいる。

Tペース：乳酸性作業閾値向上を目指した速度域＝OBLAペース。本書ではZONE6に適合。

VDOT：ジャック・ダニエルズが提唱した中長距離走で用いられるパフォーマンス指標。

vLT：運動中に乳酸が血液中に急激に蓄積し始める速度。vLTを把握し向上させる事でより高い強度での運動が可能になり、レース中のペース戦略を立てやすくなる。主にOBLA（＝LT2）閾値での速度。

VO2max：最大酸素摂取量。心臓が血液を送り出す能力に大きく依存する。ランナーのパフォーマンスに影響するが、加齢により必然的に低下していく。

vVO2max：最大酸素摂取量（VO2max）に達する速度。REも含まれておりVO2max単独の数値よりランナーのパフォーマンスと高い相関関係になる。VDOT指標もvVO2maxを基に計算されている。

ZONE1：Eペース以下の一番ゆっくり速度域。サブスリーの場合5分30秒～6分／km。レースペースの1.3～1.4倍。

ZONE2：Eペース下限の速度域。サブスリーの場合5分5秒～5分30秒／km。レースペースの1.2～1.3倍。

ZONE3：LT1を刺激する速度域。4分40秒～5分5秒／km。レースペースの1.1～1.2倍。

ZONE4：LT1より少し速い速度域。4分20秒～4分40秒／km（練習は距離によって変化。20km4分20秒、30km4分40秒）。レースペースの1～1.1倍。

ZONE5：レースペース。自分の目指す、もしくは現在のマラソン速度域。4分5秒～4分20秒／km（練習は距離によって変化。10km4分5秒、20km4分20秒）。

ZONE6：OBLA閾値刺激の速度域。3分55秒～4分5秒／km（練習は距離によって変化。インターバル1km3分55秒、ペース走4分5秒）。レースペースの0・92～0・96倍。

ZONE7：VO2maxインターバルの速度域。3分40秒～3分55秒／km。（練習は距離によって変化。400m84秒、1km3分40秒）。レースペースの0・86～0・92倍。

ZONE8：レペテーションを行う速度域。3分25秒～3分40秒／km。（練習は距離によって変化。400m82秒、1km3分30秒）。レースペースの0.8～0・86倍。

編集協力　山﨑勤（株式会社ピーエーディー）
本文デザイン・
DTPオペレーション協力　アップライン株式会社
カバーデザイン　二ノ宮匡（ニクスインク）
編集　滝川昂（株式会社カンゼン）

超実践！ みやすのんきのサブスリー教室
驚異の「ケニア式」マラソン練習法

発行日　2024年10月23日　初版

著者　みやす のんき
発行人　坪井義哉

発行所　株式会社カンゼン
〒101-0021 東京都千代田区外神田2-7-1 開花ビル
TEL 03（5295）7723
FAX 03（5295）7725
https://www.kanzen.jp/
郵便為替　00150-7-130339

印刷・製本　株式会社シナノ

ISBN 978-4-86255-739-1
Printed in Japan
定価はカバーに表示してあります。

ご意見、ご感想に関しましては、kanso@kanzen.jp までEメールにてお寄せ下さい。お待ちしております。